직업교육과 진로교육

직업교육과 진로교육

김 충 기 저

KSI 한국학술정보[주]

머리말

현대 산업사회를 살아가는 우리들은 현실적으로 보아 직업을 갖지 않고는 살아남기가 어렵다. 그만큼 직업은 우리에게 필수적인 것이며 생활을 윤택하게 해주고 삶의 기본이 되며 매우 소중한 것이다. 그런데 과거의 전통주의 농업사회에서는 일반적으로 직업을 천시하거나 푸대접 해왔다. 그러나 사회가 변천하고 발전함에 따라 우리들의 생활태도나 사고방식도 많이 변화되어 이제는 직업을 갖는다는 사실에 대하여 부끄럽거나 천하다는 의식은 점점 사라지기 시작하였고 반면에 상당한 관심의 대상이 되었다. 더구나 요즈음같이 취업이나 직업을 구한다는 일은 마치 낙타가 바늘구멍으로 들어가는 것처럼 어렵고 힘난하며 경쟁이 심하고 치열하다. 고등교육을 받은 젊은이들이 대하을 나오면서, 적합한 취업자리를 얻기 위해서 동분서주하는 일은 남의 얘기로 넘겨들어서는 안된다. 그만큼 직업의 문은 좁다.

그러나 적성과 흥미 능력과 성격에 알맞은 취업을 하는 것이 가장 이상적 인데 현실은 이러한 합리적, 이성적 조건은 접어두고 무조건 어디라도 취업을 해야만 최소한의 기본 생계유지를 위한 수단을 얻게 되는 것이고 부모로부터의 독립감과 생활인으로서의 소속감을 갖게 되는 것이다. 이러한 때일수록 허둥대지 말고 주어진 상황에서 삶의 설계를 세울 때에 뚜렷한 목표의식을 가져야 마땅할 것이다.

우리의 인생설계는 건축설계와 마찬가지로 기초 작업을 잘 선택하고 그것을 잘 유지하도록 노력해야 할 것이다. 오두막이나 초가삼간이라면 설계도가 없더라도 지을수가 있다. 그러나 웅장하거나 예술적인 또는 실용적인 건축을 위해서는 정교한 설계도가 절대적으로 있어야 한다. 인생의 경우에도 사정은 이와 비슷하다. 좀 더 보람있고 뜻있는 삶을 영위하기 위해서는 미리 청사진을 그릴 필요가 있다. 그렇다고 남에게 인생의 설계를 선뜻 맡길 수는 없는 것이다. 인생이란 제한된 건축처럼 단순하고 기계적인 과정이 아니어서 항상 변동하는 상황에서 언제나 주체적 결단을 대처하는 까닭에 그 결단을 위해 여러가지 준비과정을 마련하고 실천하면서 대망의 목적지를 향해 달려 나아가야 한다.

삶을 설계함에 있어서 유의해야 할 기본 원칙은 자신에게 주어진 환경 즉 여러 여건을 충분히 객관적으로 고려하여 그들 여건에 맞도록 삶의 계획을 세우고 삶을 설계함에 있어서 개인의 소질과 특성을 살리는 것이 훨씬 바람직하다. 따라서 소질과 적성에 맞도록 직업을 선택하고 인생을 설계하며 그러한 설계에 따라 살아갈때 그 개인은 자아의 실현으로 접근하게 되고 따라서 사회 전체는 균형된 발전을 이룩하게 되는 것이다. 또한 사회병폐인 획일적인 가치관 속에 얽매이지 말고 다양한 가치관 속에서 특히 내면적 가치를 존중하고 실천하면서 떳떳한 직업인으로서 일평생을 보람되게 참된 삶을 이룩하도록 스스로 노력하여야 할 것이다. 그러한 과정 속에서 직업과 삶을 생각해야 된다.

직업과 삶은 불가분의 관계로서 현대 산업사회에서 현명하게 살아가기 위해서는 분수에 알맞은 직업을 선택해서 그 여건 속에서 개인이 창조하는 풍요로운 삶을 느끼고 보람과 긍지를 가질 수 있는 직업인의 자세 즉, 직업윤리를 긍정적으로 터득하고 준수해 나갈 때 생활의 참 의미를 갖게 되는 것이다. 그러므로 산업사회에서의 직업교육은 단순히 실업고등학교 수준이하의 기능인 양성만을 위한 직업교육이 아니라 모든 인간은 참 삶의 설계와 미래의 삶의 보금자리를 마련하기 위해서 그 이상의 교육도 직업교육인 것이므로 누구에게나 절실하게 필요한 것이다. 따라서 이 책에서 제시하려는 목적은 바로 올바른 직업의식과 직업관을 형성하고 진로교육을 통하여 적재적소에 알맞은 직업선택을 위해서 베풀어지는 넓은 의미의 직업교육을 제시하려고 하였다. 이것이 바로 요즈음 강조하는 진로교육이다.

이 책의 구성은 모두 11장으로 되어있다. 1. 직업과 삶 2. 직업의 의미 3. 직업의 종류와 기능 4. 직업과 적성 5. 직업인의 직업관 6. 직업인의 윤리의식 7. 진로정보활동 8. 진로교육과 진로지도 방안 9. 평생교육의 기초 10. 극기교육의 지도방향 11. 직업지도 활동 프로그램 등 산업사회에서의 직업적응에 필요한 내용과 정보를 소개하고 있다.

이 책은 대학의 교재로도 사용할 수가 있고 일반 학생이나 사회의 직업인들도 부담 없이 이해할 수 있는 교양적인 내용이라고 본다. 이제 평생교육시대를 맞이한 산업사회에서 현명한 선택과 적응을 위해 계속적인 교육이 필요하다. 그중에서 직업선택의 방법이나 적응을 위해 우리는 자신의 적성에 맞고 자아실현의 가능성도 높으며 장래의 전망과 안정성을 함께 보장해 주는 직업과 직장을 선택하는 것이 합리적인 것이다.

이러한 합리적 적응방식은 이 책에서 자세히 설명하고 있다. 그러나 저자는 만족한 삶의 추진을 위해 평소의 생각을 이 저서를 통해서 실현해 보려는 한 가지 뜻에 지나지 않는다. 막상 다 써놓고 보니 미비한 곳이 많이 있음을 스스로 느끼고 있다. 여러 독자들이 비판을 들어보고자 한다. 조금이라도 여러분의 요구에 도움이 되었다면 저자로서 큰 보람을 느끼게 될 것이다.

마지막으로 본서가 나오기까지 참고 격려해 준 우리 가족들에게 감사드린다.

1987. 1. 16

저자 씀

목 차

제1장 직업과 삶

1. 인생과 직업

우리 인간은 부모로부터 태어나서 그 가정에서 자라고 일정한 기간동안 교육을 받아 성인이 되어 특정한 직업을 선택하고 생계를 유지하며 오랫동안 삶을 보람있게 지내다가 늙으면 병들어 일생을 하직하게 되는 것이 하나의 인생의 자연법칙인 것 같다. 그러므로 산다는 것은 끊임없이 배우는 것이요 일하는 것이다.

그런데 태어난다는 사실은 임의적인 선택권이 없이 부모를 잘 만나는 것이 중요한 것이며, 이 다음 성인이 되었을 때에는 무엇보다도 배우자를 잘 택해야 될 것이고, 또한 현명한 직업의 선택도 대단히 중요하다. 더욱 중요한 것은 개인의 가치관 또는 인생관의 선택이 인생의 선택 중에서 가장 의미있는 일이다.

사람은 누구나 좀 더 나은 생활 좀더 보람있는 삶을 살기를 원한다. 이는 인간의 극히 자연스러운 본성(本性)일 뿐더러 인류문명의 역사가 전개된 전 과정이 바로 이를 위한 것이라 해도 과언이 아니다.

집안의 흥망을 보려거든 자라는 아이들을 보고, 나라의 성쇠를 점치려면 그 나라의 청소년을 보라는 말이 있다. 이 말은 나라의 장래를 짊어진 내일의 주인공으로서 청소년들의 역할과 생활태도의 중요성을 강조한 말이다. 청소년들의 가슴마다 푸른 꿈이 있고 어떠한 고난도 극복하려는 굳센 의지, 자신의 앞길을 스스로 개척해 나가고자 하는 넘치는 의욕이 있는 한 그 나라의 장래는 밝고 희망찬 것이다.

1960년대 이후 지금까지 지나간 20여 년간 세계사에서 그 유례를 찾아보기 힘들 정도의 경이적인 경제발전을 이룩할 수 있었던 것도 온 국민들의 발전에 대한 확고한 신념과 피땀어린 노력의 결과였음은 말할 것도 없지만 특히 미래의 청소년들이 우리의 사회 및 발전에 기여한 공로는 결코 과소평가될 수 없을 것이다.

청소년들은 인생의 꽃이요 장차 이 나라의 주인공이 될 새싹들이다. 여러분들이 건전한 인생을 살아가기 위해서는 모든 주어진 여건 속에서 굴하지 말아야 한다. 역경을 딛고 일어서는 지혜를 가지고 주어진 삶을 풍요롭게 누리기 위해서 삶을 개척해 나가야 한다. 자기에게 알맞은 직업을 선택하고 준비하여 생계를 유지해 나가며 자기가 목적한 바를 충실하게 이루어 행복한 삶을 누리도록 인생의 계획을 잘 세워야 할 것이다.

그러자면 삶의 방식과 직업을 올바르게 선택하여야 할 것이다. 직업은 인간이면 누구나 가져야 할 필연적인 것이다. 어떠한 직업이든 신성한 것이며 귀천이 없다. 일생동안 지녀야 할 직업은 자기에게 만족감을 가져다주어야 하는 것이다. 주어진 직업이 얼마만큼 개인의 자아(自我)를 충족시켜 주는가를 잘 이해하고 탐색하며 준비하고, 흥미있고 자아표현의 기회가 풍부하며 창조성을 충분히 발휘할 수 있는 직업이 만족도가 높다고 할 수 있다. 한번 택한 직업은 일생을 좌우하는 것이니 신중히 택해야 될 것이고 이를 위해 흥미나 적성 또는 능력과 개성(個性)에 알맞은 직업 선택이야말로 누구에게나 귀중한 것이다.

직업과 인생은 불가분의 관계이다. 직업을 통하여 인생의 보람을 찾으며 즐거움 속에서 일을 할 수 있는 자세가 필요하고 사명감이 넘쳐흘러야 보람있는 인생을 보낼 수 있을 것이다. 남을 위해 보이기 위한 직업보다는 차라리 보편적인 직업에 열중하여 생산적인 일꾼이 되는 것이 더욱 가치 있는 생활을 누리게 되는 것이다. 그러므로 보람찬 인생을 설계하고 누리기 위해 주어진 범위 내에서 남보다 뛰어난 기술과 훈련을 쌓아 남이 부러워 할 수 있을 정도의 뛰어난 재주를 잘 기르고 닦아서 내일의 주인공으로서의 직분을 다하고 성공적인 삶을 개척할 수 있는 창조적인 역군이 되기 위하여 부지런히 기술연마에 총력을 다해야 될 것이다.

따라서 타고난 재능을 아낌없이 발휘하여 미래의 직업선택에 능동적으로 대처하고 직업에 임하여 잠재능력을 발휘하여 보람있는 생활을 누리도록 힘써 노력하여야 될 것이다.

2. 현대사회와 인생관

현대사회의 특징은 고도의 산업사회이다. 농본위주의 사회에서 벗어나 과학화, 기계화, 전문화되어가는 산업사회는 급격한 변화를 초래하여 전문적인 기술과 능력이 없이는 이 사회를 살아가기가 어렵게 되었다.

과거 20여 년간의 고도성장으로 말미암아 우리는 이제 영세한 농업사회로부터 중진공업국으로 변모해 가고 있다. 앞으로 과거와 같은 성장을 계속적으로 지속한다면 아마도 1990년대 후반에는 우리도 오늘의 서구제국(西歐諸國)과 비등할 수 있는 선진국으로서 도약할 수 있게 될 것이다. 워낙 부존자원(賦存資源)이 빈곤하고 또 세계적 자원파동에 따른 여러 어려움에도 불구하고 우리가 고도성장을 이룩하였음을 경제의 주체인 한국인의 슬기와 줄기찬 노력에 기인하고 있다 하겠다. 앞으로도 우리가 이러한 고도성장을 지속할 수 있는지 여부는 우리가 효율적으로 산업의 고도화에 부응하는 인력개발을 담당할 수 있느냐에 달려 있다고 해도 결코 지나친 말은 아닐 것이다. 더욱이 앞으로도 산업의 고도화에 따르는 기술 및 숙련 인력의 확보는 과거의 단순한 노동이나 기능인력 확보에 비해 상당기간의 훈련과 교육을 필요로 하기 때문에 인력수요에 알맞은 진로 및 직업지도도 재빨리 갖추어 나아가야 할 것이다.

이러한 변화속에서 적응해 나가기 위해서는 올바른 직업관과 인생관을 세워나가야 할 것이다. 이런 조건은 틀림없는 행복한 삶의 준비라고 할 수 있다.

행복한 삶을 이룩하기 위해서는 인간다운 품위를 유지할 정도의 물질과 건강의 유지 및 정신적으로 자유롭고 떳떳해야 한다. 자기가 하는 일에 대해서 긍지와 보람을 느끼고 자기 인생의 목표를 실천하기 위해서 한 발자국씩 전진해 갈 때 우리의 인생은 밝고 희망찬 법이다.

옛말에 "일하지 않으면 먹지도 말라"고 하는 말이 있다. 일은 어떤 가치를 창조하기 위해서 사람들이 정신적 활동이나 육체적 활동을 하는 것을 말한다. 사람들이 귀중하게 여기거나 바람직하다고 생각하는 것을 "가치"라고 한다. 가치에는 생산을 증가시키는 것과 같이 경제적, 물질적 가치도 있고 정치적, 사회적, 문화적, 학문적 가치 등 여러 가지가 있다. 일(work)이란 이러한 가치를 실현하기 위해서 우리가 하는 모든 활동이다. 그러므로 일은 내 인생의 가치를 실현하는 것이기도 하고, 사회와 국가의 목표를 실현하기 위한 노력이기도 하다. 인간에게 가치를 실현하기 위한 활동이 없다면 동물의 생활과 다를 바가 없는 것이다. 따라서 개인의 인생관은 어디까지나 가치관의 테두리를 정하고 그 속에서 참된 진리를 찾아내어야 할 것이다.

청소년기엔 할 일이 많다. 그것은 어른이라는 인생항로를 앞에 두고 마지막으로 출범준비를 하는 때와 같다. 어떤 직업을 택할 것인가를 결정하고 준비해야 한다. 이제는 자기 일을 자기가 결정하는 자율능력과 책임감도 길러야 한다. 스스로 몰두하고 열중하여 즐길 수 있는 어떤 문화활동의 능력도 길러야 한다. 이러한 일은 자아발견이라는 과업으로 종합된다. 여러분은 '이 사회속의 나'를 찾고 성공적으로 성인항로의 준비를 갖추고 내일에의 꿈과 더불어 살아가야 한다.

청소년들이 내일의 꿈을 안고 전진할 때는 반드시 훌륭한 인격을 형성하는 것이 중요하다. 아름답고 고귀한 꿈만으로 삶의 질이 결정되는 것이 아니다. 꿈과 더불어 이상을 실현하기 위하여 성실한 노력을 아끼지 않을 때 그 사람의 값어치를 지닌다.

성실한 노력은 현실의 고통을 기꺼이 참고 견디는 사람만이 성실한 노력을 기울일 수 있고 정상에 올라 상쾌함과 기쁨을 맛 볼 수 있다. 이것이 바로 참된 삶이요 인생관이다. 성실한 사람은 정직하다. 청소년은 자주적이고 독립된 생활태도를 가지고 있어야 장래의 행복한 생활을 할 수 있고 사회와 국가에 이바지 할 수 있게 된다.

파스칼은 일찍이 "인간은 생각하는 갈대"와 같다고 했다. 인간이 동물과 다른 점은 언어를 가지고 있으며 지적인 능력과 사고(思考) 작용이 그것이다.

마르크스(K. Marx)는 인간을 「도구를 사용하는 동물」로서 사회적 관계의 총체 속에서 존재하는 한 유기체적 부분으로 규정하고 있다. 또한 아리스토텔레스는 「인간은 사회적 동물」로서 이성(理性)을 본질로 하는 존재라고 하였다.

이처럼 인간은 만물의 영장으로서 타고난 재주와 능력이 누구에게나 갖추어져 있고 개인차에 따라 다르게 능력이 발휘된다.

우리는 언제나 "뜻이 있는 곳에 길이 있다"는 생각을 염두에 두고 창조력과 적응력을 키워야 한다. 우리는 격변하는 환경에 적응을 못하면 지각생이 되고 낙오자로 전락하고 만다. 남이 쉬고 있을 때 우리는 부지런히 일해야 한다.

우리는 고도의 산업사회에서 요구하는 것이 무엇인가를 이해하여야 한다. 그것은 첫째로, 이(利)의 추구와 부(富)의 창조다. 둘째로, 합리적 정신이다. 셋째로 능률과 이윤과 기능과 생산과 작업의 원리이다. 넷째로 공정한 경쟁의 원칙이다. 다섯째로 부단한 기술을 연마해야 한다. 여섯째로, 근면과 용기와 모험의 개척적 정신을 길러야 한다. 일곱째로, 천직적 직업관의 확립이 필요하다. 여덟째로, 조직의 관리를 철저히 해야 한다. 아홉째로, 기업인과 경영자들은 기업이 사회적 책임을 절감하고 부(富)의 공정한 분배를 힘쓰고 기업활동으로 사회에 기여하고 공헌하려는 봉사의 정신을 가져야 한다.

우리는 항상 자랑스러운 우등생이 되고 승리자가 되어야 한다고 생각을 하면서 주인정신과 적극적인 사고방식을 가지고 목표를 확립하여 전진하여야 한다. 명확한 목표를 갖는 사람은 인생의 성공자가 될 수 있다. 우리는 꿈을 가지고 사명감, 입지(立志), 소원, 이상을 가지고 살아가야 한다.

우리는 언제나 현재 또는 다가올 미래에 대하여 어떻게 일하고 보람된 삶을 누리기 위하여 자신을 채찍질하고 올바르게 사는 방법을 생각할 필요가 있다.

미국의 성공학의 권위자인 나포레온 힐(Napoleon Hill)은 이렇게 말하고 있다. 「99%의 사람들이 뚜렷한 목표도 가지지 못하고 살고 있는 현실은 현대 문명사회의 최대의 비극이다. 그렇다 목표가 없는 인생은 곧 비극이다. 인생의 목표가 없으면 생기가 없고 기쁨도 없고 충실하지도 못한다. 그것은 무기력하고 허송세월을 보내는 생활이다. 우리는 목표를 세우되 명확하고 간절하고 구체적인 목표를 세워 묵묵히 실천하는 일꾼이 되어야 한다.

우리는 크고 작든간에 꿈이 있어야 한다. 그와 같은 꿈은 소망이요 희망이다. 희망이 없다면 오아시스 없는 사막과 같고 전기불이 없는 암흑과 같다. 언제나 포부를 지니고 있되 자기의 능력과 흥미에 알맞은 수준으로 노력하는 생각을 잊지 말아야 한다.

성공은 작심삼일(作心三日)의 산물이 아니다. 포부와 목표는 일치해야 하고 생활의 중심이 되어야 하며 생활의 근본이 확립되는 것이다.

목표는 결코 일조일석에 이루어지는 것이 아니다. 로마는 결코 하루아침에 이루어진 것이 아니요 만리장성을 한 밤에 쌓을 수는 없는 일이다. 우리 인간은 무거운 짐을 지고 천리길을 걷는 나그네와 같다. 승리는 부단히 노력하는 사람에게만 찾아오는 것이요. 성공은 끊임없이 쉬지 않고 분투하고 집념을 가지고 부지런히 일하는 사람에게 주어진다는 진리를 깨달아야 한다.

인간은 사색하는 동물이다. 나의 인생은 내가 만들어 가는 것이다. 나는 누구이며 나의 소질과 능력은 어디에 있으며 무엇을 하면서 참되고 보람되게 살 것인가를 늘 생각하고 이상을 향하여 줄달음칠 것을 명심하여 보다 값진 생활을 하도록 노력하는 사람이 되자 이상

(理想)과 활기, 모험과 승리를 위하여 적극적으로 사는 방법을 생각하여야 한다.

우리는 생각하는 사람이 되어야 한다. 생각을 하되 스스로 생각하고 깊이 생각하고 바로 생각할 줄 알아야 한다. 우리는 자주적 사고, 합리적, 비판적 사고, 창조적·개방적 사고, 객관적·논리적 사고, 과학적, 적극적 사고를 해야 한다. 사고가 행동을 결정하기 때문에 사고가 바뀌면 행동이 바뀐다. 따라서 어떻게 행동하느냐가 중요하다.

3. 미래에 대한 준비

서정주 시인이 쓴 「국화꽃에서」 보면 「한 송이 국화꽃을 피우기 위하여 봄부터 소쩍새는 그렇게 울었나 보다 ……」라는 구절이 있다. 이 말을 잘 음미해 보면, 하나의 국화꽃을 피우기 위해서 모든 정성과 노력을 기우려 열매를 맺게 된다는 큰 교훈을 우리에게 전해주는 좋은 예이다.

하늘이 사람을 이 세상에 내려 보낼 때에 각자에게 맡기는 사명과 소임(所任)이 있다고 생각함에 우리는 아무 의미도 목적도 보람도 없이 그저 이 세상에 태어나는 것은 결코 아니다. 저마다 가치있는 존재이유가 있고 존재가치가 있다는 것이다.

이 귀중한 삶을 보전하고 발전시켜 행복한 인생을 누리기 위해 우리는 열심이 공부하고 일하며 미래를 준비하도록 하여야 한다.

우리의 미래는 밝고 명랑하다. 오늘의 주어진 환경이 어떠하더라도 푸른 꿈을 지니고 꿈을 실현하도록 미래의 설계를 하는 것이 무엇보다 중요하다.

청소년들이여! 야망을 가져라 그러나 현실을 무시하면 안된다. (Boys! Be ambitious. Hitch your wagon to a star but keep your feet on the ground) 이 말의 의미는 대망을 지니되 허망되지 말고 현실을 직시하여 꾸준히 성실하게 살며 지내고 분투노력 하라는 뜻이다.

젊은이 들은 어른과 다른 투지와 용기가 있다. 역경을 딛고 일어서는 지혜가 있다.

산다는 것은 자기를 표현하는 것이요 존재가치를 나타내는 것이다. 저마다 제 길을 가고 제빛을 발휘하는 창조적 자기표현인데 이것을 잘하는 사람이 인생의 성공자요 승리자이며 행복한 자라고 할 수 있다.

그러면 나는 미래를 위해 어떠한 준비를 하나? 깊이 생각을 할 때이다. 남과 경쟁하여 이기는 것 보다는 남과 다른 분야에서 일인자가 되는 것이 중요하다. 우리는 자기가 맡은 일에 있어서 타의 추종을 불허하는 제일인자가 되어야 한다.

인생은 운명과 노력의 교향이다. 우리가 지금 여기에 이런 인간으로서 존재한다는 것은 타의(他意)요, 운명이요, 팔자요, 결정이요, 섭리요, 우연이다. 이 운명을 가지고 이 결정된 사실을 가지고 우리는 살아야 한다. 우리는 어떻게 사는 것이 보람있는 일인가를 생각하고 나니 적성, 흥미, 능력, 개성을 탐색하고 준비하여 보람된 미래의 직업선택과 준비를 위하여 설계를 해야 한다.

옛부터 남자는 사업에 살고 여자는 애정에 산다고 한다. 직업과 남성은 불가분의 관계를 갖는다. 직업은 인생에서 중요한 의미를 지닌다.

첫째로 직업은 생계유지의 기본수단이다. 직업이 없는 사람은 사회의 기생충적 존재로 전락한다. 사람은 자기 힘으로 일하고 살아가는 자활인(自活人)이 되어야 한다.

둘째로, 직업은 인간의 사회적 역할이다. 직업은 사회라는 무대에서 우리가 각자 담당하는 역할이다. 자기가 맡은 역할을 성실하고 책임감있게 감당해 나가야 한다.

끝으로 직업은 인생의 사명(使命)이요 천직이다. 하늘이 우리에게 맡긴 심부름이요 직분이다.

우리는 자기의 직업을 무엇으로 택할 것인가를 계획하고 실천하고 달성해야 한다. 그리고 자기의 직업을 사랑해야 한다. 자기의 직업에 대하여 자랑과 긍지를 느껴야 한다. 우리는 일에 살고 일에 죽는 활동주의적 인생관을 가져야 한다. 즉 직업은 자기자신을 대표하는 것이기 때문에 천직이요 사명적 직업관을 지녀야 행복해질 수 있고 성공인이 되는 것이다. 성공이란 대통령이나 장관이 꼭 되어야만 하는 것이 아니라 사기의 알맞은 목표를 세워 그 목표가 달성이 되면 성공이라 할 수 있다. 성공은 자기의 만족 또는 성취에 있는 것이다.

현대의 기업사회, 기능사회는 능률을 숭상하고 기능을 존중한다. 유능한 사람이 존경을 받고 무능한 사람은 천대를 받는다. 우리는 저마다 우수한 능력의 소유자가 되어야 한다. 유능한 인재가 되기 위하여 부단히 자기의 소질과 능력을 개발하여야 한다. 나의 신체적 조건과 능력의 한계를 참조해 보고 가정 여건이나 부모의 기대나 형제자매들의 기대 등을 고려하여 적당한 범위내에서 자기의 미래방향을 설계해나가는 것이 가장 바람직하다.

제2장 직업의 의미

우리 인간의 선택 중에서 가장 중요한 것은 부모를 잘타고 나는 것이요. 둘째로는 배우자의 선택이 중요하고, 셋째로는 직업이 중요하다. 넷째로는 가치관, 인생관의 선택이 중요하고, 다섯째로는 친구의 선택이 중요하다.

이러한 모든 선택이 잘 이루어질 때 개인은 만족하고 행복하며 보다 나은 뜻 깊은 삶과 자아실현의 경지로 치닫게 된다. 그러나 누구나 똑같은 좋은 조건의 선택이 만족스럽게 이루어질 수는 없다. 부모의 선택은 인위적으로 이룰 수는 없는 것이고, 배우자 선택 또한 인위적으로 가능하지만 운명에 좌우되는 경향이므로 하나님의 섭리에 맡길 수 밖에 없다. 그렇지만 직업의 선택은 생활의 유지수단으로서 중요하고 일생을 좌우하는 관건이 되므로 현명하게 선택하여 생활을 풍요롭게 하면서 일생을 보람있게 보낼 수 있는 수단으로서 중요한 것이다. 그러므로 직업 선택에 관심을 가지고 우리 모두는 노력하여야 한다. 직업은 인간에게 필수적 요소이다.

1. 직업의 개념

우리 인류가 매우 미개하였던 원시사회에서는 삶에 필요한 모든 경제적 내용이 단순하여 수렵이나 농업이 모든 생활의 주류를 형성하고 있었기 때문에 상호교환의 필요성이 극히 낮았고 생활이 단조하였다. 그래서 직업이라고 불릴 만한 형태가 없었다고 본다. 그러나 인간의 숫자가 늘어나고 사회생활이 복잡해짐에 따라 자급자족에도 한계가 생겨 타인이 만든 것이 필요하게 되고 교환체제가 성립되고 교환물의 특성을 살리다 보니 전문적인 기술을 요구하는 직업이 생기게 되었다.

사회가 단순했던 농본사회에서는 농업이나 어업, 수렵등 단순직만이 성행하였고 이것만으로도 생계를 유지할 수 있는 수단이 되었었으나 경제적 발단과 사회구조의 복잡화와 산업사회로 옮겨감에 따라 직업의 세계가 복잡해지고 직업의 종류도 다양화, 세분화, 전문화 되어 직업선택이나 적응에 상당한 어려움을 느끼게 되었다.

1957년 우리나라에 생활지도가 도입되던 당시만 해도 직업의 종류가 불과 2,000여종에 불과 했으나 80년대 후반에 와서는 1만 여종이 넘고 있으며 선진국인 미국의 경우도 3~5만 여종에 이른다고 해 직업이 얼마나 세분화되고 전문화 되어 있는가를 알 수 있다.

직업의 뜻

사람이란 누구나 일을 하면서 산다. 일이란 휴식과 놀이 또는 여가를 위한 활동을 제시한 모든 생산적인 활동이다. 직업은 성인들의 활동으로서 경제적으로 보상되는 활동을 뜻한다.

직업이란 사전에 쓰여진 내용을 보면: ① 관직상의 일 ② 일상으로 종사하는 업무, 생계를 유지하기 위한 일, 가업, 생업 등 ③ 자기능력에 따라 어느 목적을 위해 전심하는 일이라고 되어 있다.

그러나 좀더 구체적으로 분석하면 직업을 영어로 "Vocation" 또는 "occupation"이라는 말이 혼용되고 있으며 이들간에 약간의 차이가 있음을 알 수 있다. "Vocation"이란 조물주로부터 소명을 받은 즉, 막스 베버(Marx Weber)의 표현과 같이 부르심을 받은 일(calling)이라고 한다. "occupation"은 사람이 보수를 받기 위해 정해놓고 종사하는 일이라고 한다. Vocation의 뜻에는 특별한 행동이나 생애를 위하여 인간이 신(神)으로부터 소명되었다는 뜻과 인간이 신에 대한 봉사를 위해 불리움을 받았다는 뜻이 내포되어있다. 이러한 말들은 종교에서 직업이라는 함축성있는 뜻으로 사용됨으로써 신에게서 받은 것을 의미하게 되어 신성한 사명의식을 갖게 되었다. 그러나 현대산업사회와 같이 직종과 직무가 다양해지고 전문화되자 직업의 관념은 매우 공리적이고 유동적인 뜻을 내포하게 되었다. 직업이 인간의 사회생활의 방법이나 수단으로 생각하는 경향이 날로 늘어감에 따라 천직의 직업관은 퇴색되어가기 시작하였다.

현대에 사는 모든 사람들은 누구나 직업을 갖게 마련이고 직업을 통하여 자기실현과 지역사회 및 국가와 인류를 위하여 공헌해야겠다는 새로운 천직적 직업관을 가져야 한다. 직업은 인생에게 어떤 의미와 가치를 갖는가? 가장 바람직한 직업관은 어떤 것인가? 직업은 인생에게 다섯 가지 차원의 의미를 갖는다. 첫째는 생명적 의미요, 둘째는 경정적 의미요, 셋째는 사회적 의미요, 넷째는 종교적 의미요, 다섯째는 정신적 의미다.

인생은 저마다 자기의 직분과 책임을 수행해야 하는 창조의 일터다. 이러한 창조의 일터에서 자기의 사명을 다해야 하는 창조적 인간이다. 그러므로 인간은 일을 해야 건강하고 기쁨을 느낀다. 직업은 생활의 방편이 아니요 생활의 목적이다. 일 한다는 것은 인생의 가치요 환희요 행복이다. 활동이 인간의 존재의 근본이요 책임이다. 우리는 자기 직업에 대하여 적어도 세가지의 태도를 가져야 한다. 첫째는 자기 직업을 사랑하는 것이요, 둘째는 자기 직업을 자랑스럽게 생각하는 것이며 셋째는 자기 직업에 열성을 갖는 것이다. 우리는 자기 직업에 애정을 가져야 한다.

한편 "occupation"은 생계유지수단을 위해 일에 종사하는 뜻으로 융통성이 있으며 자연적 선택의 뜻을 내포하고 있다.

직업을 도식화하면,

Career > occupation = Vocation > job

이것은 Career는 occupation 보다는 큰 개념으로 "생애"라 일컫는다. occupation이나 Vocation은 같은 개념으로 보지만 job이란 직무로서 해당 업무에 종사하는 일이라고 정의를 내린다. 대부분의 사람들은 자신의 직업적 활동을 통해서 얻는 소득으로 자신과 생계를 꾸려 나아간다. 그런 의미에서 직업은 생업(生業)이라고도 불리운다.

2. 일의 보람

우리는 보통 일의 의미를 먹고 살기위한 생계의 수단으로 여긴다. 성서에서도 이마에 땀을 흘리고 밥을 먹으라고 했고 일하기 싫으면 먹지도 말라고 했으니 일해야 할 의무의 가장 근원적인 이유는 살기 위해서 생존을 위해서 필요한 물질을 얻기 위해서 또한 인간의 기본 욕구를 충족시키기 위해서라고 흔히 생각하고 있다. 그러나 일의 의미를 단순히 먹고 살기 위한 수단이라는 데만 국한시킬 때 그 진가를 다 헤아릴 수 없는 위험에 빠지게 된다. 인간이 일을 해야 하는 것은 생존을 위한 수단이나 자기의 욕구충족을 위한 방편으로서가 아니라 그 이전에 본래적으로 사람은 일을 하도록 되어있는 것이 아닌가라는 생각을 해보게 된다. 인간이 일을 하도록 된 것은 인위적인 노력에 의해서가 아니라 자연의 법과 도리로서 그렇게 되었다는 것이다. 일은 하나님께서 주신 축복이며 일을 통해서 하나님께 영광을 돌리게 된다는 종교적 신앙을 이해할 수 있다. 하나님께서 자연과 손을 만들어 주셨기 때문에 일을 하는 것이 하나님의 창조의지를 따르는 것이고, 하나님을 섬기는 일이 되는 것이다.

인간은 만물의 영장으로서 뚜렷한 목표를 가지고 살아간다. 이 세상에 더욱 아름다운 것을 남기고 보다 참되고 완전한 것을 찾기 위해 노력한다.

원대한 인생목표를 세우고 고통을 참아가면서 창조적인 삶을 위해 정신적으로 육체적으로 활동을 한다. 이러한 활동은 많은 사람들의 생활에 필요하거나 바람직하다고 여겨서 원하기 때문에 하게 되는 것은 아니다. 인간은 모두가 자신의 가치실현을 위해 노력하는 것이다. 인간에게 가치실현을 위한 활동이 없으면 동물의 생활과 다른바가 없기 때문에 누구나 일을 통해서 여러가지 다양한 경제적, 정치적, 물질적, 문화적, 학문적, 예술적 가치실현을 위해 우리가 하는 모든 활동이 이루어진다.

인간의 역사와 발전은 이와 같은 가치실현을 위한 인간의 노력, 즉 일에 의해서 발전되어 왔다는 점을 깊이 인식하여야 할 것이다. 위대한 눈부신 문명을 이룩하고 값있는 학문을 발전시키고 창조적·문화적 표현 활동, 공장을 지어서 산업을 발전시키는 모든 일이 인간의 가치있는 삶을 위한 피와 땀의 결정이다.

일은 반드시 금전적인 보수를 받기 위하여 하는 것은 아니다. 물론 일을 통하여 생활의 유지수단을 해결하는 일차적인 목적이 있지만 이것이 인간의 삶의 목표에 전부가 될 수는 없는 것이다. 일은 인간을 아름답게 하는 가장 중요한 요소이다. 그러므로 일을 기피하고 싫어하며 봉급이나 받고 편하게 지냈으면 하는 생각은 인간의 기본적인 면을 부정하는 것이다. 예로부터 우리 조상들은 유교적 전통관념에 얽매이어 일하는 것을 천시해 왔고 놀고먹는 팔자가 상팔자로 인식해왔나. 손에 때를 묻히지 않고 편하게 부모로부터 물려받은 유산이나 가지고 놀고먹는 것을 자랑으로 여기고 관리가 되어 많은 백성 앞에 군림하는 것을 최상의 가치로 여겨왔다. 그래서 오로지 출세를 위한 관직에 등용되기 위한 시험에만 관심이 쏠려있었고 육체적 활동을 통해 일하는 것을 죄악시 하고 천대하였기 때문에 우리는 산업의 발전이 이루어지지 못했고 공리공론을 일삼는 인문숭상과 권력을 쟁취하는 관료적 사회 속에서 제대로의 인간의 삶을 만끽하지 못하였다. 우리가 근대화·현대화 과정을 뒤늦게 이룬 배경에는 일을 천시하고 기피하며 가치를 느끼지 못하였기 때문에 고도의 산업사회를 이루지 못한 이유가 아닌가 생각된다.

근대화를 자랑하는 서구의 문명은 일찍부터 일의 소중함, 일의 가치를 느껴왔기 때문에 고도의 수준 높은 산업사회를 이룩하였고 지금도 살기 좋은 문명을 유지하고 있다. 그들은 일은 신성하고 생활의 근본으로 교육시켜 왔다. 그래서인지 권력을 휘두르는 정치가보다는 주어진 여건 속에 자기의 소질과 흥미를 바탕으로 일을 즐겨하며 일 속에서 행복을 찾으려 하였다. 일의 귀천을 인정하지 않는 사회이므로 누구나 분수에 알맞은 일을 찾아 부지런히 노력하는 근면한 정신이 몸에 베여있어 각 분야에 골고루 발전이 있었던 것이다.

우리나라도 60년대 이후 "잘살아보기"운동이 전개되어 제각기 맡은바 임무에 충실하고 노력하였기 때문에 80년대에 와서는 놀라운 경제성장을 이룩한 것도 우연의 일은 아니다. 이것은 오르지 일에 대한 개념과 태도가 많이 달라지고 바뀌어졌기 때문에 일을 통해서 자아실현을 하고자 하는 의욕이 싹트기 시작했기 때문이다.

우리는 일을 통해서 행복감을 맛보아야 한다. 루트비히 그라임은 말하기를 "자기가 하는 일을 즐기고 많은 일을 행하되 후회하지 않는 사람이 참으로 고결한 인생"이라고 한다. 사람들은 누구나 행복을 최고의 목표로 여겼다. 한국인이 삶에서 행복을 생소하게 느껴지는 것은 행복은 자신의 노력으로 얻어지는 것이 아니라 주어지는 것이라고 생각하기 때문이다. 이에 비해서 서양 사람들은 아주 작은 경험에서도 행복을 느끼고 또 그것을 표현하는 경향이 짙다. 행복을 운명론으로 거창하게 여기는 것은 올바른 삶의 자세가 아니다. 분수에 맞게 자족하고 묵묵히 자기 인생을 한 걸음씩 전진해 나가는 과정에서 행복을 얻을 수 있어야 한다.

사람은 행복을 누구나 원한다. 그러나 행복이란 마음이 즐겁고 장래에 희망이 있으며 자기가 하는 일에 대해서 보람을 느끼면서 생활해 가는데에서 얻는 만족감이라 할 수 있다. 행복이란 성실하게 노력하여 가난을 극복하고 자기 본분을 다하는데서 얻어질 수 있는 것이다. 나아가 이러한 정신적 기쁨과 더불어 건강이 뒷받침될 때 행복한 삶을 누릴 수 있다.

경제적 문제를 해결하는 것도 건강을 유지하는 것도 뚜렷한 인생의 목표를 정하고 열심히 일하려고 하는 마음의 자세에서 얻어지는 것이다. 정신적으로 자유롭고 떳떳하게 살아가려는 굳은 의지가 인생에서 필요하다. 자기가 하는 일에 대해서 긍지를 가지지 못하는 사람은 객관적인 조건이 제아무리 훌륭하다 할지라도 마음으로부터 만족할 수가 없는 것이다. 자기의 능력을 돌아보지 않고 터무니없이 높은 이상과 꿈을 가져도 일에서 보람을 느끼기가 어렵다. 자기가 노력한 만큼 결과를 얻고 그 결과에서 일의 보람과 긍지를 느낄 수 있는 사람이 진정한 행복한 사람이다.

국민정신교육 내용구성에서도 9대 교육목표 가운데 사명의식, 사명감을 강조하고 있는 데 이것은 삶의 보람, 일의 보람, 창의성과 자기 향상, 사명감과 사회발전이란 주제로 강조하고 있는것은 그만큼 우리가 길러야 할 중요한 요소임을 인식하여야 한다.

보람이란 주관적인 것이기 때문에 각자의 사고방식에 따라 좌우된다. 보람이란 도처에 있는 것이다. 작은 것에서부터 큰것에 이르기까지 그 규모는 다양하다. 일의 보람이란 것도 남을 위해 존재하는 것도 아니요 남을 보이기 위한 것도 아니다. 다만 자신이 추구하는 일 또는 직업이 최선의 것이라고 생각하는 자세에 있는 것이다. 어떻게 보느냐하는 것은 자신만이 평가기준이 되기 때문에 주관적 판단에 의해서 자신의 일이 즐겁고 가치있는 것으로 느끼는 마음을 갖도록 노력하는 것이다.

긍정적 사고와 적극적 방식으로 주어진 임무가 소중하고 타인을 위한 봉사정신으로 나아갈 때 보람은 솟아나는 것이다. 우리는 매사에 보람있는 일을 한다고 느낄 때 창조적 삶이 이루어지는 것이다. 창조적 삶이란 자아실현의 결과요 행복하고 만족한 삶의 기본이 되는 것이다. 그러므로 일은 살기 위해서 필요한 것이며 일이 인간의 삶을 풍부하고 행복하게 만들어 주는 것이기 때문에 일의 보람은 기쁨과 연결된 것이다. 일은 자기실현이며 보람과 업적이 된다는 생각은 시민사회에 오면서부터 나타나기 시작하였다. 인간은 일을 의무로서만 하는 것이 아니고 자기의 능력을 발휘하면서 실현하며 또한 사회적 업적과 인정을 받기 위해서 일을 하기도 한다.

3. 변모하는 산업구조의 고도화와 직업

산업이 발전하지 못했던 전통적인 농본사회에서는 농업이 주 산업이었고 직업의 종류로 다양하지 못했다. 그 이유는 사회가 매우 단순하고 과학기술문명이 고도로 발전하지 못했기 때문에 직업의 대부분은 농업을 벗어나지 못하였다. 그러나 18세기 영국의 산업혁명 이후 수공업에서부터 공장농업으로 분업이 실시되고 과학기술이 발전되고 경제체제가 단순에서 복잡으로 변화됨에 따라서 산업구조 및 고용구조가 농업위주에서 공업위주로 변하고 다음은 생산적 서비스업으로 그 비중이 변화되어 가고 있다. 최근에는 우주공학, 유전공학, 반도체 공학 등 첨단산업이 고도로 발달해 가는 타산업사회에서는 정보산업이 더욱 발전될 전망이다.

이러한 발전을 가리켜 정보산업시대로 옮아가고 있다고 한다. 미국의 사회예보가인 존 네이스빗트(John naisbitt)의 말대로 현대사회는 앨빈토플러(Alvin Toffler)의 "제3의 물결"(즉 산업사회를 의미함)이 지나고 이제 제4의 물결이 밀려오고 있다고 한다. 이것을 1차산업(농업), 2차산업(제조업), 3차산업(써비스산업)이 지나 이제는 정보산업이 도래한다는 의미이다.

60년대 이후 우리나라 산업화과정을 돌이켜 보면, 60년대에는 국민생활에 직결된 최종 소비재 위주인 경공업과 극히 제한된 기간산업이 주축을 이루었다. 그 당시 외형 거래액이 비교적 높았고 기업은 제당, 제분, 섬유제품, 가전제품, 시멘트, 비료, 정유(精油)등의 업종이었다. 이들 업종은 주로 원료나 부품을 도입하여 가공, 조립하는 정도여서 이름뿐인 메이커였지만 60년대 후반기의 수출진흥정책에 힘입어 각광을 받았던 업종은 주로 合板, 가발, 의류 등 노동 집약적 경공업 위주의 소비재 상품이었다.

이러한 60년대 공업화, 산업화, 과정에서 얻은 지식과 경험은 우리나라의 경제 발전과 고도의 산업화 기반을 구축하는데 밑거름이 되었다. 특히 70년대에 착수한 중화학공업정책은 이제까지의 경공업

위주의 공업국으로부터 중공업 구조의 선진 공업국으로 탈바꿈하는 역사적 전환점을 가져오게 하였다. 70년대에 추진하였던 중화학 공업은 철강, 비철금속, 석유화학제품 등 素材원료 생산분야, 기계, 造船시설재 생산분야, 전자공업 등 6대산업을 들 수 있다. 따라서 우리의 경제는 70년대부터 기계, 조선, 철강, 전기, 전자제품, 화학제품 등, 中間財 및 자본제공업으로 발전해 오고 있다.

[표 1] **産業別 國民總生産(1975年 價格)**

(단위 : 10억원)

산업별	1976		1981		1983	
	금액	구성비	금액	구성비	금액	구성비
국민총생산	11,346	100.0	18,439	100.0	29,696	100.0
농림수산업	2,406	21,2	2,867	15.5	3,323	11.2
비농림수산업	8,940	78,8	15,572	84.5	26,373	88.8
광공업	3,533	31.1	6,866	37.2	12,407	41.8
광업	152	1,3	213	1.1	272	0.9
제조업	3,381	29.8	6,653	36.1	12,135	40.9
사회간접자본 및 기타 서어비스업	5,407	47.7	8,706	47.3	13,966	47.0
사회간접자본	1,416	12.5	2,589	14.1	4,662	15.7
기타 서어비스업	3,991	35.2	6,117	33.2	9,304	31.3

산업별	1991		연평균 증가율(%)		
	금액	구성비	1977~81	1982~86	1987~91
국민총생산	47,826	100.0	10.2	10.0	10.0
농림수산업	3,854	8.1	3,1	3.0	3.0
비농림수산업	43,927	91.9	11.7	11.1	10.8
광공업	21,260	44.4	14.2	12.6	11.4
광업	347	0.7	7.0	5.0	5.0
제조업	20,913	43.7	14.5	12.8	11.5
사회간접자본 및 기타 서어비스업	22,712	47.5	10.0	9.9	10.26
사회간접자본	8,400	17.6	12.8	12.5	12.5
기타 서어비스업	14,312	29.9	8.9	8.7	9,0

주 : 1957년 불변가격 기준에 의한 국민소득 자료는 1975년 산업연관표 자료에서 도출되었으므로 한국은행의 국민소득 계정과 일치하지 않음.

자료: 한국개발연구원 장기경제 사회발전 1977~91년, p.259.

한국개발원(KDI)이 추정한 국민 총생산의 구성비로 표시된 산업구조의 동향을 보면, 농림 수산업이 1976년의 21.2%에서 1991년에는 8.1%로 대폭 저하되는 반면에 광공업은 1976년의 31.1%에서 1991년에는 44.4%로 크게 증가된다. 특히 제조업은 1976년의 29.8%에서 1991년에는 43.7%로 대폭 증가될 것이다. 농림·수산업의 비중은 크게 저하되고 반면에 비농림·수산업 부문은 대폭 상승됨으로써 선진국의 산업구조와 비슷한 모습을 갖게 될 것으로 추측된다(표1 참조).

한편 제조업 중 중화학 공업은 1975년의 45.4%에서 1991년에는 65.1%로 상승되고 상대적으로 경공업은 1975년의 54.6%에서 1991년에는 34.9%로 저하될 것으로 전망된다. 중화학공업 중에서도 기계, 전자, 조선을 포함한 기계공업을 뒷받침해주는 철강, 금속공업에 높은 비중을 점하여 신장될 것이다. 정유, 석유화학, 비료 등의 화학공업도 성장을 지속할 것이나 중화학공업에서의 비중은 기계공업보다 낮을 것이다.

[표 2] 工業構造의 長期展望(1975年 價格)

(단위: 10億원)

산 업	1975	1981	1986	1991	총제조업중비화 (%)		연 평 균 성장율(10 %)
					1975	1991	1976—1991
총 제 조 업	10,181	25,144	45,659	78,268	100.0	100.0	13.6
경 공 업	5,562	11,545	18,294	27,330	54.6	34.9	10.5
중화학 공업	4,619	13,600	27,366	50,938	45.4	65.1	16.2
석유·화학제품	1,748	4,028	6,761	10,512	17.2	13.4	11.9
비금속광물	339	992	1,846	3,099	3.3	4.0	14.8
제 1 차 금속	781	2,409	4,861	8,883	7.7	11.3	16.4
금속기계 및 전자	1,536	5,627	12,945	26,913	15.1	34.4	19.6
금 속	55	185	398	769	0.5	1.0	17.9
기 계	1,019	3,525	7,824	15,787	10.0	20.2	18.7
전 자	462	1,917	4,723	10,357	4.5	13.2	21.4
펄프·종이 및 종이제품	216	543	953	1,531	2.1	2.0	13.0

* 總産出額基準

資料: KDI, 長期經濟社會發展, p.99.

위의 [표 2]에서 제시한 바와 같이 우리나라는 산업구조의 고도화와 계속적인 높은 경제 성장률을 달성하기 위하여 전력, 통신, 수송, 항만 등 사회간접자본의 수요가 크게 확대될 것이므로 이 분야의 성장률도 높을 것이 예상된다. 또한 주택, 교육, 보건 등 써비스업도 높은 성장률을 보일 것으로 예견된다. 이와 같이 우리나라의 산업이 고도화되기까지에는 과학기술의 발전을 지적하지 않을 수 없다. 우리나라는 60년대 초부터 "우리도 잘 살아 보자"는 경제지상정책에 따라 온 국민이 새마을 사업 추진에 온갖 정력을 쏟아 꾸준히 노력을 하여 매년 5월이 오면 "보릿고개"를 맞이하던 때였는데 이제는 그러한 가난은 이미 사라졌고 또한 산업발전의 기수가 되는 기능공들의 양성이 시급하여 기능인 양성에 총력을 기울였다. 또한 과학기술 교육을 강화하여 낙후된 산업구조를 개혁하고 또한 외국기술의 도입을 촉진함으로써 과학기술의 기반을 구축하기 시작하였다. 정부주도의 경제성장발전의 정책과 아울러 과학기술 연구소의 설립, 해외의 유능한 과학기술의 유치와 더불어 선진 과학기술의 도입 등은 모두가 60년대에 이루어졌다. 이러한 과업은 그 후 70년대에 중화학공업을 착수할 수 있는 기초가 된 것이다.

오늘에 이르기까지 도입된 기술분야 중 기계, 전자, 전기 기기, 정유화학 분야가 전체의 75% 이상을 점유하였고 이 도입된 기술을 토착화 하는데 역점을 둔 것도 70년대의 일이다. 중화학 공업이 전체공업의 50%를 점하게 되면 80년대에는 이를 더욱 정밀화하여 두뇌산업을 개발하게 되고 수출산업으로서의 중화학공업이 더욱 발전될 것으로 보인다. 80년대에는 성장될 것으로 보이는 두뇌산업이 기계공업, 금속공업, 화학공업, 전자산업, 정보산업, 기술 용역산업 등으로 산업발전은 대형화되고 해외진출이 촉진되기 때문에 경영, 관리인의 수요도 대폭 증가할 것으로 보인다.

기술교육이 우리나라의 교육과정에 정식교과로 도입된지도 벌써 10년이 넘었다. 앞으로 2000년대를 향한 고도 산업사회를 염두에 두고 기술교육도 아울러 발전의 증가추세를 면할 수 없다. 산업기술의 발전은 산업구조의 고도화를 야기시켰다. 이에따라 산업별 고용구조의 변화도 다양하게 발전을 거듭하게 되었다.

[표 3]에 의하면 우리나라의 산업별 취업 구조의 변화는 70년 대 말까지만 해도 농·수산업이 35.77%였던 것이 1991년도에는 20.71%로 줄어들 전망이고 써비스업종은 늘어날 추세에 있다.

[표 3] 산업별 취업 구조의 변화(%)

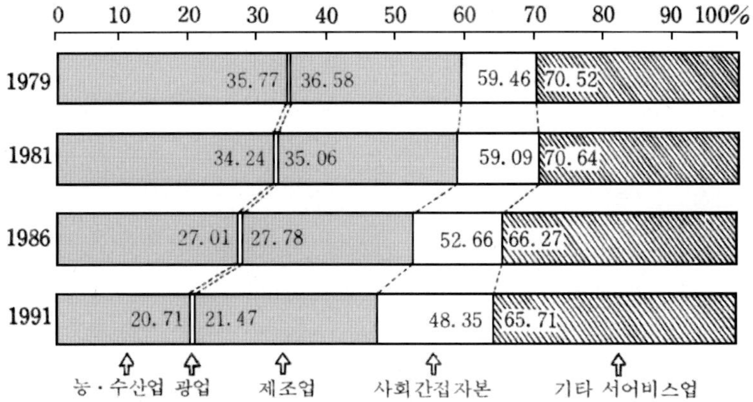

※ 자료: 과학기술처 <u>장기 인력 수급 전망 1979~91.</u> 페이지 44

취업자의 직종별 구성은 노동시장의 수요공급의 상호작용에 의해서 결정된다. 수요측면에서 산업구조의 변화, 기업의 생산 및 경영기법 등의 제 요소를 들 수 있고, 공급측면에서는 직종에 대한 노동자의 선호도, 직종별 임금격차, 교육 및 훈련등의 요인을 생각할 수 있다.

[표 4]에서 제시되어 있는바 특기할만한 사항은 1963년부터 1979년까지의 우리나라 취업자의 직종별 구성이 생산직, 사무직 종사자의 급격한 팽창이다. 경제성장이 본격화한 1970년대에 생산직 및 사무직 종사자는 크게 증가하여 1970년대부터 1979년 사이에 연평균 7% 이상의 증가율을 보이고 있다. 그리고 산업의 고도화 및 행정관리직에 대한 수요가 증대되어 이들 직종간의 종사자도 같은

기간에 연평균 4%의 증가율을 보이고 있다. 전문직 종사자의 양적 증대에 크게 기여한 다른 요인으로는 교육기관의 확대에 따라 교직자가 크게 증가한 것을 들 수 있다.

[표 4] 직종별 취업자 구성비율

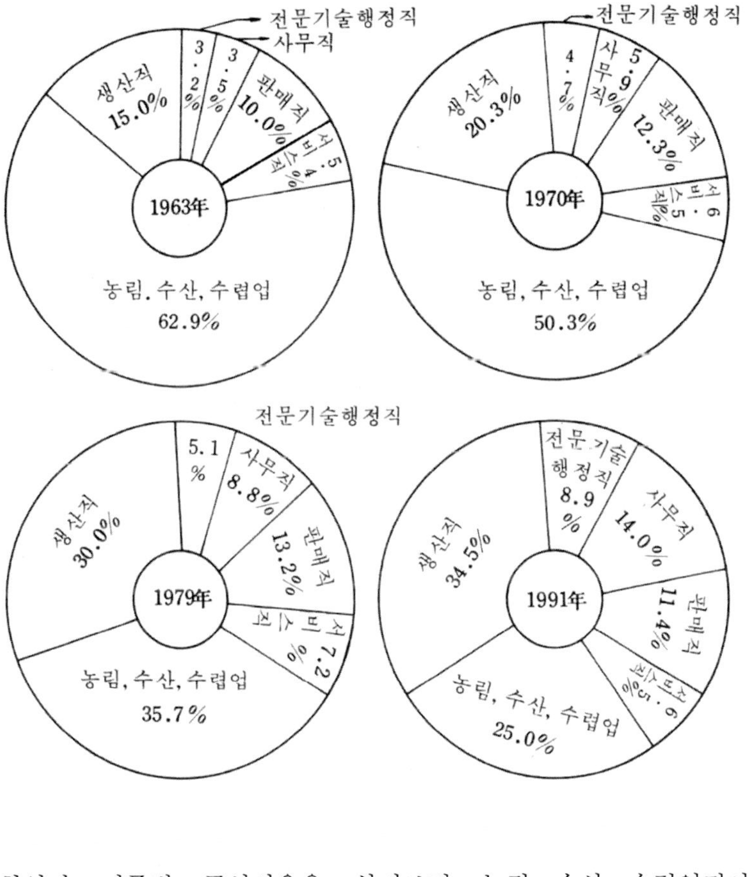

취업자 직종별 구성비율을 살펴보면 농림·수산·수렵업직이 1963년에는 62.9%였는데 1979년에 와서는 35.7%로 27%나 축소되었고 반면에 생산직 분야는 같은 기간에 15%에서 30%로 증가되었다. 사무직 종사지도 같은 기간에 3.5%에서 8.8%로 크게 증가하였

고 전문직도 3.2%에서 5.1%로 증가하였다, 판매직은 종사자가 증가 추세이고 한편 농림 · 수산 · 수렵업의 감소추세는 오늘날의 취업구조 현상이다. 따라서 이러한 과거의 직종변화 추세를 근거로하여 앞으로 직종의 인력수요를 예측하고 이 예측치를 기준으로하여 산업별 직종별 인력구성을 예측하여야 할 것이다. 앞으로 90년대의 전망은 더욱 생산직과 사무직이 늘어날 추세이며 반면에 농림 · 수산 · 수렵 등의 직종은 감소될 것으로 예상되어 이에 대비하는 인력수요공급의 정책이 뒤따라야 할 것이다.

제3장 직업의 종류

1. 직업의 종류

우리나라에 생활지도가 도입되던 1957년 당시만 하더라도 직업의 종류는 불과 2천여 종에 이르렀다고 한다. 그런데 1960년대 이후 경제지상정책으로 산업화 과정을 거쳐 오면서 직업의 숫자는 늘어만 갔다. 그리하여 1980년대 중반에 이르러서는 직업의 종류가 1만 여종에 달했다. 이만큼 직업의 종류가 늘어난 것은 농업위주의 산업에서 과학기술의 발달과 산업이 고도로 발전함에 따라 새로운 직종이 늘기 시작한 것이다. 선진국인 미국의 경우에는 오늘의 그것과는 비교가 안될 정도로 직업의 종류가 다양하다. 현재 3만~5만에 이르고 있어 직업 선택에 있어서 특별한 지도가 없이는 적응하기가 매우 어려운 산업사회를 맞이하고 있는 것이다.

우리나라도 직업의 세계가 다양해지고 복잡해지며 전문화됨에 따라 직업지도에 큰 관심을 불러일으키게 되었다. 1974년에야 비로서 경제기획원에서는 한국표준 직업분류표를 만들어 직업을 분류하기 시작하였다. 직업의 성질이나 기능이 비슷한 것 끼리 한테 묶어 놓은 것을 직업군(Occup ational clusters)이라고 한다.

우리나라에서 분류한 직업군은 대략 9가지로 분류하고 있는데 그것은 ① 전문직 ② 관리직 ③ 행정직 ④ 판매직 ⑤ 농·림·수산업·어업직 ⑥ 써비스직 ⑦ 생산직 ⑦ 교통·체신직 ⑧ 노무직 등으로 구분된다.

이들의 직업군의 내용과 특징을 살펴보면 다음과 같다.

(1) 전문직

이 직업군에는 전문직 지식 또는 기술을 필요로 하는 직업들이 포함된다. 보통 대학정도의 교육을 받아야 이 직업군에 종사할 수 있다. 이 전문·기술직은 자연과학, 공학, 법률, 의학, 교육, 문화, 예술 및 체육등의 분야에서 전문적, 과학적 지식을 활용하여 경제 사회 및 산업상의 제반 문제를 해결하기 위한 연구 업무에 종사하거나 전문직 직능을 설제 수행하는 자를 말한다. 이 직업군에는 국가고시에 의한 면허나 일정한 자격이 없이는 취업할 수 없는 직업이 많다. 또한 전문직은 직무수행상 사회공급의 이익을 위한 직무가 많으므로 여기에는 반드시 직업윤리가 따르게 마련이다(직업윤리란을 참조할것).

이 직업국에는 자연과학자 및 관련기술자, 건축기술자, 공학기술자, 및 관련 기능공, 항공기 및 선박 고급 승무원, 생명과학자 및 관련 기술공, 의사, 치과의사, 수의사 및 관련 종사자, 통계학자, 수학자, 경제학자, 회계사, 법무 종사자, 교사, 대학교수, 종교관계 종사자, 저작자, 언론인, 조각가, 화가, 사진사 및 관련 창작 예술가, 작곡가 및 연예인, 체육인, 기타 분류되지 않는 전문 기술인 등이 이 부류에 속한다.

(2) 관리직

이 직업군은 관리직 및 행정관계 종사자들을 포함한다. 주로 중앙 및 지방행정 부서에서 정책 결정과 수립 그리고 법률이나 공공규칙의 제정과 개정에 관여하거나 정책의 해석과 집행을 조직 관리하는 사람과 (입법 및 정부관리직 공무원) 사기업체, 공기업체, 또는 기타 조직체의 이사나 관리자로서 계획, 조직, 조정 및 감독하는 자(관리자)로 구성되어 있다.

이 직업군은 주로 사업, 판매, 작업등의 인을 직접 하는 것이 아니다. 부하직원의 업무를 지휘 관장하는 직업을 말한다. 여기에는 주로 관공서의 국장, 부장, 서장, 청장, 관장 또는 영업소장, 역장 등이 관리직에 속한다. 그리고 기업체 은행, 공·사단체의 중역, 공장장, 병원장, 지점장, 부장, 지배인, 기관장, 사무장 등이 속한다. 주로 입법 공무원, 정부의 관리직이나 관리자를 포함하고 있다.

(3) 사무직

사무직의 범위는 매우 광범하다. 정부 하급 공무원을 포함하여 사기업 및 공기업체의 사무원, 속기 타자수, 사무기계, 전화 및 전신장비조작자, 경리원, 출납원, 운수 및 통신 사업 종사자, 교통 안내원 등 사무직의 종류는 다양하나 사무직은 관리직에 종사하는 사람의 감독 또는 지시하에 인사문서, 현금출납, 물품 출납, 도서 정리, 계산 등의 사무를 담당하는 것을 주요 업무로 하고 있다. 여기에 속하는 구체적인 직업들은 위에 표시한 직업의 종류 외에도 사무원 감독자, 정부행정공무원, 우편물 취급사무원, 전화 및 통신기 조작원, 기타 달리 분류되지 않는 사무 및 관련직 종사자가 이에 속한다.

(4) 판매직

일반적으로 판매직은 백화점, 도매상, 소매상, 상점 등에서 물건을 사고 파는 점원들을 말한다. 즉 도매, 소매, 관리자와 자영자, 판매감독자 및 구매원, 기술 판매원, 판매 외무원, 보험 부동산, 증권과 기업 서비스 판매원 및 경매원 등이 이 부류에 속한다.

(5) 서비스직

이 직업군은 다른 사람을 위해서 봉사와 서비스를 제공해서 그 댓가를 받는 직종을 의미한다. 산업사회로 옮겨 감에 따라 서비스직 분야가 매우 다양하게 발달되고 있다. 경제적 성장과 발전과 더불어 여가의 붐이 일기 시작하면서 여가와 레크레이션등의 수요가 급증하고 있다. 여기에는 주로 요식 숙박업 관리자 또는 자영자, 가사 및 관련 서비스 감독자, 조리사, 웨이터, 바텐더 및 관련 종사자, 건물 관리원, 청소원, 세탁공, 이발사, 미용사, 보안 업무 종사자, 그 밖에 분류되지 않은 서비스 종사자 등이 이에 속한다.

(6) 농업 · 축산업 · 임업 · 수산 · 수렵업직

이 직업군은 일반적으로 1차 산업으로 점점 감소 추세에 있는 직종이지만 인간의 생활유지를 위한 기본적인 욕구를 공급해 주는 산업분야이다. 태고로부터 전통적인 생계유지를 위해 뒷받침 해 주고 있는 업종으로 근대화되기 이전까지는 모든 인류가 이 분야에 종사해 왔었다. 아직도 1차 산업인 이 분야는 계속해서 중요성이 인정된다. 이 직업군에는 농장 관리자 및 감독자, 농업 및 축산종사자, 임업, 종사자, 어부, 수렵인 및 관련 종사자들의 직업을 말한다.

(7) 기능 생산직

이 직업군은 각 기업체, 산업체, 중소기업 등의 기관 또는 회사에서 물품·물건들을 만들어 내는 곳에서 종사하는 직업을 말한다. 이 직업군에는 원료가공 및 조립, 각종 완성품, 반제품의 제조, 수리작업, 제품제조, 장치 기계, 운전 및 조작, 각종 건설, 토목공사, 전신전화기의 조립 등의 직종에 종사하는 사람들이다. 그밖에 용접, 판금, 주물 등의 기능공 등이 이에 속한다.

(8) 교통 · 체신직

이 직업군은 교통기관이나 우편·체신에 관련된 분야에서 종사하는 직업들을 포함한다. 현대사회와 같이 교통기관이나 체신·텔레타이프 등 송신·수신 업무가 고도로 발달해 가고 있는 상황에서 이

분야의 직종은 매우 복잡하고 다양하다. 이 직업군에는 선박, 항공 기차, 자동차, 고속버스등의 교통기관을 운전 혹은 조정하여 사람과 물건을 수송하는 직종과 유선·무선의 전화통신 등에 관한 기술사무 직종이 이에 속한다.

(9) 노무직

이 직업군에는 신체가 건강하고 교육수준은 특별한 지식이나 기술 등이 필요 없어도 능히 신체적 노동을 제공하여 업무를 수행 추진할 수 있는 관련자들을 말한다. 또한 신규 구직자나 적절히 분류할 수 없는 직업종사자나 단순노동자들을 포함한다.

이상으로 우리나라의 1974년 한국경제기획원에서 작성한 직업분류를 기본으로 삼고 (대분류, 중분류, 소분류) 직업군을 이용하고 있다. 그러나 이것은 편의상 분류한 것에 지나지 않고 절대적인 것은 아니니다. 다만 필요에 의해 분류한 것이기 때문에 참고적으로 이용할 수는 있다. 미국의 경우에도 마찬가지 이지만 1970년대 초부터 진로교육이 대두되면서 직업의 분류를 15가지로 나누는 경우도 있다.

미국의 진로교육 연구자들에 의한 직업의 분류는 다음과 같다.

① 농업경영과 자연자원직 (Agri-business and Natural resources cluster)

② 기업과 사무직 (Busines and office occupation clusters)

③ 통신과 방송직 (Communication and Media occupations clusters)

④ 소비와 가정교육직 (Consumer and Howemaking occupational cluster)

⑤ 건설직 (Construction occupations clusters)

⑥ 환경통제직 (Environmental occupations cluster)

⑦ 예술과 인문과학직 (Fine arts and humanistic occupations cluster)

⑧ 건강교육직 (Health occupations cluster)
⑨ 후생 및 오락직 (Hospitality and recreation occupations cluster)
⑩ 제조직 (Manufacturing occupations clusters)
⑪ 해양과학직 (Marine science occupations cluster)
⑫ 판매 및 분배직 (Marketing and distribution occupations cluster)
⑬ 개인 봉사직 (Personal service occupations cluster)
⑭ 공공행정직 (Public service occupations cluster)
⑮ 교통기관직(Transpartation occupations cluster)

등으로 직업군을 15가지로 분류하여 직업세계를 가르치고 있다. 참고적으로 한국발표 직업분류표를 제시하면서 대분류 10종, 중분류 83종, 소분류(286종, 소분류는 생략) 등으로 나눈 구체적 직업의 예를 제시하여 직업지도에 많은 이용이 있을 것을 기대한다.

한국 표준 직업 분류표(경제 기획원이 1963년 작성 1974년 개정)

※ 대분류 10종, 중분류 83종, 소분류 286종(소분류는 생략)

대 분 류	중 분 류	대졸자 직업 예
1. 전문 기술 및 관련직 종사	01 자연 과학자 및 관련 기술공 02/03 건축 기술자, 공학 기술자 및 관련기술공 04 항공기 및 선박 고급 승무원 05 생명 과학자 및 기술공 06/07 의사, 치과의사 수의사 및 관련기술공 08 통계 학자, 수학자, 체계 분석가 및 관련 기술공 09 경제 학자 11 회계사 12 법무 종사자 13 교 원 14 종교 관계 종사자 15 저작가, 언론인 및 관련 작가 16 조각가, 화가, 사진사 및 관련 창작 예술가 17 작곡가 및 연예인 18 체육인 및 관련 종사자 19 달리 분류되지 않은 기술 및 관련직 종사자	· 대학 졸업자의 대부분은 대분류 1, 2, 3에 속한다. 과학자, 기술자, 교수, 의사, 치과 의사, 수의사, 수학자, 법관, 검사, 교원, 목사, 신부, 언론인, 저작가, 미술가, 사진 기자, 작곡가, 연예인, 교사, 기자, 프로듀서
2. 행정 및 관리직 종사	20 입법 공무원과 정부 관리직 공문원 21 관리자	고급 공무원, 정치가, 사장, 중역

대 분 류	중 분 류	대졸자 직업 예
3. 사무 및 관리직 종사자	30 사무원 감독자 31 정부 행정 공무원 32 속기사, 타자원, 카드 및 테이프 천공원 33 경리원, 출납원 및 관련 종사자 34 계산기 조작원 35 운수 및 통신 사업 감독자 36 교통 안내원 37 우편물 취급 사무원 38 전화 및 전신기 조작원 39 달리 분류하지 않은 사무 및 관련직 종사자	회사 간부, 일반 공무원, 경리 사원, 통신 기사, 은행원
4. 판매 종사자	40 도·소매 관리자 41 도·소매 자영자 42 판매 감독자 및 구매원 43 기술 판매원, 판매 외무원 및 제조업체 판매 대리인 44 보험, 부동산, 증권과 기업 서어비스 판매원 및 경매인 45 판매원, 점원 및 관련 종사자 49 달리 분류되지 않은 판매 종사자	직영인, 세일즈맨, 판매사, 세일즈 엔지니어, 증권 중개인
5. 서어비스직 종사자	50 요식 숙박업 관리자 51 요식 숙박업 자영자 52 가사 및 관련 서어비스 감독 53 조리사, 웨이터, 바텐더 및 관련 종사자 54 달리 분류되지 않은 가정부 및 관련가사 종사자 55 건물 관리원, 청소원 및 종사자 56 세탁공 57 이발사, 미용사 및 관련 종사자 58 보안 업무 종사자 59 달리 분류되지 않은 서어비스직 종사자	관광 요원
6. 농업, 축산업 임업, 수산업 및 수렵업 종사자	60 농장 관리자 및 감독자 61 농업 경영자 62 농업 및 축산 종사자 63 임업 종사자 64 어부, 수렵인 및 관련 종사자	
	70 생산 감독 71 광원 채석원 굴정원 및 관련 종사자	

대 분 류	중 분 류	대졸자 직업 예
7. 8. 9. 생산 및 관련 종사자, 운수장비 운전사 및 단순 노무자 (기능인)	72 금속 가공 처리공 73 목재 가공 처리공 74 화학물 가공공 및 관련 종사자 75 방적공, 제직공, 편직공, 염색공 및 관련 종사자 76 가축 처리공 77 음·식료품 가공 처리공 78 담배 제조공 79 의복 제조공, 재봉공, 가구 내장공 및 관련 종사자 80 제화공 및 가죽 제조공 81 가구 제조공 및 관련 목공 82 돌 재단공 및 돌 조작공 83 대장공, 공구 제작공 및 기계 공구 조작공 84 기계 설비공, 기계 조립공 및 정밀 기구 제작공(전기제외) 85 전기 설비공 및 관리 전기 전자공 86 방송 및 음향 장비 조작공과 영사공 87 연관공, 용접공, 판금공, 구조금속 준비공 및 건립공 88 장신구 및 귀금속 세공공 89 유리 성형공, 도기공 및 관련 종사자 90 고무 및 플라스틱 제품 제조공 91 종이 및 판지 제품 제조공 92 인쇄공 및 관련 종사자 93 도장공 94 달리 분류되지 않은 생산 및 관련 종사자 95 벽돌공, 목공 및 기타 건설 종사자 96 고정 기관 및 장비 운전원 97 화물 취급 및 관련 장비 조작공, 부두 노동자 및 화물취급자 98 수송 장비 운전사 99 달리 분류되지 않은 노무자	
10. 분류 불능자	102 적절히 분류할 수 없는 직업 종사자 군장교 101 신규 구직자 103 직종을 보고하지 않은 종사자 (군인, 군사 요원)	

2. 각 교과와 관련된 직업

우리는 일반적으로 교육을 중요시하고 있다. 또한 전인교육을 지향하고 있다. 그런데 교육받은 사람이 장차 미래의 직업을 선택할 때에 있어서는 사전 준비교육이 미흡하여 직업선택에 큰 혼란을 겪는다. 직업이 생활유지 수단의 기본이 되는 것은 누구나 익히 아는 바이나 이에 대한 준비교육이 소홀하다. 그래서 학생들에게 초등학교에서부터 직업인식, 중학교에서 부터 직업탐색, 고등학교에서부터 진학준비와 취업준비를 시켜야 한다. 그러자면 각 교과를 통하여 교과와 관련된 직업에는 어떤 것이 있는가를 탐색할 필요가 있는 것이다.

[국어와 관련된 직업]

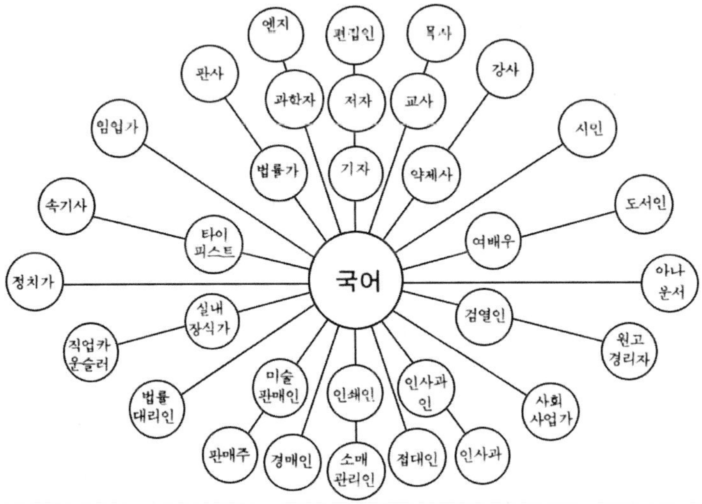

학생들은 교과공부에서 열중하여도 이 교과와 직업과의 관련성도 잘 모를 뿐만 아니라 관심도 적거나 전혀 없는 편이다. 그래서 교육을 마친 후 직업선택에 적응을 잘 못하고 있다. 초등학교 학생들에

게 자기가 알고 있는 직업의 종류를 물어보면 불과 10개 이내에 직업을 예로든다. 중·고등학교 학생들도 20여개 종류의 직업밖에 아는바가 없다. 뿐만 아니라 직업의 내용 즉 직업의 성질, 작업조건, 교육 및 훈련의 정도, 보수관계, 승진, 장래의 전망이나 인력 수급관계 그리고 해당 직업분야를 좀더 자세히 알아볼 수 있는 참고문헌이나 자료 등에 관한 정보도 전혀 모르고 있다.

그렇기 때문에 학생들에게 장차 선택되어야 할 직업에 대한 사전 지식이나 희망 등에 대해서 알아보도록 직업지도를 해야된다. 여기 열거하고 있는 각 교과와 관련된 직업은 적어도 중학교 수준에서 학생들에게 직업군의 내용과 직업 세계를 널리 알려주어 탐색하는데 도움이 되도록 각급학교 교사나 상담교사 또는 진로담당교사들이 학급 수업시간을 통하여 주지시켜 주어야 한다. 아니면 별도의 특별활동 시간을 할애하여 직업 탐색의 기회를 줄 수 있도록 계획을 세워 지도하도록 한다.

[수학과 관련된 직업]

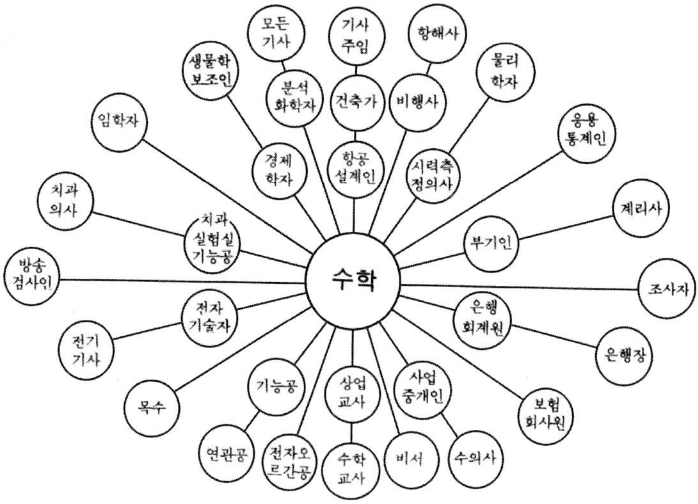

[외국어와 관련된 직업]

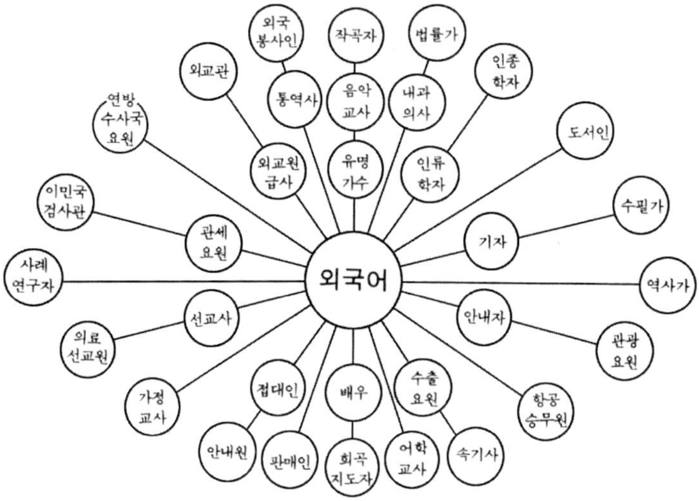

[사회과와 관련된 직업]

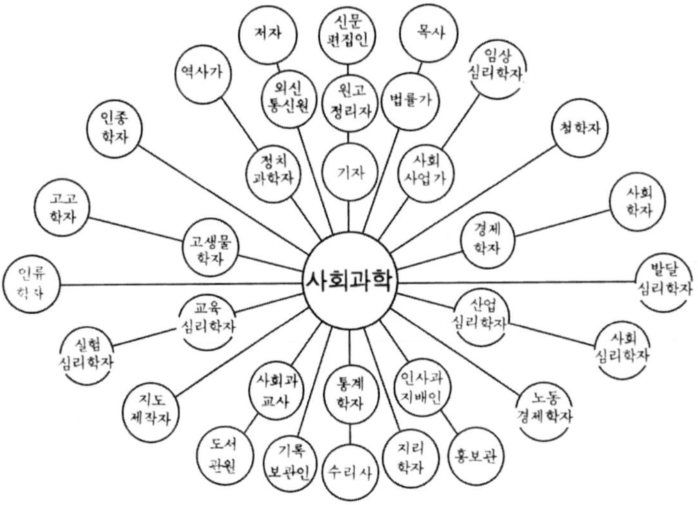

[물리와 관련된 직업]

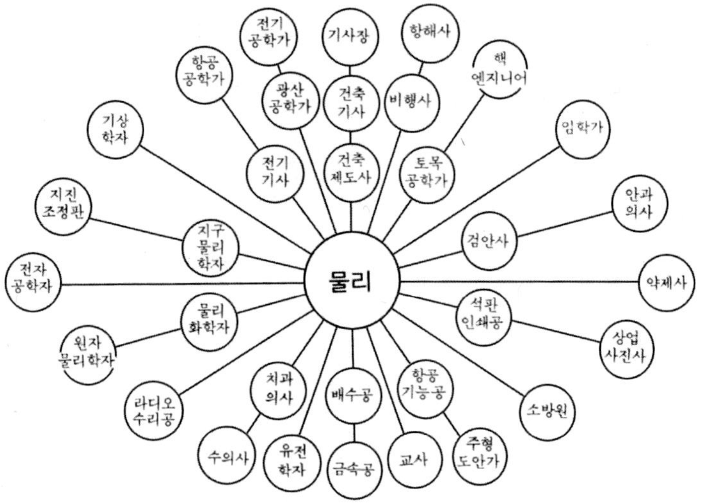

[화학과 관련된 직업]

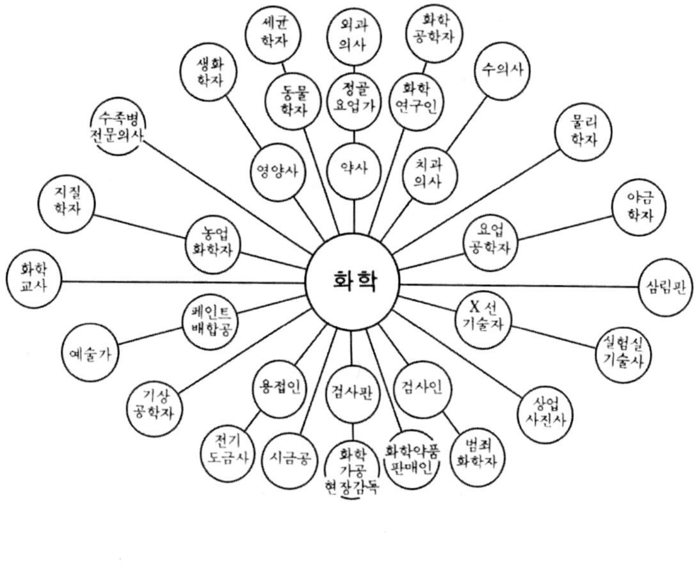

[생물학과 관련된 직업]

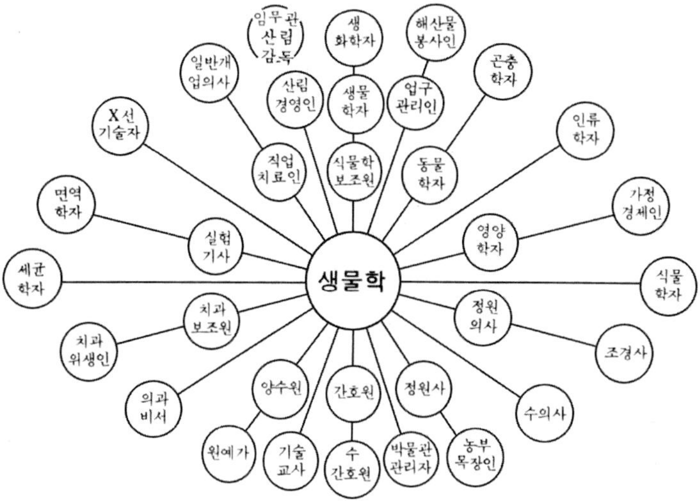

[농업과 관련된 직업]

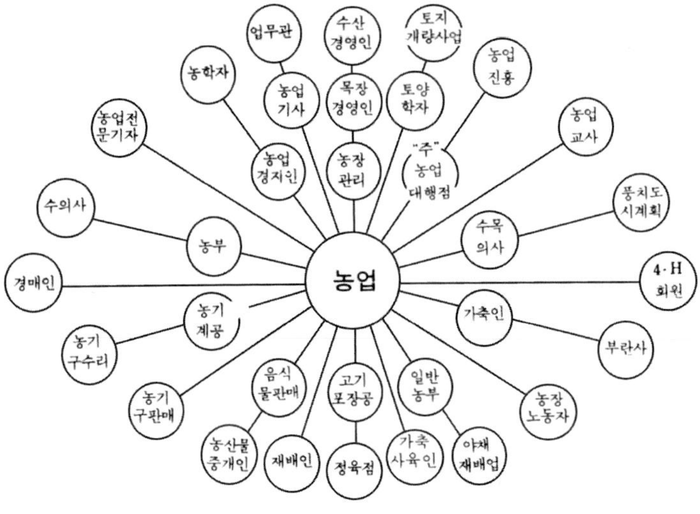

[산업기술과 관련된 직업]

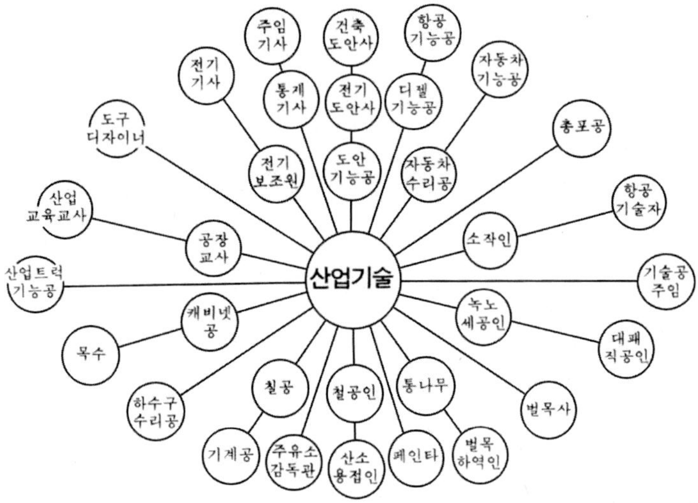

[상업 및 분배학과 관련된 직업]

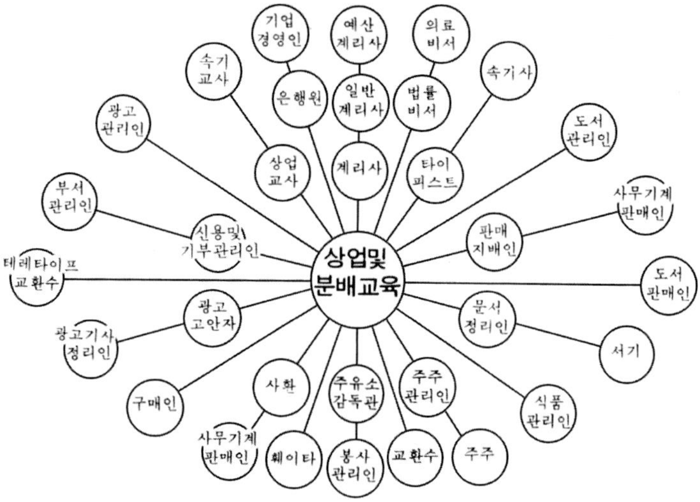

[가정 경제와 관련된 직업]

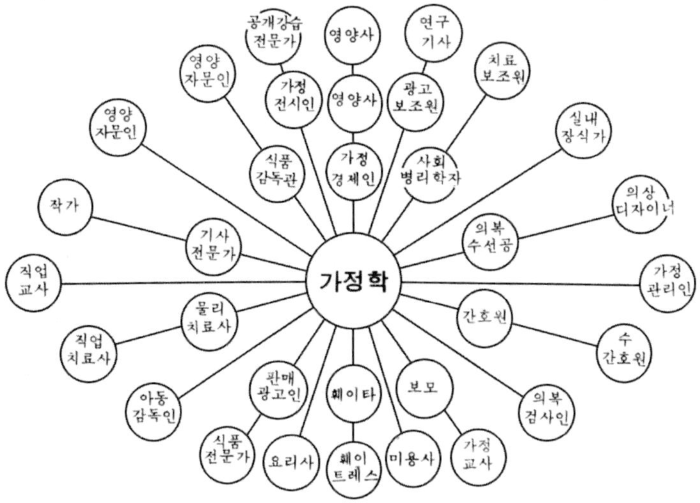

[건강 및 체육교육과 관련된 직업]

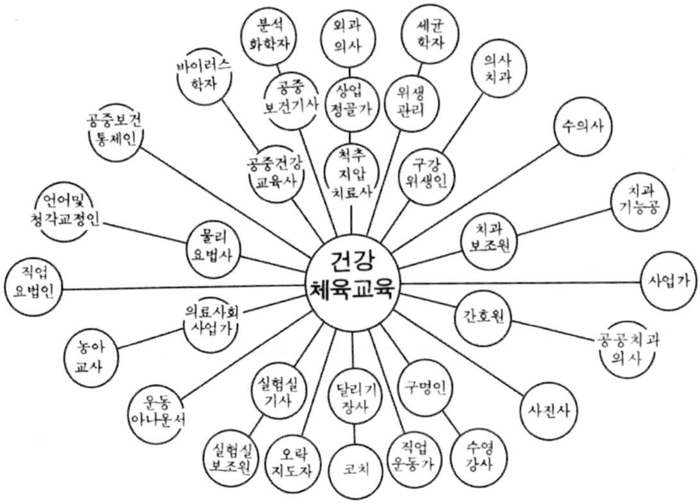

[음악과 관련된 직업]

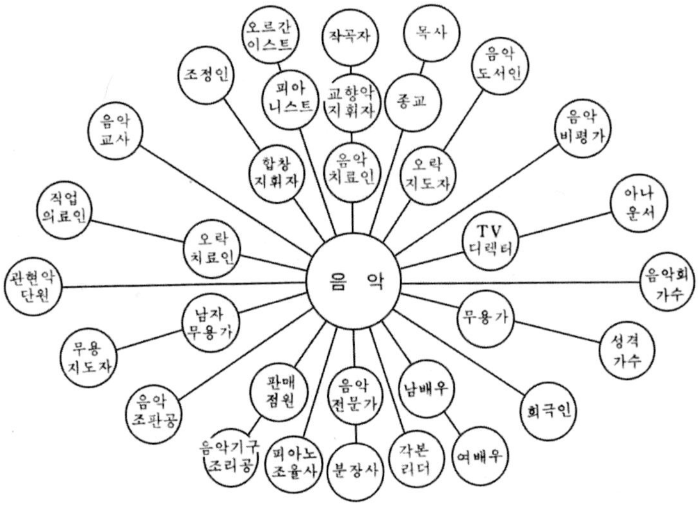

[예술과 관련된 직업]

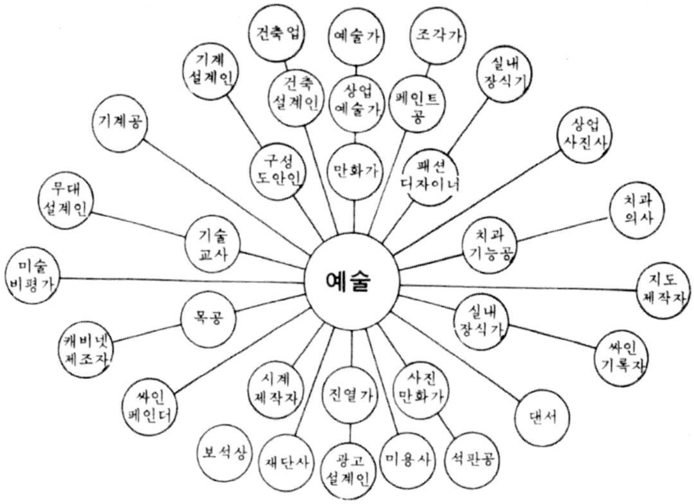

위와 같은 그림은 교과목과 관련된 직업의 종류를 제시한 것이다. 수많은 직업이 모두 교과목과 관련되어 있기 때문에 각 교과를 지도할 때 각 교과목에 따라 흥미와 적성이 있다면 그 분야의 직업을 잠정적으로 선택하는 것이 필요할 것이다. 물론 가르치는 교사의 전공과목에 따라 교사의 영향을 많이 받게 되므로 교사의 수업행동이나 태도에도 많이 좌우될 수 있다는 것을 잊어서는 안된다. 흔히 중고등학교에서는 가르치는 교사의 성실한 태도와 지도 여하에 따라 학생들이 교사의 전공을 많이 모방하게 되고 결국에 가서는 직업선택계획에 있어서도 교사와 같은 분야로 많이 진출하게 될 확률이 높다. 그래서 교사의 행동이나 강조점에 따라 진로계획에 많은 영향을 입게 된다.

위에 제시한 그림을 학생들에게 주지시켜 주도록 권장하고자 한다. 학생들은 직업의 세계를 잘 모르고 있기 때문에 직업에 대한 인식을 고취시키기 위해서는 널리 직업세계에 대한 홍보활동이 필요하다. 그 방법으로는 위의 그림을 크게 확대해서 그려가지고 예쁘고 보기좋게 눈에 잘 뜨일 수 있도록 채색도 가지각색으로 하여 게시판에 붙여놓고 학생들로 하여금 관찰하고 내용을 익히도록 소개하는 것이다. 간단한 정보이긴 하지만 학생들은 상당한 흥미를 가지고 눈여겨보고 새로운 직업세계의 경험을 얻게된다.

교과목과 관련된 직업세계를 이해한 후에는 학생들이 희망하는 직업에 대해서 좀더 자세히 알 수 있도록 각 직업별로 직업에 대한 내용 즉 직업의 성질, 작업조건 이 작업수행에 필요한 교육의 정도나 훈련, 보수, 승진관계, 장래의 인력수급에 대한 전망과 기타 자세한 정보자료를 제공해 줌으로써 보다 나은 직업의 이해를 촉진할 수 있게 된다.

제4장 직업과 적성

1. 적성의 의미

적성(aptitude)이란 일정한 훈련에 의해 숙달될 수 있는 개인의 능력, 즉, 어떤 특정활동이나 작업을 수행하는데 필요한 능력이 어느 정도 있으며 그러한 능력의 발현 가능성의 정도를 의미한다. 지능 또는 일반 능력이 일반적이고 포괄적인 능력의 가능성을 지칭하는데 반해 적성은 구체적인 특정활동이나 작업에 대한 미래의 성공 가능성을 예인하는네 주안섬을 둔다. 따라서 학력이나 성취도까지 넓은 의미의 적성에 포함된다. 적성이란 일반적인 지식·기술을 습득할 수 있고 숙달할 수 있는 개인의 잠재력을 지시하는 것으로 일반적성이라는 것과 특수한 지식·기술을 숙달할 수 있는 특수적성으로 나눈다.

적성은 적성이 문제시하고 예언하고자 하는 구체적 활동, 작업의 성질과 내용에 따라 여러가지로 구분된다. 학업성취에 관련된 적성을 학업적성, 직업활동에 관련된 활동을 직업적성이라 부른다. 또 특수적성은 사무적성, 기계적성, 음악적성, 미술적성, 언어적성, 수공적성, 수리적성등으로 세분된다.

개인의 적성을 밝히고 개인차를 밝히는데 사용되는 검사를 적성검사라 한다. 적성검사는 교육이나 훈련을 받기 전에 잠재적으로 개인이 소유하고 있는 능력의 일종으로서 특정분야의 교육, 훈련 또는 직업과 관계되는 활동을 성공적이고 만족한 생활을 할 수 있도록, 수행하는데 필요한 특수능력의 소유 정도를 추정하기 위하여 만들어진 검사이다. 적성검사에는 학업적성검사(SAT. DATB)와 직업적성검사가 있고 음악, 미술, 기계 등에 관한 재능을 독립적으로 측정하는 특수적성 검사가 있다. 직업적성검사를 또한 직업흥미검사라고도 하며 개인의 직업흥미 여부를 측정하기 위해 만들어진 도구이다.

이렇게 개인의 잠재가능성 중에서 적합한 능력을 찾아내는 원인은 장차 학업이나 직업을 선택할 때 미리 적성검사를 실시하여 직업에의 현명한 적응 또는 학업에의 적응을 보다 잘 수행할 수 있도록 전개하기 위해서 학생들에게 베푸는 작업이다.

그렇다면 적응이 왜 필요한가? 적응이란 개인의 필요와 사회가 지니고 있는 요청이 모두 충족되고 있거나 개인과 객관적인 환경과의 조화가 이루어진 상태를 말하는데 학생이 학업에 적응을 못하고 또한 졸업 후에 직업을 선택했을 때 부적응을 일으킨다면 개인의 생활문제가 불만족스럽고 불행을 초래하기 쉽기 때문이다. 뿐만 아니라 학업에의 부적응 즉 실패하는 경우에는 학교로부터 교사에게서 인정감, 만족감, 승리감, 소속감, 안정감 등이 송두리채 빼앗겨 버린채 이러한 모든 욕구가 이루어지지 못함을 인식한 나머지 다른 영역에서나마 승리감, 인정감, 만족감등을 얻어 보려고 노력한다. 이러한 노력의 대상이 학업성취가 아닌 다른 영역 즉 깡패나 비행집단에서의 인정감을 느꼈을때 문제는 심각해진다. 문제 영역에서라도 성공감을 맛보는 경우에는 문제아가 되기 쉽다.

한편 직업을 선택하였을때 직성에 맞지 않은 직업분야에서 일하게 되면 우선 작업에 능률이 오르지 않을 뿐만 아니라 직업에의 불만족이 나아가 사회적인 불안요소로 파생되기 쉽다. 그리고 직업생활에 불행을 초래하기 쉽고 불행한 생활을 영위하게 되므로 적재적소에 알맞은 직업의 선택이 적성에 맞는 방향으로 지도되어야 한다.

2. 직업과 적성

직업선택은 개인의 직성에 알맞게 이루어져야 한다. 따라서 직업을 선택하기 이전에 각종 검사를 실시하고 그 표준위에서 선택이 이루어져야 바람직하다.

앞에서도 제시한 바와 같이 직업에의 흥미를 알아보기 위한 직업적성 또는 직업흥미 검사를 실시하고 적성요인에 따라 직업을 선택해야 한다.

적성검사에는 사용되는 직업군(occupational clusters) 별로 중요한 일반적 적성요인은 아래 10가지로 요약할 수 있다.

(1) 언어능력: 정확한 의사소통을 위한 문장의 뜻을 이해하고, 의사를 발표하는 능력을 말하며, 특히 사회 과학 분야에서 요구되는 적성이다.

(2) 공간지각: 입체적 공간 관계를 이해하는 능력으로서 시각을 통하여 실체적 물체를 취급하고, 실체적 물체를 회전, 또는 분해했을 때의 형태를 상상하는 능력이다. 이 능력은 제도, 설계, 건축, 미술, 가구 등 제도에서부터 재단에 이르기까지 입체, 구성 능력을 요구하는 직업 분야의 적성 요인이다.

(3) 계 산 력: 정확하고 빠르게 계산하는 능력으로 대부분의 직업에서 필요한 기초적 능력이나, 특히 사무 분야에서 특별히 요구되는 적성이다.

(4) 추 리 력: 원리를 추리하고 응용하는 능력이다. 자연 과학, 사회 과학 등의 분야에서 필요로 하는 적성이다.

(5) 기계추리력: 각종 기계 기구 및 물리학적 원리를 이해하고 추리하는 능력을 말하며, 이 능력은 토목, 기계, 수리 기술자, 조립 기술자, 기타 각종 이공학 시설 분야 및 공장 등에서 요구되는 적성이다.

(6) 척도해독력: 척도, 그래프, 챠트, 계기 등을 신속·정확하게 읽는 능력을 말하며, 이 능력은 이공학, 화학, 생물, 수학, 의학 등 과학 분야와 실업 및 기술 분야에 요구되는 적성이다.

(7) 수공능력: 운동 감각의 정확성과 신속히 반응하는 능력이다. 이 능력은 전자공, 전기공, 인쇄공, 세공 등의 직업 분야에서 중요한 적성이다.

(8) 기 억 력: 복잡한 자료나 항목들의 분류 및 상징, 기호를 학습하고 암기하는 능력을 말하며 이 능력은 사회, 과학, 실업, 사무 분야에서 중요한 적성이다.

(9) 사무지각: 문자나 기호를 정확하고 신속하게 식별하는 능력을 말하며, 경리, 서기, 전화 교환 등 사무 분야에서 필요한 적성이다.

(10) 형태지각: 실물이나 도해를 정확하고 빠르게 비교·변별하는 능력을 말하며, 이 능력은 통신, 타자 등의 사무 분야와 도안, 디자인 등의 응용 미술 분야, 그리고 기타 기능직 분야에서 필요한 적성이다.

위와 같이 10가지 적성요인에 따라 직업군(인문계 전문직, 자연계 전문직, 공안직, 사무직, 기계조작, 봉사와 판매직, 응용미술직, 설계제도 및 전기관계직, 제판 및 제화직, 검사 및 선별직, 기계 조립 및 가공직, 조형 및 세공직, 기타 분야의 기술 및 기능직)의 적성요인과 직업의 예를 들어 직업지도에 효과를 거두기 위해 자료를 제시한다.

[표 1] 직업군과 적성요인

직 무 군		적 성 요 인	직 업 의 예
인문계 전문직	· 인문 계통의 전문직 · 저작, 편집 및 보도직(Ⅰ)	언어 능력, 추리력, 기억력	사회 과학 연구가, 판사 검사, 평론가, 논설위원, 뉴스
	· 법무 관계직 · 저작, 편집 및 보도직(Ⅱ)	언어 능력, 추리력, 기억력	사법서사, 입회 서기 신문·잡지 편집원, 신문기자, 번역가
자연계 전문직	· 연구·개발직 · 의료·보건직(Ⅰ)	계산 능력, 공간 지각, 추리력, 기억력, 기계	자연 과학 기술자, 자연 과학 연구가 의사

직 무 군		적 성 요 인	직 업 의 예
자연계 전문직	· 운항직(I) · 전자 계산기 조작직 (I) · 운항직(Ⅱ)	추리력, 수공 능력, 척도 해도력 계산 능력, 공간 지각, 기계 추리력, 수공 능력, 척도 해도력	항공기 조종사, 각종 항행사 전자 계산기 분해 · 조작 기술자 을 · 병종 항행사, 선박 기관사
	· 기술직 · 의료 보건직(Ⅱ)	추리력, 척도 해독력	시험공, 분석공, 기사 물리 요법사
공안직	· 공안 및 관련직	사무 지각, 수공 능력, 언어 능력, 추리력	경찰소, 소방관
사무직 I (언어 능력 중심)	· 기획 · 관리의 사무직	언어 능력, 사무 지각, 기억력	전문직 기획 사무원, 인사 관리 사무원
	· 일반 기획 사무직 · 상담 · 면접 사무직 · 저작 · 편집 · 보도직 (Ⅲ)	언어 능력, 사무 지각, 기억력	일반 계획 사무원, 자재 계획 사무원 카운슬러, 세일즈맨 아나운서
사무직 Ⅱ(수리 능력 중심)	· 경리 및 관련직 (I)	계산 능력, 사무 지각, 수공 능력, 기억력	전문직 경리 사무원, 회계 감사계
	· 경리 및 관련직 (Ⅱ)	계산 능력, 사무 지각, 기억력, 수공 능력	일반 경리 사무원, 현금 출납계
	· 전자 계산기 관련직 (Ⅱ)	계산 능력, 사무 지각 수공 능력, 기억력	전자 계산기 조작원
	· 계수 · 기록직		일반 사무원, 각종 계산기
	· 속기 및 통신 사무직	사무 지각, 형태 지각	속기사, 무선 통신사
	· 사무용 기계 조작직	사무 지각, 기억력, 형태 지각, 수공 능력	타자원, 전화 교환수
	· 인쇄 관련직(I)		식자공, 제판공
기계 조작 및 운전직	· 각종 차륜의 운전직 · 인쇄 관련직(Ⅱ) · 기계 장치의 조작 및 감시직 · 화학장치의 조작 및 감시직	사무 지각, 수공 능력, 기계 추리력	자동차 운전수 윤전기 인쇄공, 옵셋 인쇄공 자동 제어 기계 조작원 합성공, 석유 정제공
봉사 및 판매직	· 의료 보건직(Ⅲ) · 대인 봉사직(I)	사무 지각, 언어 능력, 기억력	보건원, 조산원, 간호원, 비서, 항공기 안내원

직 무 군		적 성 요 인	직 업 의 예
봉사 및 판매직	· 판매직 · 대인 봉사직(Ⅱ) · 통신 업무직 · 공안 및 관련직 (Ⅱ)	계산 능력, 언어 능력, 기억력, 사무 지각	점원, 판매원 버스 안내원 집배원 수위, 경비원
응용 미술직	· 도안 및 관련직 · 미술적 배열직	공간 지각, 형태 지각 수공 능력, 기억력	상업 디자이너 복장 디자이너, 무대 장치가
	· 대인 봉사직(Ⅲ)	공간 지각, 형태 지각	이용사, 미용사
설 계, 제도 및 전기 관계직	· 설계에 관한 기술직	계산 능력, 공간 지각, 수공 능력, 척도 해독력	설계사(토목, 건축, 선박 등)
	· 제도 및 관련직	계산 능력, 공간 지각, 수공 능력, 기계 추리력, 척도 해독력	제도공, 현도공(철 구조물, 선박 등)
	· 전기 기능직	계산 능력, 공간 지각, 수공 능력, 기계 추리력	발전공, 배전공
제판 및 제화직	· 인쇄 관련직(Ⅲ) · 제도 및 관련직	사무 지각, 형태 지각, 수공 능력	문선공, 사진 제판공, 제도공, 현도공
검사 및 선별직	· 정밀 검사직	사무 지각, 형태 지각	검사공(전기 기기, 음식 료품)
	· 간이 검사직	사무지각, 형태지각	검사공(목, 축, 지류) 선별공
기계 조립 및 가공직	· 전기 기계 조립 및 수선직 · 계기, 광학 기계 기구 조립, 수리직 · 기능직(I)	공간 지각, 형태 지각, 수공 능력, 기계 추리력	전기 통신기 조립공, 수리공 렌즈 조정공, 기구 조립공, 수리공 화공, 인쇄 화공, 봉제공
	· 전기 기구 조립 수리직 · 금속 재료 기능직 (I) · 편물, 봉제 관련직 · 제조직(I) · 기능직(Ⅱ) · 목제품 가공직	공간 지각, 형태 지각, 수공 능력	전구 진공란 조립공 금속 세물공 의복 봉제공, 편물공 석세공 귀금속, 보석 세공공 가구공
조형 및 세공직	· 금속 인쇄기류 조작직 · 기계 금속 부품 조립 및 그 관련직		선반공 기계 조립공

직 무 군		적 성 요 인	직 업 의 예
조형 및 세공직	· 수송 기계 조립, 수리직(I) · 금속 재료 가공직(Ⅱ) · 목조 건설 작업 · 석적 기능직 · 파이프 접속 및 관련직 · 건설 관련 기능직	공간 지각, 형태 지각, 수공 능력, 기계 추리력	항공기 조립, 정비공 판금공 목공 건축공 파이프 접속공 미장공
기타 분야의 기술 및 기능직	· 금속 재료 가공직(Ⅲ) · 수송 기계 조립, 수리직(Ⅱ) · 기능직(Ⅲ) · 봉제 재료 재단직 · 인쇄 관련직(Ⅳ) · 고무 제품 관련직(I) · 피혁 제품 제조, 수리직(I) · 요업·토석 제품 제조직(Ⅱ) · 화학 제품 제조 관리직(I) · 기능직(Ⅳ)	형태 지각, 수공 능력	주형공, 제강공 자동차 조립공 악기 제조공 재단공 제책공 고무 제품 완성공 가방 제조공 초자 제품 기계 성형공 화약 제조공 칠기공
	· 수송 관련직 · 금속 가공 기계 조작직 · 제지 및 가공직 · 고무 제품 관련직(Ⅱ) · 피혁 제품 제조·수리직(Ⅱ) · 요업·토석 제품 제조직(Ⅲ) · 건설 관련직(Ⅱ)	형태 지각, 수공 능력	역구내원, 화물 정리원 금속 재단공 펄프공, 용지 재단공 고무 제품 성형공 판석자공, 공관 성형공 벽돌공, 타일공

직 무 군		적 성 요 인	직 업 의 예
기타 분야의 기술 및 기능직	· 임 · 어업	형태 지각, 수공 능력	임 · 어업 종사자
	· 채굴직		광부
	· 하역직		하역부
	· 공익 공급직		개스 공급인, 급수공
	· 전기 부품 조립직		바테리 조립공
	· 제사, 방직 기계 조작 및 관련직		조사공, 직포공, 표백공
	· 기계 봉제직		미싱공
	· 죽 · 초류 가공직		죽세공
	· 지가공 기계 조작직		지제품 제조공
	· 요업 · 토석 제품 제조직(Ⅳ)		도자기 소성공, 시멘트 제조공
	· 식료품 제조 기계 조작 및 관련직		통조림 식품공
	· 화학 제품 제조 관련직(Ⅱ)		유지공
	· 기능직(Ⅴ)		도금공, 도장공, 포장공

3. 직업과 흥미

흥미(interest)란 어떤 대상, 활동, 경험 등에 대해서 계속적으로 그것에 몰두하거나 아니면 그것을 그만두려고 하는 행동경향이다. 이는 그 강도가 사람마다 제각기 다른 것이 특징이다. 학습이나 작업등은 그에 대한 개인의 흥미가 있을 때에 자발적 동기에 의해서 이루어질 수 있으나 흥미가 없을 때에는 학습이나 작업의 효과를 증진시킬 수가 없기 때문에 무엇보다도 흥미 유발이 필요하다.

흥미는 그 대상에 따라서 음악, 예술, 정치, 경제, 기술, 자연과학, 종교등으로 나누어질 수 있으며 흥미를 측정할 수 있는 여러가지 심리검사가 있다.

흥미검사에는 학습흥미검사, 각종 직업활동에 필요한 흥미, 그리고 일상생활의 제반 대상이나 활동에 대한 흥미를 적당한 유목으로 분류해서 재는 일반흥미검사가 있다.

흥미는 일반적으로 선천적인 요인도 있고 후천적으로 길러질 수도 있다. 흥미가 있는 학습이나 작업 또는 직업을 수행하면 능률도 오르고 싫증을 느끼지 않아 계속적인 발전이 가능하다. 그러나 어떤 분야에 흥미가 있다고 해서 반드시 그 분야의 직무를 수행하는데 필요한 능력이 있다고 말할 수 없으며 흥미없는 직업선택도 바람직 하다고 할 수 없다. 물론 어떤 직업에 대한 흥미는 그 직업에 종사하면서 생기는 수도 있다.

흥미는 그것을 찾아내는 방법에 따라 ①표현된 흥미(expressed interest) ② 행동화된 흥미(manifested interest) ③ 검사된 흥미(inventioned interest)로 구분되는데 이중에서 직업과 가장 깊은 관계를 가진 것이 검사된 흥미이다. 그 이유는 검사를 통해 밝혀진 흥미가 그만큼 신빙성이 높기 때문이다.

흥미를 분류해 보면, 문화적 흥미, 물상과학적 흥미, 사회과학적 흥미, 기계직 흥미, 전자적 흥미, 상업적 흥미, 봉사적 흥미, 사무적 흥미, 옥외 고동적 흥미, 예능적 흥미로 구분해 볼 수 있다. 이러한 흥미에 따른 내용과 관련 식종을 조사해 보면 다음과 같다.

[표 2] 직업과 흥미

흥 미	내 용	관 련 직 종
① 문화적 흥미	시, 문학, 어학, 편집 등에 관련된 흥미	문인, 저술가, 번역, 교정직
② 물상 과학적 흥미	물리, 화학, 지학, 지구과학 등에 흥미가 있다.	자연 과학(과학자), 공학직
③ 생물 과학적 흥미	생물, 동물 의학, 미생물학 등에 흥미가 있다.	생물학자, 의사, 농학자, 심리학자
④ 사회 과학적 흥미	정치, 광고, 법률, 외교 등 인간사회에 흥미를 느낀다.	공무원, 법관, 사회 과학 연구직(교수), 행정관리직
⑤ 기계적 흥미	기계, 금속, 조선, 섬유, 교통수단, 전기 등의 제작·수리에 관심이 크다.	공학(엔지니어)기술·전문직
⑥ 전자적 흥미	전자 공학, 기술 분야에 흥미가 있다.	전자 기술자 및 연구직 컴퓨터 관련직
⑦ 상업적 흥미	경제, 경영, 무역, 관리 등 기업의 운영과 경제에 관심이 크다.	경영인, 경제학자
⑧ 봉사적 흥미	사회 사업, 사회복지, 교육, 종교 등에 관심이 크다.	교직, 성직자, 사회 사업가
⑨ 사무적 흥미	계산, 경리, 회계, 서기적 활동 등에 흥미가 있다.	은행원, 사무원, ,회계사, 법조인 공무원
⑩ 옥외 운동적 흥미	스포츠에 흥미가 있고, 옥외 활동을 좋아한다.	스포츠 관계 직업, 토목, 건축 관계 직종
⑪ 예능적 흥미	음악, 미술 등에 흥미가 있다.	예술가(음악, 미술, 체육분야)

4. 인성유형과 직업

인성(personality)에는 개인의 가치관, 욕구, 자아개념, 열망수준, 대인관계, 등의 제반특성이 속한다. 이러한 특성 역시 직업의 선택과 적응에 영향을 미친다. 예를들면, 개인의 열망수준(level of aspiration)에 따라 추구하는 일이 다를 수 있다. 충분한 능력이 있음에도 불구하고 열망수준이 낮으면 그에 따라 낮은 수준의 직업을 택한 가능성이 있는 반면, 열망수준이 높은 경우에는 자신의 능력이 좀 부족하더라도 자신의 열망을 충족시킬 수 있는 직업을 갖기위해 노력할 것이다.

다음의 [표 3]는 인성의 유형과 직업을 연결시켜 본 자료이다.

이와 같이 인성적인 특성과 직업간에는 어느 정도의 상관관계를 가정할 수 있으며 개인의 진로결정과도 상당한 관계가 있음을 가정할 수 있다.

인성유형은 활동성, 사려성, 사회성, 안정성, 지배성, 예술성 등으로 구분하고 이 유형별 특성요인에 따르는 직업의 종류는 어떠한 것이 있는가를 제시해 보고자 한다.

[표 3] 인성 유형과 직업

구 분	특 성	직 업
활 동 성	신체적 활동에 대한 선호, 공격적, 운동 신경발달, 언어적, 인간 관계 기술 부족, 추상적인 것보다 구체적인 것을 좋아함, 비사교적	노동, 기계 조작, 비행사 농부, 트럭 운전사 등
사 려 성	과업 지향적, 문제를 깊이 생각함, 세계를 조직 이해하려 함, 추상적인 것에 대한 선호	물리학자, 인류학자, 화학자, 수학자, 생물학자 등
사 회 성	남을 가르치거나 치료하는 것을 좋아함, 안정된 것을 좋아함, 언어적 인간 관계 기술 풍부한, 사회적 지향	임상 심리학자, 상담자, 외교관, 교사, 목사 등
안 전 성	체계적인 언어적, 수리적 업무와 책임감이 부여된 업무를 정확하게 수행	출납원, 통계 학자, 부기계원, 행정 보조원, 우체국 서기 등
지 배 성	남을 지배하거나, 물건을 팔거나, 이끌기 위한 언어적 기술 탁월	자동차 판매원, 경매인, 정치가, 사회가, 판매원 등
예 술 성	간접적인 인간 관계를 좋아함, 예술 매체를 통해서 자기 표현을 함으로써 세계의 문제를 다루는 것을 좋아함	시인, 소설가, 음악가, 조각가, 극작가, 작곡가, 연출가 등

*Holland의 인성과 직업 적성(1959, 1966)을 인용한 Zaccaria, J.의 Theories of Occupational Choice and Vocational Development, 1970, 페이지 44에서 재인용.

5. 신체조건과 진로

직업의 수행은 평생의 과정이므로 우선 신체적으로 건강해야 한다. 신체적 조건은 체격, 체질, 체능, 건강이다. 그러나 개인차에 따라 조건이 다르므로 진로선택에 있어서 이와 같은 제반 여건을 탐색하고 적합한 능력이 어느 곳에 있는가를 보아야 한다. 더욱이 신체적 장애를 가지고 있는 학생들은 자신의 결함이 무엇인가를 알고 또한 부적당한 직업의 성질을 파악한 후에 선택에 임해야 한다.

일반적으로 신체적 장애에는 신체적 쇠약, 근시, 색명, 난청, 발음장애, 취각장애, 폐질환, 등이 있으며 그밖에 몸에 악취가 있거나 신경질환, 위장 장애, 심장질환이 있다.

다음에 열거하는 내용은 이와 같은 신체장애자들이 부적합한 직업의 성질을 이해하고 부적당한 직업이 무엇인가를 알고 이를 적극 피해야 될 것이다. 왜냐하면 여러가지 신체장애가 있는 사람이 부적합한 직업을 선택했을 때 파생되는 부작용과 부적응을 될 수 있는 대로 피하기 위함이다. 부적응이나 부작용이 발생했을 때 개인 자신은 물론, 직장내에서의 사고를 일으켜 인명의 피해나 경제적 손실이 크게 나타날 것이므로 안전을 위해서 절대로 필요한 것이다. 뿐만 아니라 개인의 불만과 불행을 초래하게 되며 사회적으로도 큰 문제를 야기하게 된다. 직업의 능률이나 생산성 제고에도 큰 차질을 빚을 것이고 직장 운영이 어렵게 된다면 국가적 차원에서도 큰 손실을 가져오게 된다.

[표 4] 신체조건과 진로

신체적 장애	부적당한 직업의 성질	부적당한 직업의 예
1. 신체적 쇠약	강건한 체력을 요하는 직업	선박, 갑판원, 군인, 철물 압연공, 주조공, 단야공, 광부, 토공, 농업 종사자, 운반 인부, 토목, 건축, 경찰, 기자
2. 근 시	충분한 시력을 요하는 직업	정밀 기계공, 교통 종업원, 활판·문선·식자공, 인쇄공, 인쇄 조각공, 금세공사, 사진 기술자 등
3. 색 맹	색채를 상세히 구별해야 하는 직업	화가, 장식 도안가, 의사, 교통 종업원, 염색공, 다색판 제판 인쇄공, 자수공, 미술서예가, 약제사, 해양관계, 사관학교 등

신체적 장애	부적당한 직업의 성질	부적당한 직업의 예
4. 난 청	재해의 위험이 많은 작업이나 귀를 사용할 일이 많은 직업	음악가, 악기 조율사, 시계 수선공, 통신사, 안내계, 전화 교환수, 판매계, 교원, 간호원, 의사 등
5. 발음 장애	유창한 변설을 요하는 직업	아나운서, 교원, 전화 교환수, 요리사, 영양사, 성악가, 판매원 및 서어비스업 종사자
6. 취각 장애	약품, 화장품, 요리 등에 관계가 있는 직업	약제사, 요리사, 화장품공, 식료계, 향료상, 향기에 관계있는 상품을 취급하는 판매계 등
7. 폐질환	먼지를 마시게 되는 직업 산·수증기 등을 고온 또는 저온 중에 취급하는 직업 및 식물 기호품을 제조하는 직업 또는 타인의 신체에 접촉하여 조력을 해주는 직업	연마공, 도금공, 부식판공, 방적공, 요리인, 식료품 판매계, 요리사, 간호원, 교원, 의사 등
8. 악 취	몸에서 고약한 냄새 악취 등이 풍기는 사람	대인관계가 많은 분야, 판매직, 의사, 간호원, 외교원, 교원, 요리사, 집금원, 이용사
9. 신경성 질환이 있는 사람	대인관계에 원만한 능력을 갖추어야 하는 직업	대인관계를 갖는 직업, 경찰, 의사, 기자, 판매원
10. 위장 장애의 체질이 있는 사람	침착하고 건강하며 정서적 안정이 필요한 직업	사무직 등 종일 책상에 앉아 일해야 되는 직업분야
11. 심장 질환이 있거나 심장이 약한 사람	담력이 강하고 모험을 요하는 직업 위험재해가 많은 직업	야외에서 일하는 직업, 간호원, 의사, 소방관, 주물공, 석공, 군인, 목수, 미장이, 파이롯트, 선원, 운전기사, 토목기사, 배달부, 등
12. 피 부 병	산과 기타 부식품에 접촉하여 기호품의 제조 또는 타인에 접촉하는 작업 그 손으로 타인의 피부에	화학공, 염색공, 피혁공 등
13. 유 수	접촉하는 작업, 가구나 음식물 취급의 직업, 땀이나 기름에 손상하기 쉬운 기계나 재료를 취급하는 직업	자수공, 재봉공, 직물상, 제본공, 도안가 등
14. 서투른 솜씨	수선의 기교를 요하는 작업 또는 양수를 요하는 작업	정밀기계공, 금세공공, 인쇄공, 시계수리공, 편물사 등
15. 각질(편평족 및 하지 혈관 경련을 포함)	직립을 요하는 작업이나 장도를 보행해야 할 직업	수금원, 사환, 매점원, 배달부, 이용사, 기차운전사, 식자공, 주조공 등

신체적 장애	부적당한 직업의 성질	부적당한 직업의 예
16. 신체의 동작 불 민첩	위험장해가 많은 직업(연습의 결과 동작이 점차로 빨라지는 경우는 제외)	목수, 미장이, 옥상직, 소방관, 자동차 운전수, 경마기사등
17. 간질	계단의 승강, 중량의 취급, 기계의 사용 또는 예첨한 것, 산 화력 등을 취급하는 직업, 즉 대부분의 금속기계공업, 중량품 취급작업	기계운전공, 연통소제부, 옥상직, 전선공 등
18. 류마치스성 체질	옥상작업이나 물에 젖거나 또는 온도의 변화가 많은 직업	피혁공, 어부, 포목공, 선원, 세탁부, 염색공, 전차운전수, 도금산세공, 해초 채취부, 잠수부
19. 탈장	중량물을 들거나 장벽을 긴장 또는 과중시키는 작업	운반공, 석공, 미장이, 단조공, 목수 등

6. 청력에 의한 가능 직업

직업은 평생동안 지녀야할 방편으로서 될 수 있는한 신체적 조건에 합당한 것이어야 한다. 따라서 보통 청력자가 수행할 수 있는 직업이나 난청자, 농아자의 직업은 달리 선택되어야 할 것이다. 일반적으로 난청자들은 직업환경이 시끄러워도 별로 지장이 없이 직무를 수행할 수 있고 농아자는 언어 구사력이 필요 없는 분야의 직업을 선택하는 것이 직무적응상 가능하고 직무를 수행할 수 있기 때문이다.

다음에 열거하는 가능한 직업의 예시는 학습자의 청력도에 따라 가능한 직업을 소개한 것이다.

[표 5] 청력에 의한 기능직업일람표

	청 력 도	가 능 직 업 예
1	보통청력자의 직업	공무원, 교원, 승려, 차장, 상점원, 타자수, 급사, 요리인, 우편국원, 여관고용인, 운전수, 전기1기사, 운반인, 전기사, 운반인, 소방관, 경찰관, 염수, 제통직, 단조공, 목수, 기계공, 속기사, 출납계, 간호원, 보조부, 조산원 등
2	경도 및 중도난청자의 직업	건축기사, 측량사, 치과의, 서기, 수차업, 석공, 범포·모포제조공·모자제조공, 마구공, 주물공, 로구로공, 제통공, 벽돌제조공, 도자기공, 기와직, 피혁공, 비누제조공, 빵제조공, 기구제조, 병담는 직공, 가축사육, 피혁상, 향료상, 지상, 창고제직, 조리부, 방직공, 의상착부공, 직물공, 하녀, 미용사 등
3	고도난청자의 직업	조각공, 화공, 부기사, 원정, 통계계, 대리석세공식, 제혁공, 보석연마공, 농부, 재봉사, 지기공, 제판공, 동판조각공, 침공, 활자, 주조공, 식자공, 상아조각공, 침금세공, 부채제조공, 화구공, 바귀니 편공, 모형제작공, 샤쓰제조공, 조화공, 완구제조공, 끈제조공, 양산제조공, 고무직공, 편물직, 체제조공, 제통직, 도료공, 염색공, 귀금속공, 제본공, 제유공, 우유가공업, 약잠·양조공, 정굴직, 재봉교사, 자수교사, 미술서예품제작, 재봉공, 세탁부, 청소부 등
4	농아자의 직업	활자주조공, 제판공, 재봉공, 바구니세공공, 제본공, 양계업, 목공, 화공 등
5	고도난청자로 열등시력자의 직업	급수부, 화초재배, Brush제조공, 혈굴부 등

제5장 직업인의 교육관

1. 직업관

원시적인 자급자족의 생활을 하던 시대에는 인간은 스스로 일을 해서 얻은 것을 자신의 의·식·주 생활을 위해서 사용하였다. 그러나 사회가 발전함에 따라 분업화 세분화가 이루어지고 시장경제가 형성되었다. 이러한 사회에서는 자신의 능력과 적성에 있어 종사함으로써 그 보수를 받아 가족에 필요한 생활을 영위하면 된다. 이와 같이 오늘날에는 대부분의 사람들이 자신이나 가족의 생계유지를 위해서 어느 정도 보수를 얻은 것을 목표로 일정한 일을 계속하지 않으면 안된다. 우리는 이것을 직업(Vocation)이라고 부른다. 그런데 이 경우 직업이란 단순히 개인이 '생계유지를 목표로하는 계속적인 인간의 활동'일 뿐 아니라 사회의 한 구성원으로서 자신이 속하고 있는 그 사회의 존속과 발전을 위한 역할을 담당·수행한다는 의의를 갖는다. 이러한 면에서 직업이란 앞에서도 제시한 바와 같이 '사회적 역할의 분담' 또는 일정한 사회적 역할의 계속적 수행이라는 의미를 내포하고 있음을 인식해야 한다. 개인으로서의 인간은 직업을 통하여 사회와 구체적 연관을 가지며 사회의 존속과 발전을 위한 일을 맡아 그것을 훌륭하게 수행함으로써 사회를 위하여 공헌하는 것이 될 뿐만 아니라 자신의 능력을 발휘하여 자아를 실현하는 결과가 된다.

이러한 자아실현의 기초단계는 각 개인마다 선택한 직업에서부터 시작된다. 직업을 선택하기 위해서는 각자마다 뚜렷한 가치관의 토대위에서 이루어져야 한다. 직업선택의 중요한 핵심은 외적인 가치보다 내적인 가치에 비중을 두어야 한다. 가치란 사물이나 행위가 바람직한 특성을 가지고 있음을 나타내는 말이다. 가치판단 또는 도덕적 판단을 해야 하는 사태에는 한 가지 가치만 관련되어 있는 것이 아니라, 여러 가지 가치가 관련되어 있다. 가치관은 사람마다 다르다. 직업관도 가치관의 영역으로서 취급되어야 마땅하다. 가치기준에 따라 직업의 가치도 인정되기 때문이다.

그러면 직업관을 언급하기 이전에 가치관의 유형에 대하여 이해를 하고 넘어가야 한다. 독일의 심리학자 슈프랑거(E, Spranger)는 가치기준을 다음과 같은 여섯 단계로 나누고 있다. 인간은 이와 같이 여섯 가지 범주에 모두 포함되어 있다고 본다. 가장 이상적 가치는 이 모두를 포함하는 것이 좋겠으나 인간은 능력의 한계가 있으므로 이를 모두 포함할 수는 없다.

첫째로, 이론가형으로 학문이나 연구, 진리탐구, 명예를 획득하기 위한 방법으로 노력하는 유형이다. 교사나 연구자, 교수, 이론가 등이 이 유형에 속한다.

둘째로, 권력형으로 정치나 권력에 의한 지배에 흥미를 갖는 유형이며, 군인이나 정치가, 정당요원 등이 이에 속한다.

셋째로, 경제형으로 주로 경제적 이익의 추구에 관심이 많고 중점을 두는 사람으로서 실업가, 경제인, 상인 등이 이 부류에 속한다.

넷째로, 심미형으로 미적 가치 추구에 흥미를 갖는 사람으로써 예술가, 미술가, 음악가, 등이 이에 속한다.

다섯째로, 사회 사업형으로 타인을 사랑하고 타인을 위해서 봉사하는데 보람을 느끼는 사람으로 여기에는 주로 사회사업가 등이 포함된다.

여섯째로, 종교형으로 종교적 가치관이나 성스러운 것을 추구하며, 하나님의 뜻대로 삶의 가치를 추구하며 신앙생활에 가치를 두는 사람으로 목사나, 전도사, 기타 종교인들이 이 유형에 속한다.

이와 같은 개인의 가치유형은 개개인의 인격을 이해하는데 도움이 되고 애매한 점이 없지 않으나 인간은 대개 위의 범주를 벗어나지 않을 것으로 생각된다. 가치관 형성은 생활유형에 근거하여 개인의 직업을 선택할 때 먼저 자신의 가치관이 무엇인가를 이해하고 탐색하여 고정적인 합리적 가치관을 확립해야 하겠다.

인간의 최대의 행복은 가치로운 삶, 만족스럽고 행복한 삶을 누리는 것이다. 이러한 삶은 어디까지나 자기의 적성, 흥미, 능력, 인성, 포부의 토대 위에서 이루어져야 한다. 그러자면 자신에 대한 이해 즉 소질 또는 잠재능력, 잠재가능성 등은 정확히 파악하고 탐색하며 준비하여 여기에 알맞은 직업을 선택하는 것이 무엇보다 중요하다.

개인마다 확립된 가치관의 토대위에서 직업을 선택한다면 그 직업 생활을 통해서 만족감을 얻을 수 있을 것이다. 또한 선택한 직업에서 보람을 느끼고 놀이와 같은 생각으로 직업생활에 임한다면 금상첨화격이다. 직업은 일생동안 계속되는 활동이므로 직업만족도가 높은 분야로 진출할 수 있도록 인생의 초기단계에서부터 관심과 이해 속에서 든든한 기초작업을 추진해야 할 것이다.

역사적으로 볼 때, 일 또는 직업에도 여러가지 의미를 부여하고 있었다. 경제활동의 기초를 노예에게 두고 있던 고대 그리이스인들 역시 노동을 천한 것으로 생각했었다. 호머(Homer)에 의하면 신(神)들은 인류를 미워해서 그 분풀이를 사람들에게 일을 하도록 했다는 것이다. 초기의 히브리(Hebrews)인들은 일을 나쁘고 고된 것으로 보았다. 초기 기독교인들도 일과 부(腐)를 천시하여 부를 고역의 댓가로 여겼다. 그러나 현대 사회에 들어오면서 그 개념이 바뀌어졌다. 특히 영국의 산업혁명이후 일에 대한 개념이 달라지기 시작하였다. 일은 인간에게 필수적인 요소이며 신성한 것이며 즐거운 것이어야 한다는 견해가 생겨나기 시작하였다. 존 듀이(John Dewey)와 같은 교육철학자도 놀이와 일을 같은 개념으로 보아야 한다고 강조하고 있듯이 누구나 나면서부터 죽을 때까지 일을 추구해 나가야 한다. 인간은 일을 통해 생활이 윤택해지며 자신의 발전에 밑거름이 된다는 사실을 누구나 인식하여야 할 것이다. 따라서 일이나 직업은 개인 생활의 과정이며 참된 삶의 핵심적인 부분을 차지하는 것임을 깨달아야 한다.

그럼에도 불구하고 우리나라는 지난 20여 년간 근대화를 추진해 왔고 또 앞으로 추구해 가면서도 아직까지 일에 대해서 천부적인 소명의식 속에서 하나님의 부르심을 받은 귀한 존재로 생각하는 경향이 적은 편이다.

직업에는 두 가지 측면이 있다. 하나는 生業이 직업의 주관적 측면을 강조하는 것이라면 다른 하나는 사회적 역할의 분담을 강조하는 天職이다. 이 천직은 객관적 측면을 강조하는 것이라 보겠다. 주관적 측면만 강조한다면 직업은 생업이다. 동물은 생존이 본능이므로 인간도 衣食의 밑천을 얻기 위하여 생업자체 만으로는 동물의 행위와 다를바 없다. 그러한 이치에서 인간의 직업활동을 생업이라고 할 수 없으므로 직업을 주관적인 측면에서만 파악할 수 없다. 직업은 생업 이상의 것이어야 하며 사회 속에서 다른 사람을 생각하지 않을 수 없는 봉사와 희생이 따르는 윤리문제가 제기된다. 인간이 개성을 지닌 존재라는 점에서 진보된 직업의 의미를 찾을 수 있다.

인간은 각자에 따라 소질과 재능 및 취미가 모두 다르다. 개성의 차이가 있다는 뜻이다. 인간이 각기 이렇게 개성을 지니고 있는 이상 인간의 사회적 기여라는 측면만이 강조되고 각 개인이 개성발휘의 기회가 주어지지 않는다면, 직업의 문제점은 여전히 남아 있는 것이다.

직업은 결국 개인본위의 보상획득 행위가 아니고 그 이상의 것, 즉 사회적 분담 및 그 수행활동이며 한편으로는 그것을 통하여 사람들이 기여하는 사회전체의 존재를 예상함과 동시에 다른 한편에서는 사람들은 그 직업을 통하여 그들의 공동생활을 형성하고 유지하며 발전시킬 수 있게 되는 것이다. 직업은 개성의 신장을 통한 자아실현(Self-realization)이라는 측면에서 규정지어지게 되므로 여기에 비로서 완전히 직업의 정의를 다시 한번 정의를 내릴 수 있게 된다.

결국 직업은 ① 생업으로서의 직업–생계유지를 목적으로 한다.
② 사회적 역할의 분담으로서의 직업

③ 자아실현으로서의 직업 즉 개성의 발휘를 목적으로 한다.

이렇게 세 가지 형태로 구분되지만 이 형태의 요건이 효과적인 조화를 이루었을 때 이상적인 직업이라 할 수 있다. 따라서 인간은 사회생활을 영위하면서 직업은 필수적으로 갖게 되는 것이며 사회인으로서의 지위나 명예, 생계유지 수단이 근본적으로 해결되어야 하며 나아가 사회의 여러 기능 즉 직업세계의 다양한 환경 속에서 한 직분을 분담함으로써 사회에 봉사, 자기의 실현과 보람, 긍지를 느끼면서 자기신장의 길로 나아가는 것이다.

2. 직업관의 사회적 변천

인간은 누구나 사회생활을 영위하는 한 직업을 갖지 않을 수 없다. 그것은 인간의 소속본능으로서 소속감이 있어서 정신적 안정을 가지고 이 세상을 만족하게 적응생활을 하며 사회 각 분야에서 일익을 분담해야 할 책임을 갖게 된다. 직업은 인간의 활동을 전제로 하는 것이며 인간과 사회와의 관계에 있어서 교량적 역할을 담당해야 할 중요한 위치에 있다.

이와 같이 직업이 사회생활 과정속에서 큰 비중을 차지하고 있으므로 사회의 변천에 따라 직업에 대한 이해의 양상도 달리 형성되어 왔다. 예컨대 중세 기독교 전성시대에는 종교적 인간과, 세계관에 의해 직업이 종교적 측면에서 많이 생각하게 되었고, 인간은 직업을 통하여 신의 소명을 받아 일생을 교회나 사회를 위해 봉사해야만 되는 것으로 이해되고 있다. 그러나 영국의 산업혁명 이후 산업이 발전하기 시작하면서부터 공장공업, 기계공업이 융성하게 되고 수공업에서 기계를 작동하는 기계공업으로 전환되어 노동의 요구를 한층 더 강화하게 되었다. 직업의 세계도 다양화 되고 전문화됨에 따라 보다 높은 차원의 기술자를 필요로 하게 되었고 기술산업이 보편화되기 시작하였다.

대개 구라파 여러 나라나 미국과 같은 선진국들은 일찍부터 직업에 대한 관심이 컸으며, 일에 대한 가치관이 형성되어 있어서 일은 신성한 것이며, 누구나 불만 없이 주어진 일이나 몸소 자신이 선택한 일 또는 직업에 대한 가치관이 보다 구체적이고 현실적이며 소임을 다하는 근로정신이 투철하게 양성되어 있다. 따라서 직업선택에 있어서 자기의 능력 범위를 벗어난, 분수에 넘치는 일의 선택보다 오히려 분수에 맞게 선택하는 경향이 있다. 그들은 일 속에서 즐거움을 찾고 행복감을 맛보며 아무리 궂은일이라 할지라도, 주어진 일에 전심전력을 다하는 근로정신이 강하다. 그래서 산업분야가 급속하게 발전된 연유가 바로 그것이다. 고도의 산업사회가 발전된 나라들은 대체로 근로에 대한 인식이 건전하고 부지런하며 맡은 바 임무를 충실하게 처리하고 있다. 가까운 이웃나라 일본의 경우를 보면 서구의 발달된 산업기술을 먼저 받아들였고 근로정신도 서구의 그것과 마찬가지로 성실하고, 꾸준하며, 부지런했기 때문에 근대화가 빨리 이루어졌고 선진국으로서의 면모를 세계 여러나라에 높이 떨치고 있게 된 것이라고 판단된다.

우리나라의 경우는 어떤가? 우리는 동방예의지국으로 높이 칭송을 받았던 예의 바른 나라였다. 고대로부터 봉건주의 사상과 농본주의 정책에 따른 보수적 색채를 띤 유교 문화권의 나라로 수백 년간 전통주의 속에서 살아왔다. 그래서 농업이 주산업이었고 문치주의와 관료주의 지배 속에서 변화 없는 사회를 지속해 왔기 때문에 산업발전이나 근대화가 더디게 이루어졌다. 개혁과 변화를 모르는 봉건주의와 쇄국주의 정책은 외세의 발전된 문화와 문명을 받아들이는데 큰 장애요인이었다. 서구의 발달된 물질문명이 개화기를 맞이하여 불과 100여 년 전에 문호개방이 이루어진 다음부터 점진적으로 근대화 물결이 들어오기 시작하였다.

따라서 농업이 주요, 산업이었던 사회경제 체제가 근대화 작업의 일환으로 서구의 물질문화가 물밀듯이 밀어 닥치자 우리의 사회는 재빨리 수용하여 산업사회로 변모되기 시작하였다. 더욱이 1960년대 이후 경제제일주의 정책에 힘입어 과학기술문명이 발전하게 되었고 많은 기술인력의 도입과 자체의 양성 등 산업사회의 발전에 박차를 가하여 최근에는 첨단 산업을 비롯한 근대화 작업이 본격화 되어 직업의 세계도 다양화, 세분화, 전문화 단계에 이르렀고 직업에 대한 귀천도 점차 사라지기 시작하였다.

시대가 바뀌고 산업이 고도로 발달함에 따라 새로운 가치관이 형성되기에 이르렀고 이 새로운 가치관은 종래의 헌신적이고 단순했던 직업관을 외면하고 새로운 입장에서 직업을 내다보게 되었다. 이미 잘 알고 있는 바와 같이 일은 노예나 상놈이 하는 것이고 양반들이나 권력구조에 몸담고 있는 지배계층들의 생각은 학문을 주로 하는 공리공론에만 관심을 갖고 통치하는 것만이 직업의 전부로 생각했었다. 일종의 고급건달 이라고도 말할 수 있다. 그래서 그들은 손에 기름때를 묻히고 일하는 사람을 천시하게 되므로 일을 싫어하게 되고 인문숭상에만 몰두 하다보니 자연적으로 고도의 산업발전이 지체된 연유가 아닌가 생각된다.

그렇지만 우리는 지난 20여 년간 근대화를 열심히 추구해 왔으면서도 우리의 직업관이 아직도 건전하게 정착하지 못하고 있다는 증거를 여러 곳에서 찾아 볼 수 있다. 부지런히 일해서 이에 상응하는 만큼의 대가를 받는다는 생각보다는 좋은 기회를 포착하여 요령주의로 일확천금을 누려보겠다는 한탕주의가 성행하고 분화된 직종들이 서로 협동하여 공존한다는 생각보다는 사회를 만인(萬人)대 만인의 투쟁장으로 생각한다든가 관(官)은 높고 민(民)은 낮으며, 기술을 천시하는 풍조등이 모두가 건전한 직업의 정착을 방해하는 요소가 되어 왔다. 결국 이러한 현실은 건전한 직업관이 정착되지 못한 징후이며 또 그 원인인 것이다.

한편 이러한 현상이 급격한 산업화 추구에 기인한 것이라고 생각하고 전통사회에 있었던 직업에 대한 천직사상(天職思想)을 주입시킴으로써 직업의식을 바람직한 방향으로 개혁해 나가야 할 것이다.

그러나 이러한 접근이 일시적인 효과를 가져 올 수 있을지는 몰라도 자칫하면 시대에 역행하는 복고주의적 성향을 띰으로써 오히려 부작용을 가져올는지도 모른다.

건전한 직업관의 결여는 그 자체가 직업관 혼란의 원흉이라기보다 우리의 역사가 산업사회가 요구하는 건전한 직업관을 잉태할 수 있는 여건을 갖추지 못한 채 진행되어 왔다는 점에 있다.

(1) 역사적 배경

우리나라의 근대적 직업관이 형성될 수 없었던 역사적 배경은 옛날부터 농본주의에 입각한 농업이 주로 전체 생활의 유지수단으로 되었던 조선왕조 시대의 경제 사회적 특수성에 있었다. 농경사회의 특징은 모든 노동이 대체(代替)가능하며 직업의 횡적인 전문화가 요구되지 않는다. 이리하여 이조시대에는 오로지 동일 종류의 노동을 종적으로 통솔할 수 있는 권위의 설정이 필요했고, 사회적으로 이러한 요구는 기능적 계층화라는 양반 · 상인(常人)의 지배 및 피지배를 일컫는 계급구분으로 사회구조를 이루어왔다. 그래서 양반은 지배계급으로서 신분적 영속성의 유지라는 사회적 욕구와 직분은 곧 천직(天職) 이라는 천직사상을 배태시켰고 생산을 담당하는 농민들은 피지배계급으로서 종속적인 관계로 유지되어 왔다. 따라서 당시의 자기의 직업을 천직으로 믿는 직업윤리는 있었으나 이와 같은 직업관이 반드시 산업사회에서 요구하는 직업관과는 판이하게 다르다. 왜냐하면 농본사회에서는 기술의 발전이 거의 없었던 때이므로 아버지의 직업을 자자손손이 물려주었음에 비하여 산업사회에서는 계속적인 기술혁신으로 새로운 직종에의 적응훈련이 필요하며 계속 자기발전을 하지 않으면 안 되기 때문에 협의적 의미에서 한 직장이나 직종을 통하여 일생을 바친다고 하는 천식사상의 지나친 고집은 그 개인 및 사회 전체의 발전에 오히려 역기능으로 작용할 수 있다.

또한 우리의 과거제도(科擧制度)는 지배층 인재를 선발하는 제도로서 고려시대부터 시작되었는데 초기에는 매우 훌륭한 기능을 해 왔다. 그런데 중앙집권적 관련체제 속에서 관료의 제도가 증대함에 따라 사·농·공·상(士·農·工·商)의 계층적 서열은 직업선택에의 경직성을 초래하였다. 오늘날 산업사회에서 적합한 직업관을 정착시키는데 저해하는 요인으로 작용한 듯 하다. 당시의 가렴주구와 매관매직 행위들은 과거급제를 통해서 관(官)에 입신출세 하고 부(富)를 축적하는 수단으로서 많이 이용되었다. 부지런히 일해서 그에 상응하는 대가를 받는다는 생각보다는 좋은 기회를 만나 기회주의에 편승하여 일확천금을 하겠다는 한탕주의가 성행하고 기술을 천시하는 풍조들이 직업관의 정착을 저해하는 요소가 되어왔다.

이러한 현상은 우리나라의 역사적인 현실로서 관료주의의 병폐를 인정하지 않을 수 없다. 더욱이 유교적 전통속에서 인문숭상과 허례허식만을 강조하고 외래의 문명을 배격했던 대원군의 쇄국정책은 우리나라 근대화과정의 발전을 방해하는 큰 요인으로 지적할 수 있다. 또한 봉선석 예속수의가 일제의 식민통치를 지나 해방을 맞이한 우리나라는 서구의 민주주의를 도입하여 제도적 갈등을 느껴오면서 적응싱의 문제가 있어 사회적으로 혼란과 무질서, 한탕주의, 기회주의, 황금만능사상, 퇴폐주의 등등 전통문화 대 근대화 문화의 생성 과정에서 가치관의 혼란과 무질서를 야기시켰다.

(2) 산업화 과정에서의 오류

우리나라의 산업화 과정은 1960년대 초기부터라고 말할 수 있다. 제3공화국 대통령 박정희 정부를 주도로하여 "우리도 잘 살아 보자"는 경제지상정책을 채택하여 경제개발 5개년 계획을 수립하여 잘살기 운동 즉 새마을 운동은 전국적으로 전개되어 농촌과 도시 나름대로 적극적인 생활향상운동이 활발하게 이루어져 왔다. 80년대 후반에 접어든 오늘의 현실을 볼때 경제적·산업분야에 놀랄만한 고도의 성장을 이룩하였다. 이것은 국가의 경제주도정책의 선도적 역할과 지도성에 큰 힘을 입었다고 보겠으나 한편 온 국민이 저마다 주어진 여건 속에서 이해와 협조, 노력을 경주해 온 결과라고 강조하고 싶다. 제아무리 정책이 우수하다 할지라도 뒤따라 주지 않으면 실제의 효과를 기대할 수가 없기 때문이다. 그리하여 오늘에 이르러서는 과거의 "보릿고개"도 없어지고 전반적으로 국민의 생활수준도 훨씬 향상되어 경제산업국가로서의 선진국 문턱에 와있다고 한다.

그러면 60년대 이후 진행되어온 산업화 과정에서 나타난 건전한 직업관 정착에의 저해 요인은 무엇인가?

① 관주도적 경제운용과 관존민비의 형태를 들 수 있다.

60년대 고도의 경제성장과 산업발전이 정부관료조직체의 견인차적 역할에 힘입은 바 컸다. 그러나 70년대 중엽 경제규모의 확대나 산업사회의 기능적 복잡성 및 국민의식 수준의 향상에도 불구하고 중앙집권적 관주도형의 경제운용을 지속시킴으로써 투자는 효율성과 신축성을 결여하고 경제체질을 구조적으로 취약하게 만들었다. 결국 기업은 관(官)에서 만들어 놓은 청사진에 의해서 앞장만 서고 그 대가로 융자와 특혜라는 이권을 얻어냄으로서 기업의 관에 대한 의존도는 날이 갈수록 심화되고 이로 인하여 새로운 형태의 관존민비 사상이 배태되었다. 이것은 전통사회에서 처럼 외형적으로 나타난 것은 아니지만 실질적으로 관의 권위주의적 의사결정과정과 관료 "엘리트"들의 출세 및 퇴직이후 생애경로로 보아 알 수 있다.

때문에 관은 높고 민은 낮다고 하는 직업의 귀천의식이 잔존하여 산업사회에 적합한 새로운 직업관의 정착을 지연시켜 온 것이다.

② 면허증 세상과 인력개발

우리는 해방 전만 하더라도 교육받은 인구가 대단히 적었다. 그 이유는 교육이란 특권 계층의 전유물이었고 관료들의 자녀에 전용물이었다. 그래서 서민들은 교육을 받을 기회조차 없었다. 그러나 1948년 독립이 된 이후 민주주의의 도입과 더불어 교육의 기회균등이 보장되어 점차로 누구나 교육을 받을 수 있는 기회가 많아지게 되었다.

해방 당시만해도 대학생이 불과 7800여명 초·중·고등학교 학생을 포함하여 백만명도 못되었는데, 87년도 현재로는 대학생이 120만 명, 초·중·고등학생을 포함해서 1천백만 명으로 불어났다. 이와 같은 현상은 교육의 사회적·경제적 지위 향상에 크게 이바지 한다는 신념이 작용했던 것으로 앞으로 계속 늘어날 추세이다. 또한 과거의 기성세대들이 교육에 굶주려 왔고 교육이 개인발전에 크게 기여함을 스스로 느끼고 고학력 추세와 함께 교육열은 세계에서 제일갈 정도로 높게 양적으로 팽창하면서 날로 성장되었다.

교육 및 훈련을 받은 사람에게 자격증을 준다는 것은 복잡해져가는 산업사회의 운용상 필요불가피한 현상이다. 그러나 그 자격증에 대한 맹신 내지는 과대한 특권의 부여 때문에 일단 그 자격증(학사, 석사, 박사학위, 각 분야의 자격증) 또는 면허증을 소지한 사람들은 독점적 횡포를 일삼고 노동시장이 공평한 경쟁을 배제해 버린다. 이리하여 어느 사이에 학교나 훈련소가 전인적 교육이나 기술의 다각적인 습득보다는 면허증, 자격증만 따기 위한 수련장으로 변해버리는 등 인력개발을 통해 생산성을 높이고 그에 상응한 대우를 받는다는 생각보다 오히려 시험을 치르고 기술이나 배워 형식적인 면허증을 얻은 후 그 간판을 팔아 대우를 받는다고 하는 사고방식이 팽배해지고 마치 이조시대의 과거제도를 방불케 하는 각종 고시제도와 관료지향적인 향학열이 대학입시소위 일류대학 입시를 위한 과열정책을 야기하고 있어 사회적 불안요소까지 치닫게 하고 있다. 대학은 전문인력을 양성하는 학문의 전당이요 상아탑적 존재로서 진리탐구의 도장이다. 그러나 이러한 대학의 사명도 시대변천에 따라 현대산업사회에 이르러서는 그 기능이 직업대학 으로서의 역할로 변모되고 있다. 왜냐하면 직업세계에 있어서의 전문직은 대부분이 대학교육를 받은자가 충당되기 때문이다. 더구나 임금구조에 있어서 대학을 나왔다는 자격증이 고등학교를 나온 사람보다 훨씬 유리한 입장에 놓이기 때문에 누구나 고임금수준을 쟁취하기 위해서 가정여건이나 능력을 고려하지 않은 채 너도나도 고학력 획득을 위한 투쟁이 과열되고 있다. 그러나 직업의 세계에서 요구되는 전문직은 불과 전체직업

가운데 5~10% 정도밖에 수용할 수 없는데 비하여 전문직을 요구하는 추세는 높아져서 대학은 이제 대중화교육 내지는 보편화 교육에로 전향되고 있다. 이제 대학을 나와도 전공한 분야에 적재적소에 알맞도록 취업이 보장될 수 없을 정도로 과잉생산되고 있어 인력수급상에 큰 차질이 빚어지고 있다. 그래서 직업 획득을 위해 더욱 고학력획득 추세로 옮아가고 있다.

결국 간판위주의 면허증 자격증이 남발되고 또한 과열 생존경쟁으로 인해 인간관계나 인간성이 마비되며 건전한 직업관 형성에도 어려움을 안게 되었다.

③ 인력부족과 근로자의 직업관

경제성장이 지속적으로 이루어진 1970년대 하반기에 완전고용에 접근되었다. 그전에는 과잉노동공급 때문에 임금이나 노동조건 및 경영방법에 대한 불만이 있어도 이를 토로하지 못하던 근로자들이 이제는 타회사로 옮길 수 있는 가능성을 놓고 대우개선을 요구하고 그래도 불만이 있을 경우에는 이직해 버리는 사태가 많이 있었다. 인력의 자유로운 이동은 각 회사의 처우조건에 따라 좌우되므로 인력이 부족했던 당시에는 유능한 인재를 자기 회사로 끌어들이기 위한 유치경쟁으로 임금조건을 높여주었다. 그러나 이직(離職)을 하더라도 떠나는 순간까지 성실하게 일해야 한다는 직업관은 확립되어 있어야 한다. 헌법에 보장된 계약자유의 원칙이라는 측면에서 볼때 인력의 자유로운 이동은 막을 수가 없고 막아서도 안된다. 그러나 이것도 순간적이어서 87년경에는 인력공급이 수요보다 많은 고급인력이 쏟아져 나와 졸업자의 30~40%정도 순수취업이 안되는 형편이니 수단방법을 가리지 않고 직업만 있으면 하향 취업도 개의치 않고 투입되는 현상이 벌어져 직업관도 변질되고 있다.

3. 한국인의 직업관

산업경제사회를 맞이한 우리 모두는 현재 사회현실에 현명하게 적응할 줄 아는 현명한 인간의 육성이 필요하다. 과거의 전통적인 직업의 가치관에 사로잡혀 과거지향의 사고방식을 철저하게 바꾸어야 한다. 그동안 시대는 많이 변했고 달라진 것이 많다. 직업관도 하나의 직업에 대한 인식, 또는 가치를 보는 관점으로서 새로운 인식을 가져야 적응생활에 만족하고 행복감을 누리면서 보람 속에서 자아실현을 할 수 있는 것이다.

그러나 여태까지 직업관을 살펴보면 대략 다음과 같이 구분된다.

(1) 자리와 일

우리나라 사람들이 직업에 대한 일반적 관념은 직업을 “일”로 보기보다는 자리(地位)로 보고 있다는 점이다. 즉 직업에 대한 일반적인 관심은 어떤 사람이 하는 일의 종류나 성질에 있는 것이 아니고 그 사람이 차지하고 있는 자리에 있는 것이다. 직업에 대한 관념이 일보다는 자리, 높은 자리에 못 박혀 있는 사회에서는 직업이 갖는 개인적 · 사회적 의의는 도외시되기 마련이다.

직업은 마땅히 과업지향이 되어야 한다. 일을 하나의 놀이와 같은 생각을 가지고 일을 계획하고 추진할 때 그 일은 보람이 있고 흥미가 있으며 능률이 오르게 된다.

이와 같은 사고방식을 터득할 수 있도록 가치관의 정립을 위한 지도와 노력이 요구된다.

(2) 내 사람과 네 사람

우리는 그동안 오랜 가부장적 가족중심주의의 전통이 직업에도 잘 나타나 있다. 한 사람의 업적을 평가할 때 흔히 내세우는 조건은 그의 가족적인 배경이다. 선조 때에 무슨 벼슬을 한 누구의 몇 대 후손이라든지 어떠한 집안의 몇 째 아들이 된다든지 하는 말을 앞세우는 사고는 한사람의 일을 그 가족에 귀속시키는 우리문화의 오랜 전통에서 비롯된 것이다. 이러한 사고가 직업세계에도 반영되어 같은 값이면, 내 집안사람, 동향인, 동창생을 쓴다는 우리 의식이 팽창하여 능력보다는 혈연중심, 지연(地緣), 학연(學緣) 등이 큰 맥을 이루고 있다. 이러한 가족지향적 사고방식이 오랫동안 뿌리를 이루어 왔기 때문에 건전한 직업관 형성에 차질을 빚고 있는 것이다. 아직도 이러한 현상은 근절되지 않고 있다. 직업은 어디까지나 능력과 기술을 가진 사람이 적합한 곳에서 일할 수 있어야 본래의 작업능률을 올리고 생산성 향상에도 도움이 될 것인데 능력주의 보다는 귀속주의가 더 작용하고 있기 때문에 일의 성과는 크게 이루어질 수 없는 여건에 놓이게 된다.

(3) 일의 보람

일의 보람은 일을 통하여 얻어지는 것이다. 일이란 직업과도 연결되는 것인데 일은 평생을 두고 해야 하는 것인 만큼 즐거워하고 보람을 느낄 수 있는 것이어야 한다. 그런데 일을 싫어하고 손에 때묻히는 것을 두려워하고 천한 사람만이 하는것이라는 잘못된 인식때문에 산업의 발전도 이루지 못했고 편안한 것만 찾고 있었다. 누구나 어떤 일에 종사하든지 그 직업에 대한 사명을 깊게 인식해야 한다. 대통령이든 장관이든, 회사사장이든 노무자 또는 기능공이든지간에 주어진 일의 역할은 다르나 그 결과는 과업수행이라는 측면에서는 모두 같은 것이다. 그러함에도 불구하고 우리는 전통 속에서 일하는 것을 천시했고 꺼려했다. 오죽하면 사서삼경(四書三經)을 다 읽어도 누울 臥가 제일 편하다고 하지 않는가, 우리에게 보람있는 것은 일하는 것이 아니라 '등 따뜻하고 배부른 것'으로 대표하는 편안함이다. 일하는 가치는 그 일의 결과가 가져다주는 '자리'나 '편안함'에 있지 일하는 즐거움에 있지 않다. 따라서 우리는 직업을 '즐긴다'하지 않는다. 직업은 단순히 생계유지 수단이기 때문에 일한다는 사고방식은 이제 없애버려야 한다. 직업은 신성한 것이요 내 생활의 전부라는 인식을 가져야 한다.

산업사회에서의 일의 가치관은 무엇보다도 보람을 찾을 수 있도록 노력해야 되는 것이다. 과거의 사고방식에만 안주(安住)한다면 현대사회에서 현명한 적응생활을 할 수 없기 때문에 현실에 알맞은 가치관형성이 절대로 필요하다.

(4) 일과체면

"양반이 추워도 잿불을 쬐지 않는다"는 말이 있는데 이것은 양반의 체면, 체통을 유지하기 위한 외형적 형식의 위치를 생각한 것일 것이다. 양반은 글이나 읽고 하인을 부리는 것만이 일의전부로 생각했고 일은 상인이나 하인들이 하는 것으로 인식되어왔던 일의가치관 때문에 보통 지배계급은 호령이나 명령만 내리고 피지배계급인 백성들 즉 대다수의 농민이나 국민들은 일을 도맡아 왔다.

반상제도(班常制度)에 의한 계급의식 속에서 살아온 국민들의 의식수준이 일에 대한 의식도 맹목적이었다. 체면을 의식하는 사고의 뒤에 숨어 있는 것은 '부끄럽다', '챙피하다', '흉잡힐라'하는 것이 모두 체면을 지켜야 할 이유들인 것이다. 이러한 이유들 때문에 사회적으로 가치있는 일을 한다든가 가치없는 일들을 회피하고 천하게 여긴다. 그러나 일이란 신성한 것이요, 인간에게 필요불가결한 것이며, 소명의식 속에서 일한다는 주관적 판단이 형성되지 않으면 일의 균형이 깨어지고 사회적으로도 불균형을 초래할 것이다. 자본주의 경제사회에서는 일의 역할이 다를 뿐이지 그 우열을 정해서는 안된다. 모든 일은 각기 제 기능을 가지고 있다. 그런데 이러한 기능이 지켜지지 않고 형식과 외형만을 중시하는 직업관을 지켜왔기 때문에 직업선택에도 건전한 방향으로 이루어지지 못했고 사회적 발전의 요구도 충족시키지 못하였다.

(5) 팔자소관

한국인의 의식은 운명에 대한 결정론을 지극히 신봉해 왔다. 모든 일의 결과를 운명으로 생각하고 팔자소관으로 인식되어 왔기 때문에 자기가 하는 일은 노력에 의하여 이루어진다기 보다는 운명으로 돌리고 마는 생각이다. 그렇기 때문에 개인을 의존적으로 만들기 쉽다. 우리나라 사람이 직업을 택하는 일은 개인의 결정 사항이 아니다. 직업은 개인이 선택하는 것이 아니라 선택받는 것으로 생각해 왔다. 개인의 진로를 부모가 결정짓는 일을 하며 그것에 따라 요구한다. 따라서 이렇게 결정된 진료는 당사사가 쉽게 바꾸지 못하고 엄두도 못낸다. 그러기에 "팔자소관" "배운 도둑질이 이것뿐이다"는 등의 넋두리는 이런 직업에 대한 운명론적인 결정적 의식이 지배되는 것이다. 그래서 우리는 일에 대한 개인적 책임이 모자라고 잘못은 남의 탓, 운명의 탓으로 돌리는 어처구니없는 일을 자행해왔다.

위에서 우리나라 사람이 직업을 선택하는 차원을 몇가지 전통적 관습에서 내려온 사실을 살펴보았다. 물론 우리나라 사람이 모두가 이러한 직업관을 갖고 있다는 뜻이 아니라 우리의 전통적인 가치관이 직업선택에 반영되었을 것으로 보이는 몇 가지 측면을 제시해 본 것이다. 일반적으로 일보다 자리를 숭상하고, 사회보다 집안을 일차적으로 생각하며, 일하는 보람보다는 그 결과에 집착하고, 일의 내용보다는 체면을 더 소중히 여기고, 자기의 결정이 아니라 남의 결정에 따라 일하는 우리나라 사람들의 일과 일자리에 대한 가치관으로 보아온 것의 요약일 것이다.

그러면 올바른 직업관을 정립하기 위해서는 어떠한 문제들과 방안이 있겠는가를 살펴보고자 한다.

4. 바람직한 직업관

직업관은 직업이 인간사회에서 어떠한 영향을 미치며 직업이 갖는 의미가 무엇인가에 따라서 자기본위의 직업관과 사회본위의 직업관, 나아가 자아실현의 직업관으로 나누어 볼 수 있다.

첫째, 자기본위의 직업관은 직업이 생계유지를 위한 활동이며 입신출세를 위한 수단으로 보는 견해이다. 이것은 가장 통속적인 직업관으로 생업으로서의 직업적 측면을 강조한 직업관이다. 의·식·주를 해결하기 위한 수단으로 생각하고 나아가서는 사회적 지위나 명예를 얻기 위한 활동이나 수단으로 보는 것이다. 이러한 입장은 직업을 오로지 자기 자신만을 위한 것이기 때문에 개인주의 내지는 이기주의적 직업관이라 할 수 있다. 이러한 자기본위의 직업관은 개인의 욕구충족을 근본으로 삼고 있기 때문에 사회기여라는 의미를 찾을 수 없다. 또한 봉사정신도 기대할 수 없다. 다만 자신의 이익을 초월할 때 사회적 역할이라는 봉사정신을 발휘할 수 있다.

둘째, 사회본위의 직업관이다. 자기자신의 이익을 넘어선 어떤 누군가를 위한 직업이 될 때 직업이 봉사의 의미를 갖는다. 이 직업관을 자기의 필요나 가족의 이익을 목적으로 삼기 보다는 자신이 속해 있는 사회전체의 이익을 목적으로 삼는다. 이는 직업을 사회적 역할의 분담이라는 측면에서 본 전체주의적 직업관이다. 즉 국가에 대한 봉사가 최고의 가치를 지닌 것으로 간주하여 모든 사람이 국가사회의 발전 번영에 공헌함으로써 찾는 보람을 말한다.

셋째, 일 본위의 직업관이다. 이것은 자아를 실현하는 과정으로 보는 견해이다. 여기에서 이 직업은 자신의 생계를 위한 것도 남을 위한 것도 아니다. 오직 그 자체를 위해 일하는 직업을 의미한다. 기본적인 입장은 일의 화신이 되는 것이다. 일 본위의 직업관에서는 직업 또는 봉사는 언제나 자발적이다. 자아실현은 우리가 지니고 있는 개성과 취미를 실현시키는 것이다. 자아실현의 직업관이 값진 진의(眞意)를 발휘할 때 다음과 같은 요건을 구비하는 것이 바람직하다. 즉

① 직업이 생계유지를 위한 절대적인 수단이 되어서는 안된다. ② 직업이 자신의 능력과 취미와 개성에 알맞은 것이어야 하고 업무가 개성을 충분히 발휘할 수 있는 여건이 조성될 직장에서 행해져야 한다. ③ 직장인은 일(작업 업무)에 대한 애착을 느끼고 그 일에만 정진하는 자세가 확립되어야 한다. ④ 직업이 사회의 미풍양속에 위배되지 않고 인격도야에 도움이 되는 것이어야 한다.

이러한 직업관은 시대의 요구에 따라 이 세 가지 유형중의 어느 하나가 한 시대를 지배했으리라 보는 것이다. 어느 시대를 막론하고 폐쇄된 사회는 사회본위의 직업관이 지배적이었다. 폐쇄사회의 특징 중의 하나가 모든 변화를 억제하고자 하는 것이기 때문에 전통적인 폐쇄사회에서는 직업의 세습과 전체주의적 직업관이 정당화되었다. 그러나 근대 시민사회에 들어와서는 개인의 자각과 인권이 보장됨에 따라 직업관에도 많은 변화가 일어났다. 직업에 대한 인식이 전체주의적 직업관을 벗어나 자아실현적인 직업관으로 변화되었다.

그러면 어떠한 것이 바람직한 산업사회의 직업관이 될 수 있는가?

① 직업의 선택은 자유로와야 한다.

② 그러나 일단 선택한 직업에서는 성실한 노력을 하고 그 대가는 생산에 공헌한 것에 비례해서 받아야 할 것이지 학력이나 면허증소지자에 대한 대가만으로 보상이 결정되어서는 안된다.

③ 취업의 기회는 공평하게 주어져야 하지만 적성, 흥미, 능력, 인성, 열망에 따라 선택되어야 한다. 학연(學緣), 혈연, 지연(地緣)등 연고관계로 인한 채용이나 승진, 또는 그로 인한 차별대우 등의 풍토는 없어져야 한다.

④ 직업에는 귀천이 없다.

⑤ 직업이 생활의 유지수단 이지만 이를 통해서 자기완성과 행복을 추구할 수 있도록 직무를 다양화함으로써 고차원의 동기유발을 꾀하여야 한다.

⑥ 일할 의사와 능력이 있는 사람이 직장을 갖지 못하였을 때, 이는 실업자로 간주하여야 하고 국가는 취업 기회를 창출해 주도록 노

력해야 한다.

올바른 직업관을 형성하려는 노력은 직업에 대한 의식을 바꾸려고 할 것이 아니라 사회에서 직업을 올바로 다루는데서 비롯되어야 할 것이다. 즉 사회의 발전적 요구에 맞는 직업이 충분한 보상으로 개인의 욕구를 충족하는 방향으로 전개되어야 할 것이다. 여기에 직업을, 다루는 사회지도자의 막중한 책임이 있다. 직업에 귀천이 없다는 명제를 가르치기 위해서 지도자는 노력해야 되고 사회 각계각층에서는 직업의 역할에 따라 다소 임금의 차이는 있겠으나 노력에 대한 댓가가 충분히 보장되어야 하고 근로정신의 신성함을 몸에 배일 수 있도록 가치관 교육에 더욱 힘써 지도해야 할 것이 요청된다.

제6장 직업인의 윤리의식

1. 직업윤리의 개념

직업윤리란 무엇이냐는 물음에 대답하기 위해서는 먼저 윤리의 의미가 문제된다. 우리는 윤리라는 말 앞에 다른 말이 붙은 경제윤리니 공무원 윤리니 또는 교직윤리, 방송윤리, 등 다양한 윤리를 즐겨 쓰고 있다. 이것은 모두가 직업을 수행하기 위한 공평하고도 객관적이며 의무사항이 필연적으로 부가되어 공공인 또는 국민 모두에게 해로움이 끼치지 않도록 제도적인 장치를 해 놓는 것이다. 직업윤리란 특정한 직업을 가지고 있는 사람에게 요구되는 윤리이거나 그렇지 않으면 직업을 기진 모든 사람에게 요구되는 윤리이다. 여기에서 말하는 윤리란 두 가지 측면에서 이해해야 한다.

첫째는 윤리를 어떤 전체사회에 있어서 공인된 행동규범으로 보며 이것의 적용을 받는 모든 사람에 대하여 이것의 준수가 요구되는 사회적 규범을 의미하는 경우이다. 성질상 지키지 않으면 안되는 외부로부터 부과되는 타율적인 행동규범이다. 이 경우에 윤리라기보다는 법규의 성격을 강하게 함축하게 된다. 둘째는 직업윤리를 직업관이나 노동정신으로 보는 경우이다. 이 경우는 직업을 가진 사람들이 품고 있는 직업 활동상의 기풍이나 마음가짐과 같이 어떤 내면적인 성격이 문제가 된다.

모든 사람은 직업의 특수성에 따라서 각각 다른 직업윤리를 가져야 한다. 일반적으로 윤리란 누구나 지켜야 할 이성에 입각한 행위의 규범이다. 인간의 도덕적 행위에 관련된 여러가지 문제, 도덕적 행위의 규범 또는 원리, 최고의 선을 추구하고 정당화하는 노력이다. 다시 말하면 인간이 지켜야 할 행위와 규범이다. 이러한 행위와 규범이 직업을 수행함에 있어서 마땅히 지켜져야 한다. 일반적인 윤리의 원칙을 바탕으로 삼고 그 바탕위에서 직업의 특수성에 알맞은 직업윤리를 정립해야 할 것이다. 이와 같이 직업윤리와 일반윤리는 상호 보완하는 관계에서 이루어진다.

직업윤리는 모든 직업에 공통되는 윤리, 즉 모든 직업인에게 일반적으로 요구되는 윤리와 각 직종에 특수하게 요구되는 특수윤리가 있다. 모든 직업은 일정한 사회적 역할을 담당하고 있다. 이 역할은 직업의 종사자들이 일정한 행동규준을 준수해야 하는 것을 의미한다. 그런데 이러한 직업윤리에는 직업의 종류에 따라 특히 중요시되는 윤리가 각기 상이한 직업윤리를 특수직업의 윤리 또는 직업별 윤리라한다. 그리고 모든 직업에 공통되는 윤리 즉 직업을 가지고 있는 일반에게 요구되는 직업윤리는 직업일반의 윤리라고 규정짓는다. 예를 들면 직업별윤리에서 플라톤에 의하면 국가는 분업의 원리에 따라 조직된다는 것이다. 그는 직업을 중심으로 국민들을 생산자(서민), 전사(군인), 지배자(정치가)의 세계급으로 나누고 각기 알맞은 기본덕(其本德)을 부여했다. 즉 정치가는 지혜, 군인은 용기, 서민은 절제를 기본덕으로 부여하고 이 세 계급이 각기 자기의 분수를 지키고 초월하지 않음으로써 국가가 전체적으로 조화나 균형을 유지할 때 정의가 실현된다는 것이다. 이와 같은 입장에서 보면 현재 우리들이 각기 자기의 능력에 따라 적합한 직무를 분담하고 이것을 사명감을 가지고 훌륭하게 수행할 수 있는 행위규범과 마음가짐을 직업윤리라 할 수 있을 것이다.

2. 직업윤리의 변화

산업사회에 있어서 직업인 일반에 요구되는 직업윤리는 시대에 따라 변한다. 자본주의의 발상지인 서구사회의 경우 노동(work)을 신성시 하는 근대사상은 서구의 금욕적 프로테스탄티즘(protestantism)의 직업윤리로 정착했고 그것이 산업혁명의 정신적 지주가 되었다. 마침내 이러한 사상은 유럽 자본주의의 추진력이 되었다. 그러나 산업사회가 고도로 발달됨에 따라 파생되는 새로운 변화와 여러가지 결함 때문에 그러한 사상은 점차 후퇴하는 반면 노동을 경시하고 여가를 향락하는 가치관이 보급되기 시작하였다.

돌이켜 보건데 "일하기 싫거든 먹지도 말라"는 기독교 성서의 가르침이나 "모든 국민은 근로의 의무를 지닌다. 국가는 근로의 의무 내용과 조건을 민주주의 원칙에 따라 법률로 정한다"는 우리나라 헌법규정은 근로가 인간의 생존을 위하여 절대로 필요한 모든 재화와 용역을 생산 보급하는데 절대적으로 필요한 요소일 뿐 아니라 국가나 사회의 존속발전을 위해서도 필요불가결한 것임을 나타낸 것이다. 이러한 인간의 근로가 없었다면 인간에 의해 창조된 모든 문학적 유산을 남길 수 없을 뿐 아니라 인간의 물질적·정신적 삶 자체가 영위될 수 없었을 것이다.

시대변천에 따라 근로의 정신과 직업의 윤리는 사회가 변동됨에 따라 변화되어 왔다. 막스 베버(Max Weber)가 말한 금욕적인 프로테스탄티즘의 직업윤리는 유기적 윤리와는 달리 신의 뜻에 따르고 신에 봉사하기 위하여 부지런히 일하며 쾌락의 추구나 태만을 철저히 배격하고 박애주의적 목적을 위하여 이윤을 기꺼이 사용하는 태도이다. 반면에 전통사회에서는 신분이나 직업은 세습적으로 주어진 것이기 때문에 선택의 자유가 극도로 제한되어 있었고 개인에게 있어서 직업은 개성의 발휘나 자아의 실현이라는 측면은 거의 무시된 채 전체주의의 역할분담과 사회에 대한 봉사만이 중요시되었다. 이것을 베버는 유기적 직업윤리라 불렀다.

전자는 일 자체에의 헌신노력에 의한 "일"의 훌륭한 성취에 의하여 참된 자아를 실현할 수 있다는 개인주의적 입장이고 후자는 전체사회의 존속번영이 우선이고 개개인이 복지의 원천이라고 보는 입장이다. 이것들의 직업윤리는 서로다르기는 하지만 모두 근로존중이라는 입장은 같다.

그러나 오늘날 자동기계화의 미국의 존·네이스빗트가 말하는 정보화시대를 맞이하여 인간은 육체적 노동으로부터는 물론 일부 정신적 노동으로부터 해방되어 가고 있다. 이에 따라 인간은 더 많은 여가시간을 갖게 되었고 더 많은 재화나 용역을 소비할 수 있게 되었다. 이러한 결과 근로존중의 생각에 회의를 느끼고 레서(leisure)의 향락이야말로 인생의 목적이라고 까지 생각이 변천되고 있다.

이런 점을 감안할 때 금욕적 직업윤리는 자기억제로 부터 강요되지 않고 언제나 자의적이고 적극적이며 건설적인 의미를 갖기 때문에 근대시민사회에서 발생한 가장 합리적인 윤리라고 할 수 있다. 따라서 우리나라와 같이 합리적 자본주의를 신속하게 발전시키기 위해서는 가장 절실하게 요구되는 것이 건전한 직업윤리이다.

직업윤리의 대표적인 학자인 시리다까요시오(尾高邦雄)는 다음과 같이 네 가지로 직업의 윤리를 분류하고 있다.

첫째, 「국가본위의 직업윤리」이다. 이것은 국가와 같은 전체사회의 존속발전을 위하여 또는 전체사회를 구성하는 전체 인간들이 복지향상을 위하여 그 직업에 전념하고 일에 정진하지 않으면 안된다는 견해이다. 이러한 직업관은 유기적 직업윤리의 형태로 볼 수 있다.

둘째, 「직장본위의 직업윤리」이다. 이것은 각자가 취직하고 있는 특정의 집단이나 조직체의 이익의 증진이나 그것의 사회적 지위의 향상을 위하여 각자가 속하고 있는 직장의 업무나 관행에 대하여 충실하며 그것을 통하여 집단 전체의 존속번영을 위하여 공헌하지 않으면 안된다는 견해이다.

셋째, 「자기본위의 직업윤리」이다. 이것은 직업에 종사하는 각 개인은 무엇보다도 자기 자신이나 또는 자기의 가족을 위하여 근면해야 하며 그렇게 해도 직장에는 별로 지장이 없다는 견해이다.

넷째, 「일 본위의 직업윤리」이다. 이것은 자신이 속하는 사회나 집단을 위해서도 아니고 자기자신을 위해서도 아닌 '일'그 자체를 위하여 헌신하고 일의 법칙에 따라 더욱 완벽한 성과, 보다 독창적인 업적을 올리려고 노력하는 것이 직업인으로서의 본분이라고 하는 견해이다.

위와 같이 직업에 대한 윤리관의 변화는 여러 측면에서 고찰할 수 있다. 이렇게 볼 때 인간은 직업이 없이는 문화의 창조도 개인의 생존이나 행복도, 또한 사회의 존속발전도 불가능하다는 점 에서 근로는 존중되어야 하며 직업이 가지는 의미는 크다.

3. 전문직의 윤리문제

한국에 있어서 근대적 의미의 전문직의 역사는 매우 짧다. 조선조사회에서 전문직과 유사한 직업으로서 역관(譯官), 의관(醫官)등과 같은 것이 있었으나 그것은 중인(中人)이라는 낮은 신분계층에 속하는 것이었을 뿐 아니라 세습적인 것이었다. 그와 같은 실용적 지식이나 과학적인 지식은 중요시되지 않았기 때문에 전문적, 과학적 지식의 발달이 촉진될 수 없는 사회적 환경이다.

조선조 말에 서구적인 과학기술문명의 소개와 함께 서양의학이 도입되고 근대적인 학교가 설립되었으며 변호사제도가 도입되기도 하였다.

전문직은 고도의 전문직 교육을 거쳐 일정한 자격 또는 면허를 획득함으로써 독점적으로 전문적 지식과 기술을 사용할 수 있는 직업이라 할 수 있다. 전문직이 전문교육과 일정한 자격기준을 엄격히 적용하여 전문직 활동의 독점성을 유지하려는 것은 전문직 종사자의 질과 수준을 철저하게 관리하여 그 공신력과 위세를 지키기 위한 것이라고 볼 수 있다.

만일 전문직 기술과 기술이 비윤리적으로 사용되어질 때 그 사회적 결과도 중요하지만 비전문가에 의해서는 쉽게 발견되고 규제될 수 없는 성질의 것이기도 하다. 그러므로 전문직 종사자들이 스스로 높은 윤리의식의 소유자로서 스스로의 전문직 활동을 자율적으로 규제하여야 한다고 기대되는 것이다.

그러나 전문직 종사자들이 모두 훌륭하게 직업활동을 준수하기는 어렵기 때문에 전문직의 자율적 조직(예를들면, 의사협회, 변호사협회, 교직단체 등)을 통하여 윤리강령을 설정하고 엄격한 윤리규정에 의해서 자율적으로 규제하는 방법을 취한다.

다시 말해서 전문직은 그 성격상 개인으로나 조직적으로나 높은 윤리수준을 유지할 수 있어야 한다. 전문직 종사자는 장기간에 걸친 교육의 과정에서 사회로부터 받은 혜택을 공공복지의 증진을 위하여 우선적으로 봉사함으로써 사회에 환원할 책임이 있다. 만일 이 전문직 종사자들이 가지고 있는 전문직 기술이나 지식, 특수능력등을 비윤리적으로 사용한다면 엄청난 사회적 해독을 끼칠 우려가 많기 때문이다.

그래서 전문직 수행을 위해서 지켜야할 윤리가 반드시 필요하게 되어있다.

전문직 종사자는 무엇보다도 공공복지를 위해 공헌해야 한다는 전문직 본래의 기능과 역할에 충실해야 한다. 전문직 종사자는 물질적 이익의 추구를 1차적인 목적으로 삼아서는 안된다. 또한 자신의 직업활동에서 야기되는 문제에 대해 엄격한 자율적 책임을 져야 한다. 일반직 종사자들에 비하여 부단한 노력과 연구가 따라야 한다.

그런데 현실적으로 전문직 종사자들은 그들의 직업활동에 있어서 여러가지 윤리적 수준에서의 갈등을 경험하고 있다. 윤리적 갈등문제를 몇 가지 유형별로 나누어보면 다음과 같다.

① 전문직 종사자들이 그들 자신간의 경쟁에서 이기기 위한 윤리적 갈등을 경험한다. 예를 들면 변호사들이 사건 브로커를 이용한다든가, 의사가 허위진단을 하여 금전의 욕구를 충족한다든지, 교통사고환자를 끌어들이기 위해 뇌물을 준다든지하여 부당이득을 취하는 경우를 들 수 있다.

② 전문직 종사자들이 자신의 고객과의 관계에서 취할 수 있는 비

윤리적 행위가 있다. 의사나 약사가 불필요한 치료와 투약 등으로 매상을 올린다든가 변호사가 불필요한 소송으로 수입을 얻는다든지 교수나 교사가 불성실한 강의를 한다는 등의 여러가지 예를 들을 수 있다.

③ 전문직 종사자들은 자기가 속해 있는 조직(정부, 병원, 회사, 학교 등)의 이익과 소비자 또는 국민의 이익과의 사이에서 윤리적 갈등을 경험할 수 있다.

④ 전문직 종사자들은 자신이 속한 전문직이 이익과 전체 국민의 이익이 상충할 때 윤리적 갈등을 경험할 경우가 있다. 예를 들면, 전문직의 충원제도나 전문직 써비스의 공급체계를 국민을 위한 이익을 위해 개혁하느냐 혹은 전문직의 위세와 기득권의 유지를 위해 개혁을 반대하는 입장에 서느냐 하는 등의 갈등이 있을 수 있다.

이와 같이 다른 직업과 마찬가지로 다양한 윤리적 갈등을 가질 수 있는 전문직은 법적 규제 보다는 자율적 규제의 능력을 가질 수 있을 것이라는 사회적 기대를 받고 있는 것이 일반적이다. 따라서 전문직의 윤리적인 문제는 매우 중요한 것이어서 신중하게 다루어야 할 문제들이다.

1960년대 이후 한국사회의 산업화 과정이 급속히 진행됨으로써 전문직의 사회적 기능도 강조되지 않을 수 없다. 전문직 종사자들이 직업윤리와 사회윤리가 새롭게 정립되어야 할 것이 요구되고 있다.

오늘날 한국의 전문직 종사자들이 윤리문제 가운데 가장 큰 문제점으로 지적되고 있는 것은 그들의 지나친 상업위주적 직업관이다. 물론 전문직의 직업활동이 경제적 소득을 목적으로 한다는 것은 아무도 부정할 수 없다. 또한 전문직이 순수한 봉사활동이나 사회산업적 활동을 목적으로 하는 것이 아니라는 것도 인정할 것이다. 그러나 전문직 종사자들이 비윤리적인 방법에 의존해서 경제적 이득을 추구한다면 그것은 상업주의적 직업관에 의한 것으로 전문직의 직업적 위세를 타락시키는 것이 아닐 수 없다. 전문직은 상업적 수단 보다는 전문적 서비스의 질에 의해서 경제적 사회적 성공이 결정되는 직업인 것이기 때문에 그 상업성 보다는 전문성이 강조되어져야 할 것이다.

또 하나의 지적할 수 있는 문제는 사회의식 또는 공공의식의 결핍이라고 말할 수 있다. 예를들면 전문직 종사자들이 국민보건의 향상이라든지 국민의 법질서의 확립과 법의식의 고양이라든지, 국민생활에 있어서 공적 결정과 사적 결정의 합리화라든지 사회적통합과 사회발전이라든지 등의 중요한 사회적 목표의 실현을 위해 직업적 활동과 개인생활을 스스로 공헌해야 한다는 사명의식이나 사회의식이 사회 기대에 비해 너무 낮다고 생각되는 것이다. 마땅히 전문직 종사자들의 사회의식은 전문직이 사회발전에 대해 중요한 기능과 역할을 수행해야 하는 직업이라는 인식에서부터 출발해야 할 것이다.

마지막으로 전문직 종사자들의 윤리의식의 문제점으로 들 수 있는 것은 그들의 문화의식의 문제이다. 만약 전문직 종사자들을 비롯한 사회지도층이나 중산층들이 사치풍조나 개인주의 풍조, 특권의식을 드러낸다면 그 결과는 전체사회의 질서와 생활양식에 나쁜 영향을 미칠 것이다. 전문직 종사자들의 생활양식은 전체사회에 있어서 모델이 되는 생활양식이어야 한다. 모범적이어야 할 전문직 종사자들이 서구적인 취향, 외제 상품을 쓴다든지 골프, 호화로운 결혼식을 올린다든지 등의 호화로운 생활양식을 보인다면 전체사회의 생활양식에 영향을 미치게 된다.

한국사회의 많은 병리(病理)는 높은 교육수준과 높은 소득수준을 가지고 있는 사회지도층에 의해 선도되어 왔다. 사치, 낭비풍조, 물질주의나, 배금주의와, 특권의식, 부정부패, 외제병, 과열과외, 부동산 투기 등이 모두 돈 있는 계층이 만들어낸 사회 병리이며 어떤 의미에서 대중들은 그 희생자에 불과하다.

4. 자본주의 사회의 경제윤리

근대 경제사회에서 경제활동의 원칙이나 경제윤리문제가 생기는 이유 중의 하나는 직장생활에서 기업윤리나 노동윤리 또는 노사간의 윤리 문제등이 생을 영위하는데 균형을 이룰 수 있어야 하기 때문에 자본주의 사회에서 경제윤리문제가 거론되는 것이다. 경제윤리가 제기되는 또 하나의 이유는 경제사회를 우리 생활터전과 관련시켜 어떻게 볼 것인가 하는 근본적인 문제이다.

경제활동은 어디까지나 경영주와 고용인간의 상호보존적 관계에서 합리성에 기초한 이익분배가 균형있게 이루어져야 한다. 경영주의 개인적 이익추구에만 몰두하여 근로자의 생활유지수단인 임금구조에 압박을 가하여 비합리적 이윤추구에만 치중한다면 경제윤리에 어긋나는 행위이다. 뿐만 아니라 근로자도 최선의 노력으로 근무에 충실하고 생산성 제고에 이바지 해야 할 의무가 있는 것이다. 이와 같이 쌍방의 이해와 협조로 평행선을 유지할 수 있는 체제가 올바르게 이루어지는 과정이 바로 경제윤리가 성립되는 것이다.

이를테면 생산이란 자연자원을 채취 가공하는 행동이고 유통은 재화를 상품으로 시장에 제공하는 일이다. 상품의 유통에 의한 가치의 실현은 사회 각 계층에의 임금이나 이윤과 같은 소득분배를 뜻하고 그것은 유효수요의 원천이 되어 상품을 구매·소비케 한다. 이러한 경제순환과정에서 볼 때, 근면은 자연에 노동을 가하여 재화를 생산할 때의 바람직한 윤리행위이고, 정직은 상품의 유통을 정상화하는 상도의(商道義) 행위이고, 절약은 낭비를 없애고 재화의 소비를 보다 효율적으로 하기 위한 건전행위이며 자선(慈善)은 소득의 분배과정에서 규범이 되는 자선행위가 된다. 이러한 경제윤리(근면, 정직, 절약)의 공통의 근거가 되고 있는 기본적 생활태도가 자유를 전제로 한 자율적인 생활이다.

이와 같이 공익과 사익이 합치된다고 보는 사상이 자본주의 체제의 근본원리인 것이다.

제2차 세계대전 이후 자본주의는 70년대 초에 이르기까지 비약적인 경제성장을 이룩하였다. 이러한 동안에 경제학은 윤리를 외면한 채 기술적인 이론에만 치중되었고 경제학자는 전문 기술자에 지나지 않았다. 윤리적 관심이 종전에처럼 국가나 계급을 생각하기 보다는 개인 일상생활의 행복만을 추구하는 경향으로 기울어졌다.

현대 자본주의 경제사회에서는 자율의 윤리가 상실되고 그 대신 조직과 명령에 따라 대중이 기계적으로 움직이게 되었고, 근면과 절약대신에 여가의 활용과 낭비가 사회인들의 관심을 끌게 되었다. 그리고 지나친 상업위주에 치우쳐 허위 광고나 과잉선전이 공공연히 자행되고 공공사업에 있어서 부정입찰, 증권파동 금융계의 부정 대출, 국제 거래의 부정등을 비롯한 경제비행이 꼬리를 물고 일어나고 있다. 이러한 경제사회에서는 비윤리적 행위를 배제할 새로운 윤리적 기준이 서있지 않으면 그 경제사회는 혼란과 비리 사회악이 들끓게 될 것이다.

그러므로 이와 같이 경제질서와 책임 수행의 철저한 뒷받침과 제도적인 장치와 자율적 수행이 건전하게 이루어질 수 있도록 경제윤리는 강화되어야 한다.

자본주의의 경제윤리는 전통주의를 극복하는 자본주의 정신에 기원하고 있다. 하나는 중세의 전통 및 윤리적·종교적 속박을 타개하고 자유로운 영리 추구를 만족시키는 생활태도 및 경제의식을 자본주의 정신이라고 일컫고 이에 의하여 중세의 전통주의를 극복하였다고 본 견해로써 좀바르트(W. Sombart)가 대표가 된다. 이는 중세에서 근세에로 전환된 결정적 사실을 생활양식의 세속화에 있다고 보고 이 세속화 과정에 따라 종래의 가치와 전통에서 이탈되어 인간이 자주적으로 되었으며 인간의 자주적 의욕에 따라 끊임없이 영리욕을 추구하는 것이 자본주의 정신이라고 한다. 좀바르트는 자본주의 정신은 무한한 영리활동에 의하여 지배되는 경제의식으로 주장하고 있는 반면에 이 주상에 대립하여 근대 자본주의는 무한한 영리활동에 의한 이윤추구로 형성된 것이 아니라 합리적·금욕적 경제윤리에 의하여 영리를 획득하는 것을 특징으로 한다고 하는 주장이 나왔다. 이 확설의 대표자는 베버와 트룉치(E. Troeltsch)이다.

베버는 자본주의 정신이 그 결정적 요인의 하나로써 프로테스탄트의 직업윤리를 계승하고 있는데 그 정신은 다음과 같다.

① 자본주의 정신은 영리획득을 불가피한 악이거나 인생의 목적에 대한 수단으로 보지 않는다. 자본주의 정신은 근면, 검소, 신중등이 경제적 윤리로 되어있다.

② 영리획득을 윤리적으로 무제한 획득을 의미하던, 합리적·효율적으로 얻고자 한다.

③ 합리적 경제행위를 지속함으로써 끊임없이 영리를 얻으려 한다.

④ 엄격한 규율에 의하여 합리적으로 경제행위를 수행하려면 신분, 혈연, 지연의 차이를 극복하여 누구나 윤리적 보편주의가 있어야 한다. 즉 신분여하를 불구하고 보편적 경제 원칙에 있어야 하는 경제윤리가 기본이 된다.

⑤ 자본주의 정신이 가장 독특한 성격을 표현하는 것이 금욕주의적 직업윤리이다. 금욕적 직업윤리는 직업을 천직(天職)으로 생각하고 개인의 쾌락, 영예를 희생시키면서 엄격한 규율과 조식 밑에서 자기의 책임과 의무를 헌신적으로 노력하는 것을 의미한다. 이러한 정신은 칼빈주의 전통에서 나온 것이다.

5. 각 직장에서의 직업윤리

각 직장에서의 직업윤리는 직장의 성격상 특수한 윤리가 요구되고 있다.

(1) 기업윤리

개인이나 기업은 자유로운 경쟁으로 얼마든지 이윤추구를 도모할 수 있다. 그러나 사회·경제적 입장에서 볼 때 경제활동은 비단 기업가뿐만 아니라 그를 포함한 생산에 참여한 모든 사람과 그 가족의 물질적·정신적 행복을 가져다주는데 공헌해야 한다. 여기에 기업윤리가 적용되는 것이다. 대체로 “기업은 망해도 기업주는 건재하다”는 요즈음 기업경영을 하는 경영주의 기업윤리가 정상적인 방향으로 나가지 못하고 있음을 반영해 주는 것이다. 경영주가 사리사욕에 사로잡혀 기업은 망해도 자신은 건전한 경우가 있다면 기업윤리는 갈등을 갖게 되는 것이다.

기업윤리가 제기된 배경은 자본주의 체제하에서 경제적 주장이 논리와 본질적인 면에서 서로 다르기 때문이다. 즉 경제문제는 경제 자체 내에서 해결해야 한다는 입장이다. 왜냐하면 기업의 이윤추구는 자본주의 체제하에서는 본질적인 것이므로 여기서 야기되는 문제는 경제적인 면에서 그 해결방법을 찾아야 한다고 한다. 그 대표적인 주장은 미국의 프리이드만(Milton Friedman)을 중심으로 한 시카고학파이다. 이 학파는 기업이 이윤 추구를 목적으로 한 경쟁적 경제활동에 철저해야 하는 것이 바로 기업의 사회적 책임이라는 것이다. 즉 이 이윤추구는 경제적 활동이 사회적 이윤을 결과한다는 고전적 윤리관을 신봉하는 것이라 하겠다.

마르크스주의에 의하면, 그들은 자본주위를 완전히 부정하는 입장에 있기 때문에 기업을 반사회적으로 취급하고 있는 점에 대해서는 의심할 여지가 없다. 그들은 기업의 사회적 책임을 묻는것 자체를 부정하고 있다.

자본주위 사회에서 기업이 경제주체로서 그 가치를 높이 평가받고 있는 이유는 그것이 영리활동을 통해 경제의 성장 발전에 크게 기여함으로써 국민복지를 향상시키며 개인에게는 사회 활동을 할 수 있는 계기를 마련해 주기 때문이다. 최근에 형성된 독과점 기업(獨寡点企業)은 사적 이익추구를 위하여 소비자의 이익을 외면하는 폐해가 많이 일어나고 있는데 정부가 아무리 규제하더라도 기업 스스로가 사회적 책임을 느끼지 않으면 아무 효과도 거둘 수 없다. 즉 기업의 참다운 사회적 기능은 기업윤리를 통해서 사회적 책임을 다하는 데에서 찾을 수밖에 없다.

다음으로 기업은 소비자를 의식해서 그들을 보호하는 입장에서 경영의 합리화를 기하여야 한다. 그리고 기업의 책임 중에서 소홀히 할 수 없는 것은 공해문제이다. 공해는 인명을 해치는 위험 소지를 안고 있으므로 건전한 기업운영을 하여 국민 건강을 위해 공해 방지를 위한 대책을 강구해야한다.

기업은 사회적 산물이다. 그러므로 사회를 배신해서는 안된다. 사회를 위하여 무엇을 해야 할 것인가를 스스로 탐색하고 존경받고 헌신적 노력을 해야한다. 우리는 특히 기업이 주주보다는 종업원을 소중히 여기고 종업원에 대하여 더 많은 윤리의식을 갖도록 주지시켜야 한다. 어떻든 기업경영인은 근로자를 외면할 수 없고 사회적 관계를 외면할 수 없다. 근로자의 인격을 존중하고 적정 대우를 해 줄 때 그 기업은 성장하고 생동감이 넘치게 될 것이다.

(2) 노동윤리

경제학에서는 직장이란 개념을 놓고 "노동을 사고 파는 곳"이라고 설명한다. 노동자는 노동에 따르고 고통에 상응하는 댓가를 받아야 하고 사용자는 노동의 생산성만큼 댓가를 지불해야 하며 그 댓가가 바로 임금이다. 직장은 단순히 노동을 사고 파는 곳이 아니다. 직장은 자기를 계발하고 자기를 구현하며 인간으로서 사회적인 보람을 창조하는 곳이다.

노동의 목적은 생각에 차이가 있으나 경제적 가치를 추구하는 것이다. 생활자료 획득 수단 또는 소득획득 수단을 마련하는 것이다. 이와 같이 인간의 노동은 개인적 경제적 외에 소득획득 수단을 마련하는 것이다. 아울러 인간의 노동은 개인적 경제적 외에 사회적 목적을 갖기도 한다. 사회에 참여하고 공헌한다는 목적이 바로 그것이다. 인간이 노동을 단순히 생계유지 수단으로만 파악한다면 그것은 개인의 자아실현에 적극적으로 기여하지 못하게 되며, 개인의 발전에 큰 도움이 못된다.

실제적으로 노동윤리를 고려함에 있어서는 직장의 조직환경이 중요한 역할을 한다. 또한 사용자와 노동자 사이에서 제도화된 사회관계를 의미하는 노사관계에 의해서 형성된다. 노사관계가 원만하면 노사의 공존공영, 기업발전, 산업발전을 추구할 수 있고, 반면에 노사관계의 부조화는 서로가 불이익이 생긴다.

그러면 노동 종사원에게 요구하는 노동윤리는 무엇인가? 첫째, 성실한 태도이다. 둘째, 인화(人和)이다. 셋째, 창조성이다. 그밖에 지나친 욕심을 피하고 공정을 기해야 한다. 노동윤리의 핵심은 이처럼 진실하고 의리 있고 검소하고 창의적이며 과욕과 편파적인 사고 방식을 없애는 것이다.

제7장 진로 정보활동

1. 정보의 의미

정보(information)란 사물의 이름, 사실, 사건을 이르는 말로서 이러한 개개 정보가 체계화된 것을 지식이라 부른다. 그러므로 지식도 넓은 의미에서 정보에 해당한다.

현대사회는 고도의 산업사회로 발전되어 나가고 있어 직업의 세계도 복잡 다양하고 세분화 되고 전문화 되어가고 있다. 최근에서는 현대사회를 정보사회라고도 말한다. 이와 같이 급격하게 변천하는 사회에서 학생들이 건전하게 성장·발달하고 복잡한 직업의 세계에 현명하게 적응하려면 자기와 자기를 둘러싼 환경에 대해 보다 폭넓게 알아야 한다. 이를 위해 다양한 소식과 자료가 필요하며 또한 장래계획이나 의사결정을 하는데도 자료와 정보가 필요하다.

학생들은 학교사회에서 공부에 필요한 정보뿐만 아니라 미지의 세계에 대하여 잘 모르고 있다. 이들이 보다 효율적으로 학업성취나 학습태도, 생활습관, 도덕 가치관, 이성, 교우관계, 장래의 설계, 여가선용, 고민, 직업선택, 직업세계에 적응하고 사회현상의 면모를 이해하기 위해서는 다양한 정보에 민감해야 하고 탐색할 줄 알아야 한다. 여기에 정보제공 활동의 중요성이 부각된다.

정보활동이란 정보의 세계를 알리는 활동을 뜻한다. 가정이나 학교를 비롯하여 학생을 둘러싸고 있는 여러가지 환경에서 학생들이 능동적으로 찾을 수 있는 조직적이고 체계적인 정보활용을 해 줌으로써 자신과 자신을 둘러싼 환경변인을 쉽게 이해하고 적응할 수 있는 활동이 학교 현장에서 전개되어야 한다. 정보는 여러 곳에서 제공

받을 수 있다. 또한 정보를 잘 찾을 수 있도록 훈련을 쌓아야 한다.

정보활동에 대해 좀 더 구체적으로 설명하면 학생들이 다양한 문제에 직면하였을 때 이를 보다 손쉽게 이해하여 해결하고, 장래 계획이나 진로를 결정할 때 구체적이고도 적합한 주변환경을 보다 적극적으로 이해하는데 필요한 사실과 자료를 수집해서 제공해 주는 활동을 의미한다. 모든 일에 현명한 선택과 결정을 내리기 위해서는 주어진 조건을 정확하게 파악하고 그 결과나 미래에 다가올 사태를 전망할 줄 알아야 한다. 이러한 필요한 정보를 마련하고 제공해 주는 일은 교육활동 가운데 가장 중요한 위치를 차지하는 것이다.

진로정보란 개인의 진로 선택 및 적응을 위해 필요한 모든 지식과 이해에 관련된 정보를 말한다. 따라서 모든 학교에서 행하여지고 있는 모든 교과활동이나 생활지도의 대부분이 진로정보와 관련이 된 것이라고 볼 수 있다. 보통 학교 현장에서 진로정보라고 할 때에는 크게 나누어서 상급학교 선택과 관련된 자료와 직업선택을 위한 고용정보, 직업의 성질, 조건, 교육정도, 보수, 승진, 전망 등에 관한 직업세계의 직무내용에 관한 정보, 더 나아가서는 일상생활 과정중에서 대인관계, 예의범절, 가치관, 성취동기, 생활 적응상에 필요한 제반 활동에 관한 정보를 포함한다.

2. 정보활동의 목적 및 필요성

밀러(C. H. Miller)는 정보활동의 목적을 다음과 같이 세가지로 나누어 지적하고 있다.

첫째는, 아동 학생들이 현재 직면한 환경을 이해하고 그에 적응할 수 있도록 돕기 위함이며, 둘째는 학생들이 앞날의 직업이나 장래를 탐색하는데 필요한 보다 넓은 정보를 마련해 주는 일이며, 셋째는 장차의 특정한 계획과 직업계획에 필요한 정보를 얻고 스스로 해석할 수 있도록 도와주는 것이다.

노리스(W. Norris), 제란(F. R. Zeran), 해취(R. N. Hatch), 엔겔케스(J. R. Engelkes)등의 학자들은 각 학년 수준에 알맞게 정보를 제공해 주는 것이 중요하다고 강조한다.

우선 초등학교에서의 정보활동의 목적을 살펴보면 다음과 같다.

① 학생으로 하여금 직업 세계와 관계되는 그들의 장점과 흥미를 평가하도록 돕는 일 즉 소질개발이나 자기이해를 도와주는 일

② 여러 유형의 직업인들, 특히 자기 고장에서 일하고 있는 사람들에 대해 알 수 있도록 많은 경험을 마련해 주는 일

③ 학생으로 하여금 다양한 직업간의 상호관계를 알도록 돕는 일

④ 학생으로 하여금 여러 종류의 사람들과 일하는 것을 배우게 하고 바람직한 작업 습관을 형성하도록 돕는 일

⑤ 학생으로 하여금 사회적으로 유용한 여러 유형의 직업에 합당한 적성을 발전시키도록 돕는 일

⑥ 학생에게 직업선택에 관계되는 문제를 알게 하는 일

⑦ 학생들이 이용할 수 있는 교육시설과 교육계획에 관계되는 문제 등을 알려 줌으로써 장차 보다 훌륭한 교육을 받을 수 있는 계획 즉, 상급학교의 선택이나 교육과정의 계획 등을 짤 수 있게 돕는 일

⑧ 중 고등학교에 진학하지 못하는 학생들이 합당한 정보를 토대로 취업할 수 있도록 돕는 일 등이 이루어져야 한다.

다음 중등학교 수준에서의 정보활동의 목적은 다음과 같다.

① 직업에 관계되는 분야에 대해 폭 넓게 이해할 수 있도록 도와주는 일

② 학생들이 몇 개의 선정된 직업이나 교육시설을 중점적으로 알아볼 수 있도록 도와주는 일

③ 충분한 자기연구를 토대로 해서 직업계획과 교육계획에 짜도록 도와주는 일

④ 충분한 자기탐색을 토대로 잠정적인 교육적 계획을 세우도록 도와주는 일

⑤ 중학교를 중퇴하거나 떠난 사람들이 직면한 문제나 당연한 욕

구를 충족시킬 수 있도록 특정한 기술을 제공하는 일 등이 이루어져야 한다.

종합적으로 정보활동의 목적을 살펴보면 다음과 같다.

① 학생 자신의 개성 및 가정환경에 대한 이해 자료의 제공

② 변천하는 직업세계에 대한 충분한 이해 자료의 제공

③ 진급 또는 학교 진학선택에 대한 이해 자료의 제공

④ 구체적으로 취업이나 상급학교 진학을 하는데 필요한 지식이나 자료의 제공

⑤ 장래의 자아실현에 필요한 사전지식의 제공

⑥ 대인관계, 성취돕기, 가치관, 이성, 장래의 포부 등에 관련된 지식이나 정보의 제공 등이다.

다음 정보의 필요성은 다음과 같다.

현대사회와 같이 산업이 고도로 발달되고 직업의 세계가 다양화 전문화 되었으며 진학 또는 취업의 기회가 복잡하고 선택하기 어려운 현실 속에서 학생들이 이러한 환경에서 선택하고 적응하며 만족하고 행복한 삶을 누리기 위해서는 여러가지 정보에 익숙하고 밝아야 한다. 그런데 학생 스스로가 정보를 찾기에는 너무나 벅차다. 예를들면, 학습하는 방법, 진학하는데 필요한 사전지식, 취업하는데 요구되는 정보, 대인관계, 인간관계에서 요구되는 기술과 정보등이 복잡하기 때문에 이러한 제문제를 해결하기 위해서는 조직적이고 정확한 안내와 사전 훈련이 필요하다.

따라서 선택과 적응을 위한 사진 정보제공의 필요성은 아무리 강조해도 지나치지 않을 것이다. 인간이 일생을 보람있고 만족하게 행복을 누리고자 하는 욕심은 누구나 똑같은 것이고 그 방법에는 여러가지가 있다. 예를 들면, 서울서 부산으로 여행을 한다고 가정하자 여행을 하려면 목적이 뚜렷이 서 있어야 하고 며칠동안 인가, 비용은 얼마나 드는가, 가는 방법은 무엇으로 할 것인가 등 사전에 계획을 세워야 할 것이다. 사전계획이 수립되었으면 목적을 달성하기 위해 여러가지 방법을 강구해야 된다. 가는방법도 버스, 기차, 자가용,

비행기, 배, 또는 걸어서 가는 방법을, 비용이 허락하는 범위에서 어느것을 선택할 것인가 작정을 해야 한다. 그리고 위치는 어디이고, 어느 호텔이나 여관을 정할것인가 등 이러한 치밀한 사전계획과 정보를 미리 탐색하여야 목적을 무난히 쉽게 달성할 수 있을 것이다. 만일 이와 같은 사전계획이나 정보를 입수하지 않고 무작정 여행을 떠난다면 시간과 정력, 노력, 비용 등이 큰 차질을 빚게 되고 목적하는 바가 계획대로 이루어지지 못할 것이고 헛된 수고와 노력만을 낭비하게 된다.

그러므로 정보는 이와 같은 일을 추진하는데 필수적으로 필요한 것이다. 마찬가지로 일생의 설계도 어떠한 계획과 정보와 실천이 효과적으로 추진되어야만 만족한 삶을 누릴 수 있게 될 것이다.

3. 정보활동의 영역

정보를 분류하는 것에도 여러 방식이 있으나 여기서는 생활지도 활동에서 일반적으로 쓰이는 전통적 분류방식에 따라, ① 교육정보 ②직업정보 ③ 개인, 사회적 정보의 세 가지로 분류해 보기로 한다.

(1) 교육정보(educational information)

교육정보란 단순히 상급학교 진학을 위한 여러가지 정보만을 뜻하는 것이 아니고 진학을 포함한 학교교육을 통한 모든 교육활동 즉 교과활동, 학업성취, 학업부진원인, 진급, 생활지도, 행동발달, 신체적 발달, 전인교육 추진을 위한 학습등 모두를 적응하기에 필요한 정보를 말한다. 아울러 직업세계와 폭넓게 관련시킨 내용을 말한다.

학생들에게 주어야 할 교육정보는 다음과 같다.

① 학교에서 이루어지고 있는 모든 교과 및 교육활동에 관한 자료의 제공

② 교과와 관련된 취업, 교과와 흥미, 교과와 적성 등의 관계에 관한 정보자료
③ 상급학교(인문계, 실업계 고등학교, 전문대학, 대학) 안내를 위한 정보자료
④ 학교안에 존재하는 각종 클럽과 사회적 활동에 관한 자료
⑤ 학교에서의 학습방법과 기술에 관한 정보
⑥ 학교 도서관의 이용과 기타 시설의 사용법
⑦ 장학제도와 기타 학비조달 방법에 관한 정보
⑧ 상급학교 출신들의 직업선택 및 사회진출에 대한 자료
⑨ 상급학교의 교육 내용 및 교육 시설 등을 탐색할 수 있는 기회
⑩ 진학에 수반된 경제적인 조건을 제시하는 자료(진학정보)
⑪ 일하면서 공부하는 것을 계획하고 있는 학생을 위한 학교 통신교육제도, 대학입시 자격 검정, 각종 전문 기술 학교(산업체 부설학교, 속기, 타이핑, 미용, 영양사 등의 기능 습득을 위한 교육제도)에 관한 정보자료
⑫ 학교, 교육의 본질과 개인 발전에 대한 건전한 태도와 방향 설정을 위한 자료
⑬ 해당 교육에서 중시하는 교육가치에 대한 정보
⑭ 기타 교육에 관련된 제반 교육 자료 등이 포함된다.

(2) 직업정보(Occupational information)

진로정보와 거의 같은 의미로 쓰이는 직업정보는 직업세계에 관한 다양한 정보와 직업군(**Occupational clusters**)에 관한 모든 자료를 의미하며 직무와 취업에 필요한 작업성질과 조건, 자격요건(교육정도 및 훈련관계), 보수, 승진 관계, 충원 계획, 장래의 전망 등의 정보를 제공하는 것을 특징으로 하고 있다. 이러한 직업정보를 학교 단위로 수집하고 이용하는 데는 많은 시간과 경비, 노력이 요구된다. 그러나 직업정보의 활용이 진로지도의 중심적인 기능임을 감안할 때 각급

학교에서는 학교단위의 직업정보실(요즈음은 진로정보실)을 두도록 해야 하고 문교부나 시·도 교육위원회 같은 중앙부서에는 진로정보 쎈터를 설치, 각급학교와 유대를 갖고 지원해 주는 것이 좋다.

각 학급에서 학생들이 이해하고 이들에게 제공해 주어야 할 총괄적인 정보의 범위는 다음과 같다.

① 직업분류와 직종에 관한 자료

② 국가 인력 수급 계획에 관한 정보자료

③ 직업선택을 위한 이해자료

④노동시장의 구인, 구직에 관한 정보자료

⑤ 취업정보자료나 졸업생의 취직 상황 정보자료

⑥ 직업관 직업윤리에 관한 이해자료

⑦ 각 정부기관, 기업체, 산업체, 매스컴 기관, 학교, 병원, 직업훈련소 등 직장의 현황 소개자료

(3) 개인 · 사회적 정보 (Personal, social information)

이 정보는 주로 인간관계, 대인관계에 작용하는 심리적, 물리적 환경에 영향을 미치는 타당하고도 유용한 자료이다. 인간이 사회활동을 잘하려면 원만한 대인관계와 적응생활이 절실하게 필요하다. 어떻게 사회생활을 해 나가야 되는가에 대해 학생들에게 적응에 관한 다양한 정보를 제공해 줌으로써 현명하게 대처해 나갈 수 있는 능력이 길러지는 것이다. 대인관계의 원만한 적응뿐만 아니라 예의범절, 인생관, 가치관, 직업관, 종교관, 정신위생, 이성문제, 성취동기, 이데올로기 등과 관련지어 개인의 사회생활 적응에 필요한 정보를 제공해 주어야 한다. 학생들은 이를 이해하고 수용하여 실천함으로써 풍요로운 인간 생활을 누릴 수 있게 된다. 여기에 관련된 정보 내용을 보면 다음과 같다.

① 자기 이해와 통찰에 관한 정보

② 이성 또는 동성과 성숙된 관계를 유지하는 방법에 관한 정보

③ 성 역할의 이해에 관한 정보
④ 건전한 인성의 발달에 대한 정보
⑤ 개인의 행동 특성 및 개인차에 대한 정보
⑥ 가정의 조건과 부모의 기대에 대한 이해와 적응에 필요한 정보
⑦ 여러가지 가치관 정립에 필요한 정보
⑧ 신체적, 정신적 건강과 발달을 이루는데 필요한 정보
⑨ 태도, 예의범절, 공중도덕, 윤리에 관한 정보
⑩ 사회적 기술, 여가 생활의 건전한 활용, 용돈의 조달 방법등에 관한 정보
⑪ 성취동기 육성을 위한 방법에 관한 정보
⑫ 처세술, 가정생활의 원만한 인간관계에 관한 정보 등이다.

(4) 정보자료와 구득방법

여러가지 다양한 정보자료 즉 교육정보자료, 직업정보자료, 개인·사회적 정보자료를 수집해서 그것을 체계적인 방법으로 분류, 수집, 보관하여 학생들이 자유롭게 정보에 익숙하도록 준비를 해 주어야 한다. 이러한 정보를 구할 수 있는 정보원(career rescurce)을 종합적으로 제시하면 다음과 같다.

① 고용주(기관장, 기업인 등)로 부터 얻을 수 있다.
② 상급학교(초·중·고등·대학·대학원등) 각 기관의 홍보자료
③ 직업훈련소(전국의 24개 직업훈련소)
④ 정부의 각 부처(문교부를 비롯하여 20개 부처의 정부기관에서 발행하는 홍보용 책자)
⑤ 기업체 산업체 및 사회단체
⑥ 직업의 종사자
⑦ 신문·라디오, TV, VTR등 대중매체

위와 같은 정보원을 총괄적으로 제시한 것인데 이를 각 영역별로 세분하여 분류해 보면 다음과 같다.

1) 교육정보자료

일반적으로 교육정보를 제공해 줄 수 있는 정보원은 다음과 같다.

① 문교부에서 발간한 각종 간행물, 기타 정부 간행물 자료

② 각급학교의 교육계획서 및 학교 경영안

③ 각 중·고·대학에서 발간하는 안내서, 학교요람, 화보 및 교육과정 인쇄 책자

④ 각 학교에서 발행하는 교우지, 학보, 학교신문

⑤ 대학 및 전문 기관에서 발간한 학생 생활 연구소 연구지나 학술논문집

⑥ 기업체나 각 기관에서 대외 선전용으로 제작한 간행물, 홍보 영화자료

⑦ 신문이나 교육학에 관련된 학습용 자료

⑧ 학습방법에 관련된 교육학 자료

이 외에도 전문 연구 기관이나, 진로교육 전문가에 의해 쓰여진 여러 자료집을 참고로 구체적인 정보들을 접할 수 있다. 위와 같은 교육정보 자료는 개괄적으로 정보의 원천을 제시한 것에 불과하여 각급학교교사들은 위의 내용을 기본으로하여 보다 세부적인 정보자료를 찾기에 전력을 다해야된다. 여기서는 구체적 자료는 제시하지 않았으므로 각자가 찾도록 권장한다.

2) 직업정보자료

직업에 관련된 종합정보자료를 구하려면 다음과 같은 것이 있다.

① 각종 전문단체나 기업체, 산업체와 거기서 발간한 홍보용 간행물

② 정부기관 총무처, 보건사회부, 노동부, 경제기획원 등과 거기서 공표한 자료

③ 직업에 관계되는 단행본과 연감류

④ 지역사회 조사물 및 연구 보고서

⑤ 각종 생활지도를 위해 준비된 사례 및 연구 보고서

⑥ 각 대학의 취업정보센터에서 발간하는 자료

⑦ 각 직업훈련소에서 발간하는 자료
⑧ 한국직업훈련 관리공단에서 발간하는 자료

다음은 진학과 취업에 관련된 구체적 정보자료들의 실제적 몇 가지 예를 제시해 보면 다음과 같다.

김성식 외 「대학 진학 정보 총람」 대학입문, 지학사
김충기 「진로교육의 본질」 평민사
김충기 「진로교육과 진로지도」 배영사
노동부 「직업훈련의 현황과 전망」
노동부 「직업의 세계」
노동부 「미국직업사전」
대학입시사 「나의 전공학과을 말한다」
문교부 「장학자료 진로지도」
서울특별시 교육연구원 「직업의 세계」
「월간 직장인」
「월간 취직」
이상옥 외 「고교생 진로안내 백과」 집현전
이영엽 「채용리포트」 아리오사
이정근 「진로지도와 진로상담」 중앙적성연구소
진장춘 「진로선택백과」 하나 출판사
중앙교육진흥연구소 「수험자료집」
코리아 리쿠르트사 「리쿠르트」
한국교육개발원 「대학입시자료안내」
한국교육개발원 「진로교육자료」
한국교육개발원 「학습과 일의 세계」
한국인력개발연구소 「직업사전」
한국 정신문화 연구원 「일의 보람, 삶의 보람」
한국직업교육학회 「직업교육연구」
한국직업훈련관리공단 「직업의 세계」
홍기형, 이승우 「진로지도」 교육출판사

3) 개인 · 사회적 정보자료

이 분야에 관련된 구독서적은 매우 많고 다양하다. 이를 계통별로 정리해 보면 다음과 같다.

① 학생의 건강 및 신체발달에 관한 자료
② 발달심리 및 인성 심리에 관한 서적
③ 정신위생에 관계되는 서적
④ 성교육에 관계되는 도서
⑤ 청소년 발달에 관계되는 연구물
⑥ 위인들의 전기 및 자서전
⑦ 처세술에 관한 다양한 독서
⑧ 성취동기 육성방안에 관한 간행물
⑨ 가정윤리나 도덕, 교훈, 조직행동에 관계되는 참고도서
⑩ 극기교육에 관련된 도서
⑪ 국민정신교육에 관련된 간행물
⑫ 여가선용에 관련된 책자
⑬ 이데올로기에 관련된 서적

위와 같은 종류의 도서자료를 통해 학생들의 교육 · 직업, 개인 · 사회적 정보내용을 접할 수 있도록 기회를 제공해준다.

현대사회처럼 모든 분야에서 세분화된 산업사회에서 올바른 적응과 현명한 선택으로 개인이 목적한 바를 이루기 위해 사전에 탐색의 기회를 찾아 재빠르게 적응하도록 도와주는 정보활동을 전개하기위해 전반적인 오리엔테이션을 실시한다.

4. 정보활동의 실제

정보활동은 이미 위에서 언급한 바와 같이 교육과 직업, 개인 · 사회적 정보를 수집, 보관, 제공하는 활동이다. 따라서 학생들이 정보에 익숙하도록 하기 위해서는 오리엔테이션(orientation)을 실시한다.

오리엔테이션이란 어떤 일을 새로 출발할 때, 즉 새로운 학년이 되거나 새로 학교에 입학했을 때, 또 졸업을 하고 새로운 직장으로 진출하려고 할 때, 올바로 방향을 잡고 새로운 사태에 원만하게 적응해 나가도록 펼쳐지는 전문적인 도움을 주는 활동이다. 오리엔테이션을 우리말로는 방향지도, 출발지라고 부른다.

오리엔테이션의 실시는 초등학교에 처음 입학했을 때 학교생활에 적응이 빠르도록 돕기 위해 베풀어진다. 새로 학교에 입학하는 아동으로 하여금 급격히 달라진 새로운 환경에 친숙해지고 새로운 생활습관과 태도를 단기간 내 학습하도록 학습경험을 제공해 주는 것이다.

초등학교 신입생 오리엔테이션 계획의 내용은 ① 자기이름과 주소를 남에게 알리는 학습 ② 식사, 취침 등 가정에서의 일상적 생활을 규칙화하기 ③ 학교의 시설이나 설비, 건물등에 익숙하기 ④ 자기를 지도해 주는 데 직접 관련되는 학교 인사(교장, 교감, 주임, 담임)들과 익숙하기 ⑤ 단체 생활에 적응하기 ⑥ 학교의 규칙생활에 적응하기⑦ 교실과 학습에서의 학습생활에 익숙하기 등 단 기간의 일정표를 만들어 학기 초에 실시하도록 한다.

중·고등학교에서도 마찬가지로 신입생 오리엔테이션이 필요하다. 중등학교 단계에서는 신입생으로 하여금 학교의 제반시설 새로운 교육과정도서관의 이용법, 다양한 특별활동, 생활지도 프로그램 등의 제반 교육적 기회와 편의를 이해 파악 시키고 학생 조직과 운영, 학교생활 규칙등에 대한 이해를 기초로 건실한 학교생활의 기초를 확립시키도록 한다.

중등학교 오리엔테이션의 계획, 내용은 ① 학교건물과 시설의 파악(일반교실, 실험실, 특수교실, 도서관, 교직원실, 학생상담실, 양호실, 기타 특수시설 및 변소) ② 학교의 일반 생활의 이해(교과학습활동, 일정표, 학교연중행사, 특별활동, 클럽활동, 학교의 여러 규정 및 규칙, 학생 평가 및 기록, 생활지도 프로그램, 상담실의 이용, 기타 학교에 따라 요구되는 특별한 사항. ③ 학교 조직과 행정(학교의 직원조직 교사들의 임무, 학생회(학도호국단 조직과 운영, 학급회 조직과 운영) ④ 학습생활의 방법에 대한 학습(각 교과별 학습계획, 교과에 따르는 학습의 방법, 자기의 교육 프로그램, 바람직한 학습습관 및 태도) 등이다.

[그림 1] 자료실평면도

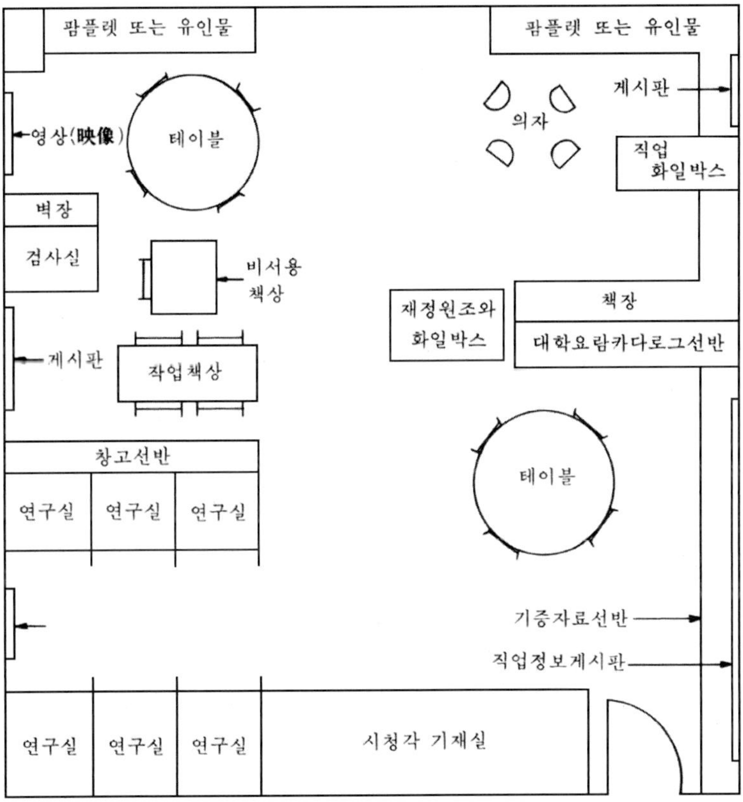

자료: Reprinted from Careet Resource Center. P.21 by permission of the National Center in Vocational Education

[그림 2] 산디에고 메디슨 고등학교 진로센타

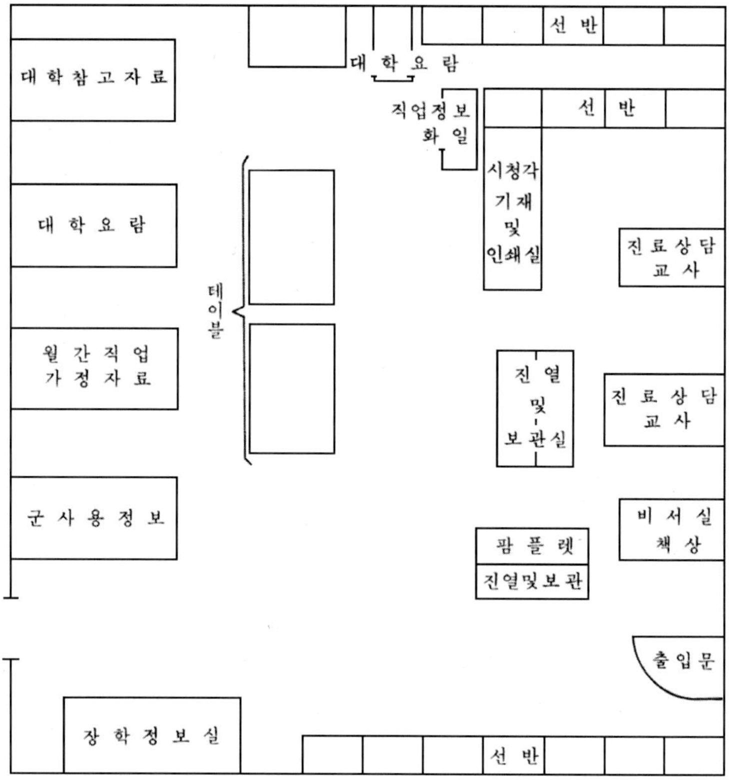

자료: Reprinted by permission of Madison of Madison High School. San Diego. California

각종의 정보활동을 전개하기 위해서는 학교 안에 학생 상담실이 설치되어 있는 것과 마찬가지로 진로정보자료 쎈타를 설치하고 교육, 직업, 사회·개인적 정보자료를 수집, 보관하여 학생들로 하여금 자유롭게 이용하도록 한다.

참고삼아 진로정보쎈타 자료실의 설치 모형도를 소개하여 각급학교에서 설치하도록 권장하고자 한다(그림 참조). 학교운영관리자나 상담교사들은 정보실 운영에 효과를 기대하기 위해서 시설물의 설치와 그 내용을 알차게 보완하여야 한다. 각종 정보자료를 선택할 때는 정확하고 대표적인 것이어야 하며 사용자의 흥미와 요구에 알맞도록 준비되어야 한다. 그리고 학생들의 눈에 잘 뜨이는 곳에 잘 배열되어 있어서 쉽게 정보자료를 찾을 수 있도록 근직적으로 정리·정돈되어 있어야 한다. 앞의 [그림 1] [그림 2]에서 제시하는 정보자료실은 미국에서 실시되고 있는 정보자료실의 현황을 평면도로 제시한 것이다. 우리나라도 시설환경이 허락하는 한 상담실과 마찬가지로 상담실 옆에 정보자료시설을 해 놓고 각종의 정보자료를 수집 보관하여 학생들이 자주 열람하고 다양한 정보에 익숙하도록 권장하여야 할 것이다.

많은 참고가 될 줄 안다. 정보자료실에는 위에서 열거한 교육정보, 직업정보, 개인 산회적 정보를 체계있게 조직하여 진열하고 열람할 수 있는 시설환경을 잘 갖추어 주어야 한다.

제8장 진로교육과 진로지도 방안

1. 진로교육의 기본개념

진로교육은 학교교육이 학생들을 행복한 개인으로 또는 생산적인 사회성원으로 육성하는데 보다 더 밀접히 관련되고 공헌해야 한다는 생각에서 비롯되었다. 진로교육에 대한 본격적인 관심을 불러일으키게 된 것은 최근의 일로서 1980년대 초부터이다. 물론 그 이전에는 진학 및 진로지도에 대한 이해와 소개를 위한 개별적인 저서와 연구도 있었지만 우리에게는 오로지 대학진학 위주의 관심만이 팽배해 있어 진로지도나 진로교육이란 개념은 관심 밖이었고 이해도 실천도 없었던 것이다.

그러나 해를 거듭해 갈수록 심해지는 대학입시 위주의 교과중심 교육, 주입식 교육은 눈치와 배짱 지원의 대학입시 병폐는 사회 전체의 관심의 초점이 되어왔다. 그만큼 학교와 사회에서 관심이 고조되고 있는 원인은 바로 진학 내지 진로지도가 대단히 중요하며 인생向方의 갈림길에서 자신감 있는 결정을 내리게 하는 중요요인으로 간주하기 때문이다. 자기의 적성과 능력, 흥미와 인성에 알맞게 지도되어 전인교육으로 지향되어야 할 정상교육이 편파적인 방향으로 이루어지기 때문에 더욱 진로문제는 심각해진다.

진로교육은 넓은 의미의 직업교육이며 직업적성교육이다. 쉽게 말하여 자신의 진로를 합리적으로 의식하는 인간을 육성하는데 있으며, 개인의 진로 선택 및 적응 발달에 초점을 둔 교육적 작용이라 할 수 있다. Larry Bailey는 진로교육을 '개인이 만족스럽고 생산적인 삶을 누릴 수 있도록 진로에 대한 방향을 세우고 선택하며 그에 대한 준비를 하고, 선택한 진로에 들어가 계속적인 발달을 꾀할 수 있도록 돕기 위하여 제공되는 일체의 경험'으로 정의하고 있다.

호이트(Kenneth B. Hoyt)는 "일 지향사회의 가치에 익숙해지고 이러한 가치를 개인의 가치체계와 통합하여 개인에게 일이 가능하고 의미 있으며 만족할 수 있는 방법으로 가치를 그들의 삶속에 이행토록 하기 위하여 모든 개인을 돕는데 초점을 둔 공교육과 지역사회 전체의 노력으로 정의하고 있다.

몇 가지 진로교육 개념을 할 수 있는 내용을 소개하면,

「진로교육은 공립학교 청소년들이 흥미와 능력에 따라 적합한 지식과 기술을 배우고 평생학습에서 생존할 수 있는 개인적인 계획을 발전시키는데 필요하고 급격하게 변화하는 사회발전에 개인적으로 생산적이고 고용될 수 있도록 하는 포괄적이고 조직된 교수프로그램이다.」

「진로교육은 개인의 재능을 발견하고 정확히 찾아내며 순화시켜 직업을 추구하는데 이용하도록 돕는 학습경험으로 모든 교과교육을 망라한다」

「진로교육은 개인의 직업수행을 하도록 하는 직업경험을 포함한다. 성공적인 직업수행은 개인의 생활 목표와 경제적인 성공뿐 아니라 가정의 목표에 기초를 둔 자기만족을 포함한다.」

위와 같은 정의를 종합하여 정리하면 진로교육은 진로지도와 취업지도를 포함하는 포괄적인 인생의 전체 학습과정으로서 직업적성교육 또는 넓은 의미의 직업교육으로 간주된다. 즉 학생 개개인의 자신의 흥미와 적성, 능력과 의욕, 인성, 포부, 환경에 알맞은 진학 및 직업과정을 성장·발달단계에 따라 진로의 인식, 탐색, 선택, 계획, 준비 등의 과정을 통하여 현명하게 적응하도록 기회를 마련해 주고,

개인의 장래 생활을 만족하고 풍요롭게 지도해 줌으로써 선택한 진학 및 직업에 들어가서는 자신의 잠재력을 최대한으로 발휘하여 주어진 환경에 적극 적응하여 보람과 긍지를 느끼면서 저마다의 행복한 인생을 누리도록 도와주는 조직적이고 체계적인 교육활동 프로그램이라 할 수 있다.

그러므로 결국 진로교육의 핵심은 전인교육을 추진하기 위함이고 개개인의 자아실현을 위한 준비과정이다. 개인의 능력, 적성, 흥미와 인성에 알맞게 최대한으로 신장시킴으로써 인력양성의 효율화를 기하고 적재적소에 적합한 인력을 배치함으로써 국가의 인력 수급 정책에도 도움이 될 뿐만 아니라 지나치게 과열된 대학입시 교육 경쟁도 어느 정도 해소시키는데 이바지할 수 있다. 또한 진로교육은 학교교육의 범주에 포함되는 영역으로서의 '가치관 교육', '태도교육', '창의성 개발 교육'등이 학교교육에서 중요한 기능을 하고 있는 것과 같이 학교교육의 중요한 기능을 충분히 수행한다고 보겠다.

2. 진로교육의 필요성

오늘날 제2세 국민인 청소년들은 많은 문제와 갈등을 겪고 있다. 신체적, 가정적, 이성적인 문제, 학업, 친구, 결혼문제, 진학 및 취업문제, 종교와 이데올로기 문제, 도덕, 윤리문제, 약물사용문제, 학교중도 탈락문제 등 갖가지 문제에 직면해 왔다. 이러한 문제들은 슬기롭게 극복해 나갈 때 학생들은 행복한 개인으로서 또한 생산적인 사회의 구성원으로서 성장해 나갈 수 있다. 이러한 문제들은 비록 청소년 뿐 아니라 모든 사람에게 있어서 필요불가결한 요소이다. 그러나 오늘날 학교교육은 이러한 문제들을 현명하게 해결해 가는데 크게 도움을 주지 못하고 있다. 학교교육이 학문적이고 주지적인 면으로만 편중됨으로써 교육의 조화를 잃고 있다. 이러한 편중된 문제점을 시정·보완하기 위해서 실제사회에 유능한 생활·능력인을 육성하기 위한 직업지도가 학교교육의 일부로 도입되었다.

진로교육의 효시는 미국의 교육국장 알랜(Allen)이 제창하였으나 그 이후 미국 문교부 교육위원인 마랜드(Sidney P. Marland)가 1971년 1월 텍사스 주 휴스턴에서 개최된 전국 중등학교 교장회의에서 진로교육의 중요성을 강조하면서 이 교육이야말로 학업을 중단한 학생들과 중등학교를 졸업한 학생들이 어느 때이고 원하면 만족하게 직업을 선택할 수 있고 대학에도 진학할 수 있도록 도와줄 수 있는 학문이라고 역설하면서 다음과 같이 주장하고 있다.

"모든 교육은 진로교육이다. 또한 그렇게 되어야 한다(All education is career education, or shoule be). 교육자로서 우리들의 모든 노력을 졸업 또는 중퇴자들을 적절하게 취업내지 진학할 수 있도록 도와주어야하며 적응상의 문제를 해결하도록 지도해야한다고"역설하고 있다.

사실 미국의 경우를 보면, 70년대 이전만 해도 중등학교 졸업생의 30%만이 대학으로 진학하였다. 이들 진학생을 위해 학문중심으로 편중된 학교교육도 타당성을 인정받을 수 있었다. 그러나 대학에 진학했다 하더라도 그들의 상당수가 중도탈락 되면서 직업을 갖게 되고, 결국 70%정도의 중등학교 졸업생들이 대학보다는 직업의 선택을 요구하는 실정이었다. 뿐만 아니라 중도탈락생이나 졸업생들도 적합한 기술습득을 배우지 못한 채 산업사회의 직업세계로 투입되기 때문에 직업적응상의 많은 문제를 안게 되었다. 따라서 이들 수많은 학생들의 장래에 대한 취업에 대한 적응문제를 교육의 문제점으로 인정하지 않을 수 없게 되어 진로교육이 이를 뒷받침하는 요소로서 등장하기에 이르렀다.

우리나라 경우에도 예외는 아니어서 최근의 경우 고교졸업생들의 30%만이 대학에 진학할 수 있고 나머지 70% 정도는 고교 졸업후 취업의 필요성을 느끼고 있다. 그런데 모든 학교에서는 대학 진학을 위한 준비교육으로 치닫고 있으므로 과열된 입시경쟁만을 일삼게 되고 실제로 진학하지 못하는 수많은 학생들은 마땅한 취업의 기술도 습득하지 못한 채 사회로 진출하게 되므로 직업적인 요구에 알맞은 직업 교육이 요구되는 것이다. 그럼에도 불구하고 이를 위한 현명한 교육 대책의 뒷받침이 부족하여 교육의 문제점을 지적하지 않을 수 없다.

행복한 개인으로서 생산적인 사회의 성원으로서 사회에 봉사하고 나아가서는 자아를 실현시키기 위해서는 무엇보다도 자기 적성에 알맞은 직업 선택하고 그에 걸맞은 성원이 되기 위해서는 직업적 문제뿐만 아니라 모든 인생 문제에 폭넓고 슬기롭게 대처하는 능력과 소양이 필요하다. 인생살이의 전체 문제에 현명하게 대처하기 위해서는 지금까지의 직업교육 또는 직업지도를 탈피하여 학교교육이 넓게 학생들의 당면문제를 해결하는데 크게 공헌해야 한다는 주장이 대두 되기 시작하였다. 이러한 관점에서 70년대 초부터 진로교육(career education) 또는 진로지도가 새로운 고안된 용어로서 등장되었다.

진로(career)란 개인의 직업생활 그리고 퇴직 후 생활까지 포함한 인생 전반에 걸친 주요경력의 과정으로서 가족생활, 오락생활, 시민생활등 인생의 주요 활동을 모두 포괄한다. 이러한 인생 전반의 진로를 선택하고 대처하는 능력과 소질, 태도, 가치관을 계획적으로 신장시켜 나가는데 도움이 되도록 학교교육의 전체 프로그램을 바꾸어 나가도록 요구하게 되었다.

앞에서 제시한 바와 같이 진로교육은 학생들을 행복한 개인으로, 생산적인 사회의 주성원으로서 폭넓은 인생을 행복하고 만족한 생활의 유지수단과 직업에의 보람을 느끼고 자아실현을 알 수 있도록 돕는 전인교육의 과정이라 할 수 있다.

마랜드는 진로교육의 접근방법이 유치원에서부터 시작하여 초등학교, 중학교, 고등학교, 대학교 교육에 이르기까지 단계적으로 학생들의 발달단계와 수준에 알맞게 실시되어야 한다고 역설하고 있다. 적어도 초등학교에서부터 중등학교과정에 이르기까지 재구성 되어야 한다고 주장한다. 그 내용은 기초학년은 아동들이 직업에 관한 기본정보에 익숙케 하고 중학교 과정에서는 실제적인 일의 장면에 경험을 노출시켜 학습하도록 도와주며, 고등학교 과정에서는 자기가 선택한 분야에서 졸업 후 시장성 있는 기술을 습득하도록 준비시켜주며, 대학교 수준에서는 전문적 기술훈련을 받고 직업에 임하도록 하는데 실제적 지도를 포함시켜야 한다고 제시한다.

이와 같이 진로교육은 공교육기관을 통하여 "진로"에 초점을 둔 종합적인 교육프로그램으로서 직업, 수준향상, 직업안내, 의사결정, 고용기회, 유의성, 직업선택, 일의 태도, 가치관, 인생 목표 달성 등이 교육제도안에서 이루어져야 하고 지역사회나 산업기관, 기업체의 의 상호관련을 가지고 수행되는 계속적인 교육의 과정이다.

종합적으로 진로교육의 기초가 되는 개념은 ① 개인의 가치와 열망에 두고 ② 일의 가치와 존엄에 있으며 ③ 여가활동의 경험이 관련이 되고 ④ 평생 동안 끊임없이 변화되는 과정이며 ⑤ 자아개념의 발달은 직업과 관렴됨을 인식하고 ⑥ 직업선택에 필요한 정보와 오리엔테이션이 주어져야 한다.

최근에 교육문제와 관련되고 있는 사회문제와 이슈(issue)들을 살펴보면 과열과외, 재수생 문제, 학력의 고하를 막론한 심각한 실업(失業)문제, 일과 직업에 대한 가치관의 혼돈 및 태도의 문제등은 우리 사회가 안고 있는 매우 중요한 문제들이다. 오늘날 학교교육은 이러한 문제들에 대처함에 있어서 소극적이었다기 보다는 오히려 실패하고 있었거나 또는 무방비 상태에 있었다. 따라서 이에 새로이 인식되고 요청되는 진로교육의 중요성을 두 가지 측면에서 강조할 수 있다.

(1) 개인적 측면에서의 중요성

① 현대사회를 살아가는 시민들의 필요가 절실함에도 불구하고 오늘날 학교교육이 제대로 대응하지 못하고 있는 문제점의 하나는 일과 직업세계에 관련된 올바른 자아 인식 능력을 길러주지 못하고 있다.

② 현대사회의 복잡다양한 일과 직업의 종류 및 본질에 대한 객관

적 이해가 절대적으로 필요하다.

③ 일과 직업에 대한 올바른 가치관 및 태도 형성에 대한 요청이 필요하다.

④ 학생들이 인생의 목표 설정과 직업 선택에 있어서 유연성과 다양성을 결여하고 있다.

(2) 국가 사회적 측면에서의 중요성

① 사회 발전에 필요한 다양한 인력의 균형된 개발을 유도할 필요가 있다.

② 과열과외 및 재수생 누적의 문제 해결의 방편이 될 수 있다.

③ 무직 청소년 문제를 해결하기 위한 방편이 될 수 있다.

④ 건전한 사회적 직업윤리의식의 확립이란 점에서 요청되고 있다.

⑤ 국민들의 직업수행에 있어서 생산성이 좀 더 고양될 필요가 있다.

⑥ 적재적소에 알맞은 유능한 인재 즉 직업인을 양성함으로써 개인적 요구와 사회적 요구를 만족시켜 줄 수가 있다.

위와 같은 두 가지 측면의 중요성과 더불어 산업사회에서 발전추세에 따라 진로 교육의 필요성은 더욱 다음과 같은 점에서 요청되고 있다.

① 산업사회에서의 기술의 급속적인 발달은 노동시장의 인력수급에 커다란 영향을 미치고 있다.

② 가정이 변화하고 그 변화하는 가정에서 여성의 역할이 변화됨에 따라 청소년들에 대한 진로지도가 요청된다.

③ 산업사회로 발전됨에 따라 산업인력구조가 계속 변화되고 있어 이에 대한 다양한 정보와 변화에 적응할 필요를 느끼고 있다.

④ 청소년들이 자신의 잠재능력과 일의 세계를 잘 인식하지 못하므로 도와주어야 한다.

⑤ 계속 변화되어 가고 있는 교육제도와 확대되어 가고 있는 직업교육에 자신의 기회를 어떻게 선정하고 준비하여야 하는 것이

점점 어려워져 가고 있다.

⑥ 학교에서 직업의 세계로 전환하는 과정에서 졸업하는 학생들이 직업준비교육의 결여로 어려움을 겪거나 실패하는 일이 많다.

⑦ 직업에 대한 윤리관이나 가치관이 변화되어 감에 따라 청소년들이 이에 대한 올바른 가치관을 정립하기가 어렵기 때문에 진로지도가 요청된다.

이와 같은 필요성을 충족시키기 위해 진로교육은 이에 알맞게 실시되어야 한다. 산업사회의 도래와 사회적 변동을 겪고 있는 문제점은 주지하는 바와 같이 ① 사회구조와 급격한 변화와 인구의 증대, ② 과학적인 지식과 첨단 기술의 발달 ③ 민주화를 위한 정치적 도전 ④매스컴의 발달과 정보의 급증 ⑤ 경제적인 수준의 향상 ⑥ 생활양식과 인간관계의 균형상실 ⑦ 진로관 형성에 대한 근본적인 개혁의 요청 ⑧ 탈산업 사회의 도래등 급변하는 사회에서 파생하는 문제를 능동적으로 대처하기 위해서 교육과정의 자체를 혁신적으로 개편 내지 보완하지 않고는 평생교육시대를 맞이한 오늘의 상황에서 현명한 적응과 선택의 문제가 제기된다. 따라서 진로교육은 위와 같은 문제점을 해결해 나가는데 큰 도움이 되고 있다.

이러한 필요성에 비추어 볼 때 앞으로 각급학교는 진로교육을 위한 새로운 방안이 강조되어야 한다.

3. 진로교육의 목표와 내용

(1) 각 학교급별 진로교육 목표

1) 일반목표

① 자신의 적성, 흥미, 인성, 능력 등을 정확히 이해한다.
② 경제, 사회 구조의 측면에서 직업의 세계를 이해한다.
③ 자신에게 적합한 진로계획을 수립하고, 진학 또는 취업에 필요한

지식, 기능을 습득한다.

④ 일과 직업에 대한 건전한 가치관 및 태도를 형성한다.

2) 초등학교 목표

① 자신의 소질 흥미를 발견한다.

② 지역사회의 각 산업체 및 여러 기관, 단체들이 하는 일에 대한 이해를 통하여 모든 직업이 똑같이 소중함을 안다.

③ 직업의 중요성을 인식 함으로써 장래 직업인으로서의 포부를 갖는다.

3) 중학교목표

① 자신의 적성과 능력을 이해한다.

② 직업의 사회적 역할을 이해함으로써 개인은 직업을 통해 사회에 공헌할 수 있음을 인식한다.

③ 다양한 직업에 관한 지식을 갖고 자신의 진로를 잠정적으로 계획한다.

4) 고등학교목표

① 자신의 적성 및 여러가지 여건을 고려하여 구체적인 진로계획을 수립한다.

② 진학 또는 직업에 필요한 정보를 넓게 수집·분석하여 자신에게 적합한 직업 및 학교를 선정하고 이를 위해 준비한다.

③ 건전한 직업관 및 직업윤리를 형성한다.

(2) 진로교육의 내용

진로교육은 생애발달에 근거를 두고 개인의 발달은 진로발달 단계에 따라 초등학교에서는 진로인식단계, 중학교에서는 진로탐색단계, 고등학교에서는 진로준비단계, 대학교에서는 진로전문화 단계로 구분하여 진학 및 직업준비교육을 시키도록 한다. 진로교육 모델은 미국 문교부의 진로 교육모델을 중심으로 소개한다.

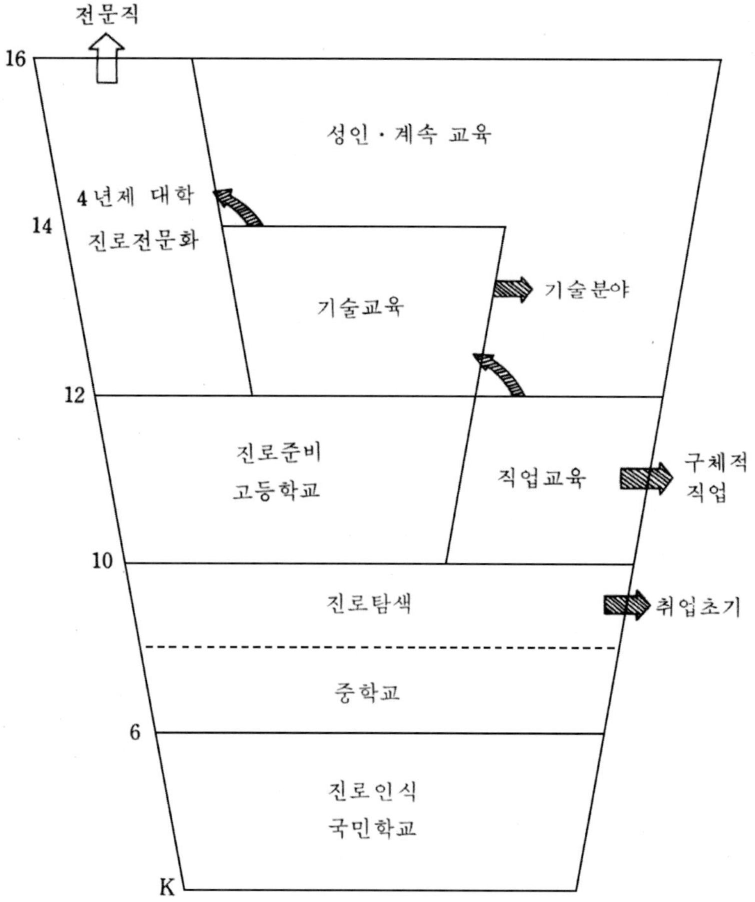

[그림 1] 미국 문교부(USOE) 모형

위와 같은 모형에 근거하여 단계별 교육내용을 소개하면,

(1) 진로인식단계(career awareness)

이 단계는 주로 초등학교 수준에서 이루어져야 하며 ① 가능한 여

러가지 직업의 종류를 이해시키고 ② 잠정적 진로에 직업과 관련하여 자아인식을 개발시키며 ③ 일과 사회에 대한 태도를 함양시키기 위한 기반을 발전시키며 ④ 모든 분야에 있어서 직업인에 대한 존경과 인정의 태도를 기르며 ⑤ 학교수업을 통하여 직업군을 이해하고 잠정적으로 선택할 수 있는 기회를 갖도록 도와주고 있다.

(2) 진로탐색단계(career exploration)

이 단계는 중학교 수준의 단계로서 학생들로 하여금 ① 주요 직업분야를 탐색하여 자신의 흥미와 능력을 발휘하도록 하고 ② 직업의 분류 및 직업군에 익숙하도록 하며 ③ 자기의 의사결정에 관련된 요소를 인식하도록 하며 ④ 의미있는 의사결정과 그 기회를 가지도록 하며 ⑤ 잠정적으로 직업계획을 발전시키고 선택할 수 있는 경험을 제공해 준다.

(3) 진로준비단계(career preparation)

이 단계는 고등학교 단계의 교육으로서 학생들로 하여금 ① 직업기술의 습득 수준과 고용수준에 도달할 수 있는 지식과 기술을 습득케 하며 ② 직업의 훈련 계획을 세우게 하고 ③ 직업에 대한 긍정적 태도를 발전시켜 준다. ④ 협동적인 일의 경험에 참가하여 직업집단의 일원으로 일할 수 있는 기회를 갖도록 한다.

고등학교 수준에서는 진학과 직업선택(취업)이라는 두 갈래 길로 나아가게 되므로 진학에 임하는 학생들은 진학지도 과정 모형에 제시한 탐색과 준비단계의 방향으로 나아가야 한다. [그림 2]는 진학지도 과정 모형을 종합한 내용이다.

진학지도의 과정은 먼저 ① 학생의 내면세계의 탐색 ② 환경의 조건 ③ 직업세계의 탐색을 거쳐 상담을 전개한 후 진학의 방향을 결정하고 다음에 직업의 세계로 투입되도록 각 단계의 요인을 참작하여 위 세 가지가 적정한 수준에 이르도록 노력하여 결정을 짓도록 하는 것이 바람직하다.

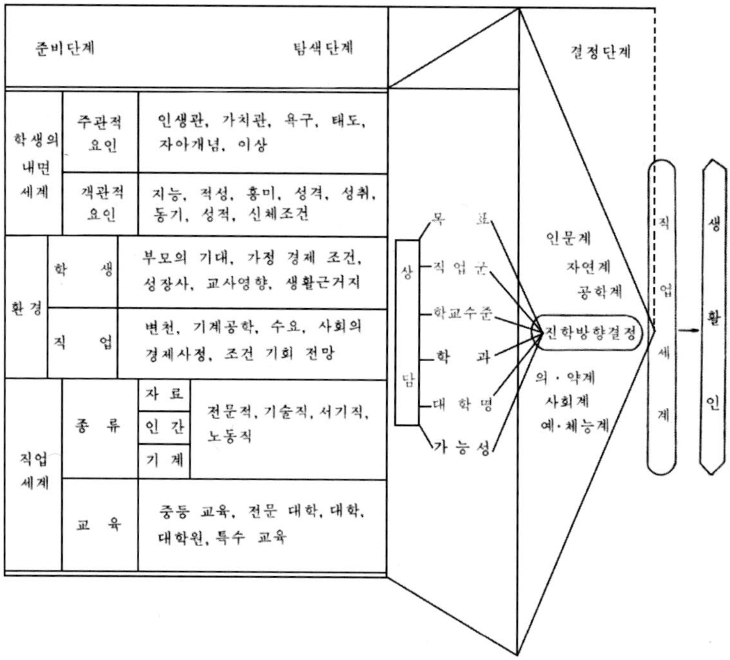

[그림 2] 진학 지도의 과정 모형

고등학교가 완성교육인 실업계 고등학교에서는 진로 선택의 과정을 다음과 같은 도식에 따라 지도하여 결정한다.

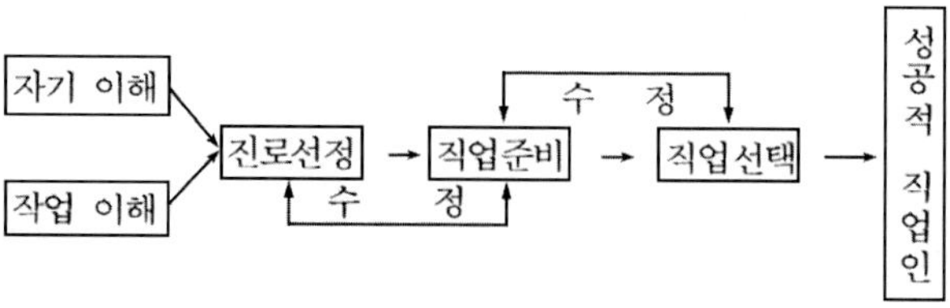

(3) 각 학교급별 진로교육내용체계

각 학교별로 진로교육 내용체계는 영역에 따라 ① 자아의 발견 ② 일의 세계 ③ 진로계획 ④ 일에 대한 태도 및 가치관 등으로 구분하여 각급 학교별로 다루어져야 할 내용을 간추려 본 것이다.

[표 1] 학교 급별 진로 교육 내용체계

영 역	국 민 학 교	중 학 교	고 등 학 교
I. 자아의 발견	○자신의 소질, 흥미 발견	○자신의 능력, 적성에 대한 이해	○자신의 직업 적성, 주위여건, 역할에 대한 자극
II. 일의 세계 1. 직업의 종류와 내용 2. 직업과 교육	○사람과 일 ○산업과 직업 ○사회적 분업과 직업 ○일과 직업 수행을 위한 지식, 기술 습득의 필요성	○산업 및 직업분류 ○현대 사회와 직업 ○직업 생활을 위한 준비로서의 교육	○직업 구조의 변화 ○직업별 직무 및 전망 ○직업별로 요구되는 교육의 정도 및 내용
III. 진로 계획 1. 선택 계획 2. 준비 계획	○장래의 희망, 포부 설정 ○장래 희망을 성취하기 위한 방법 구상	○장래의 잠정적인 직업 계획 수립 ○진학 및 직업 준비 계획	○구체적인 진로 계획과 선택 ○진학 및 직업 준비 계획
IV. 일에 대한 태도 및 가치관	○일의 소중함 ○일의 보람	○직업의 의의, 필요성 ○바람직한 직업 선정의 조건	○건전한 직업관 ○직업 및 직장 윤리

4. 진로발달

인간은 어려서부터 자아 및 장래 직업생활에 대한 탐색을 시작한다. 이러한 탐색은 진로발달 과정에서 중요한 역할을 한다. 더욱이 현대사회는 과거 어느 때보다도 급격하게 발달되고 있으며 새로운 지식의 폭발적인 증가로 인하여 계속적으로 지식을 새롭게 습득하지 않으면 낙후되기 쉽다. 따라서 계속해서 교육을 받아야 한다. 이처럼 개인의 진로를 결정하는 요인도 개인의 취향에 따라 다르고 흥미나 적성, 인격, 학력, 가정배경, 또는 경제적 조건, 신체적 조건, 학교의 성격에 따라 좌우된다. 그러므로 개인의 성숙과 진로도 어떻게 영향을 받아 발달되는가를 찾아내어 학생들로 하여금 인식시키는 교육이 필요하다. 교육의 한 방법으로 개인의 잠재력과 가능성을 발견하고 진로를 결정할 수 있는 요인에는 여러가지가 있는데 다음에서 제시하는 8가지 요인은 개인의 진로선택에 결정적 요인이 된다.

(1) 능력 요인

일반 지능 및 직업적성, 기계적성, 사무적성과 같은 재능은 진로의 선택과 선택한 직업에 적응해 나가는데 직접적인 영향을 미친다. 일반지능과 적성은 개인진로 뿐만 아니라 학업 성취도를 높이는데 상관관계가 있다.

(2) 직업적 흥미

특정 직업이나 광범위한 직업분야에 대한 흥미를 말한다. 이러한 직업적 흥미는 개인의 직업 선택, 직무 만족, 직업에의 종사 기간과 관계가 있다. 직업과 관련된 활동이나 과업에 대한 흥미 또한 개인의 진로발달에 영향을 미친다.

흥미는 찾아내는 방법에 따라 ① 표현된 흥미(expressed interest), ② 행동화된 흥미(manifested interest) ③ 검사된 흥미(inventoried interest)로 구분되는데 이중에서 검사된 흥미와 직업과의 상관이 높다.

(3) 인성

자아개념 가치관, 욕구, 대인관계, 열망수준 등의 성격적 특성을 말하며, 이러한 특성 역시 직업의 선택과 적응에 영향을 미친다. 그러나 개인이 갖고 있는 열망 수준에 따라 추구하는 열이 다르게 나타난다. 또한 대인관계의 정도에 따라 적합한 직업이 다르게 선택될 수 있다. 이러한 인성은 지필검사(紙筆檢者), 투사법, 면담, 상황조사, 자기보고 등을 통해서 알 수 있다.

(4) 학력

학력은 개인이 받은 교육 수준을 의미하는데 여기에 학업성적과 전공을 포함시키는 것이 좋다. 즉 학력은 교육수준, 학업성적, 교과별 성적, 전공 분야 등을 포함하는데, 이러한 차이에 따라 직업의 방향도 결정될 수 있다는 것이다.

(5) 가정배경

가족구성, 가정의 사회·경제적 지위, 종교, 부모의 직업과 교육수준 등을 뜻한다. 어린이들은 가족과의 접촉을 통해서 최초적 사회적 경험을 갖게 되며 성장과정에서 직접·간접으로 진로에 영향을 받는다. 또한 부모의 직업 뿐만 아니라 사회·경제적 위치, 직업관, 종교, 부모의 가정 교육태도, 가치관 등 모든 요소가 자녀의 직업 선택에 커다란 영향을 미치고 있다.

(6) 경제상태

개인의 교육과 직업은 고용사회, 직업세계의 구조, 과학기술의 발달, 그리고 봉급수준의 영향을 받는다. 현대사회와 같이 자본주의나 민주주의를 토대로 하는 국가에서는 경제가 기본 바탕이 되는 것이다. 만일 직업군이나 직업의 종류 중 자기가 선택할 직업이 우선적으로 경제적인 대우가 좋아야 그쪽 방향으로 선택할 것이다. 예를 들면, 1960년대 이후 국가에서 경제지상주의 정책을 추구함에 따라 공업분야를 발전시키고 해외 무역에 집중적인 투자와 노력의 결과로 1980년대에 들어와서는 경제적인 성장이 눈부시게 발전되었다. 이러한 경향은 상·공업계에 두드러진 성장 발달을 가져오게 되었는데, 자라나는 학생들도 자연히 이러한 추세에 힘입어 진로의 방향도 흥미나 적성에 알맞은 진로선택보다는 경제적으로 우대받는 직종을 택하는 경향이 짙어가고 있는 현실이다. 따라서 학생들은 경제상황, 고용경향, 과학기술, 직업세계의 구조 및 변화에 매우 민감하다.

(7) 신체적 조건

신체적 조건은 체력, 체능, 체격, 체중, 용모, 신장 등과같이 직업에 따라 특별히 요구되는 조건을 말한다. 제아무리 지능이나 능력, 적성에 알맞은 직종이 있다고 하더라도 신체적 결함이나 불비한 조건이 있으면 그 직업은 택할 수 없게 되는 경향이 많다. 예를 들면 우수한 운동선수가 되려고 하면 지능·적성에 앞서 신체적으로 체격이 크다든지 체능이 남달리 우수한 타고난 체질이 있어야 가능하다는 것이다. 그러므로 직업에 따라 요구되는 신체 조건을 이해하도록 각별히 지도하는 것이 필요하다.

(8) 학교

학교의 성격(인문계, 실업계), 교육과정, 교육관계, 교사의 질, 교사와 학생간의 관계, 클럽활동,(HR, 써클) 등의 요인이 진로결정에 큰 영향을 끼친다.

5. 진로지도 전개과정

진로지도란 고등학교나 대학에서나 필요한 것으로 여기던 생각이 요즈음 와서 점점 바뀌어져 가고 있다. 초등학교에서부터 직업생활의 기초적인 태도 함양을 위한 교육 또는 방안이 마련되어야 하겠다는 새로운 인식이 싹트고 있다. 일선학교에서는 학생의 적응문제, 학업문제, 진학문제 행동 등에서 많은 관심을 기울이고 있지만 학생의 장래 문제와 관련 있는 진로지도는 제대로 실시하지 않고 있거나 전혀 무관심한 상태다.

그 이유를 들면 진로지도의 복잡성과 난이성, 진로상담에 필요한 지식의 부족, 카운슬러에 대한 비현실적 기대와 활동에 대한 제약, 진로 상담을 경시하는 태도, 겉으로 나타난 문제에는 큰일 난 것처럼 치료와 예방에 적극 노력을 기울이나 보이지 않는 인간의 내면세계에 대한 문세나 고민, 갈등, 진로 등은 무관심하거나 도외시하는 풍토등이 진로지도의 활성화를 저해하고 있다.

그러나 진정코 장래의 진로문제는 개인마다 매우 중대한 문제이므로 이를 적극적인 지도를 위해 전개할 수 있는 방법을 마련해야 한다.

진로지도의 전개과정은 다음과 같은 순서에 따라 진행되어야 한다.

(1) 자기이해

자기이해는 “나는 누구인가?”를 검토하는 과정이다. 개인 성장에 있어서 최적한 방법은 그의 신체적 특징 정신적 특성과 그의 가정환경의 조건을 종합적으로 이해하는데서 시작되어야 한다.

신체적 조건에서는 체질, 체력, 체격, 용모, 건강 상태 등이 장래 직업선택에 있어서 어느 정도 적합한가를 객관적으로 파악하는 과정이다. 정신적 조건은 지능, 적성, 흥미, 특기, 성격 등을 측정하여 객관적 자아를 파악하고 이해한다. 가정환경의 여건에 있어서는 가정의 사회적·경제적 위치 부모의 교육정도와 직업수준 부모의 기대와 역할, 형제관계, 등이 자기이해와 형성과정에 큰 도움이 된다. 자기이해는 자신의 소질개발, 흥미, 발견, 분수를 아는 객관적 자아의 발견을 의미한다.

(2) 직업세계의 이해와 경험

현대사회는 산업사회로서 고도의 과학기술문명이 발달되어 있다. 따라서 직업의 세계도 다양화, 전문화, 세분화 되어 있어서 학생들이 직업세계에 대하여 너무도 모르고 있다. 미국과 같이 선진국의 경우에는 산업기술이 발달되어 직업의 세계도 다양하여 5만 종을 헤아리고 있다. 우리나라의 경우에도 생활지도가 도입되던 1957년경에는 불과 2천여 종의 직업이 있었는데 현재에 와서는 1만여 종을 웃도는 정도로 팽창되었다.

이와 같이 산업사회와 더불어 직업세계는 복잡해져 가는데 학생들은 이러한 세계를 모르고 있거나 관심조차도 없다. 그러나 장차 직업세계에 들어갈 학생들이 사전에 이에 대한 지식이나 기술을 습득하지 않은 채 직업에 투입되는 일은 직업에 부적응, 불만을 야기하고 나아가 사회적 불안 요소에 이르게 됨을 인식하여야 한다. 직업은 인간이 일생을 살아가는 생활의 수단이면서 동시에 보람과 긍지, 자아실현의 과정으로 이해되어야 한다. 따라서 직업선택은 누구에게나 필수적 요소이며 과정으로서 어떻게 하면 현명한 선택이 이루어질 수 있는가를 먼저 이해 탐색 준비하는데 관심을 가지고 적응하도록 해야 한다. 수많은 직업 가운데 자기에게 적합한 직업은 무엇이며 직무 내용은 어떠한 것인가를 사전에 탐색하는데 전력을 다해야 한다.

직업을 이해하기 위해서는 각 직업군에 속하고 있는 직업들을 소개하면서 각 직업별로 ① 직업의 성질 ② 작업조건 ③ 요구하는 교육 및 훈련정도 ④ 보수 ⑤ 승진관계 ⑥ 장래의 전망(인력수급문제) ⑦기타 해당 직업의 구체적 정보 자료를 포함한 직무분석을 통하여

직업세계를 이해하고 경험도 해보며 탐색하는 과정이다. (직업군에 대한 내용은 앞의 절을 참고바람)

(3) 진로와 학습

학생들이 자기 자신을 정확히 이해하고 직업의 세계에 대한 정보 내용을 구체적으로 이해한 다음에는 교육과 훈련과의 관계를 자각하게 한다. 첫째, 자기자신의 진로와 학습관계를 이해하고 둘째, 학습방법과 진로 성취와의 관계를 이해하며 셋째, 특별교육이나 훈련을 통하여 직업역할 수행의 중요성을 이해한다. 따라서 학교생활은 의미 있고 생산적인 활동이 될 수 있는 면학기풍이 진작될 것이며 성실한 학교생활이 유지될 것이다. 각급학교별로 수준과 발달단계에 따라 학습내용과 진로와의 관련성을 지우면서 학습활동을 전개한다.

(4) 의사결정

이 단계에서는 '나에게 알맞은 직업은 무엇인가'라는 문제에 도달하여 학생 스스로 계획하고 검토·수정하는 과정을 거쳐 앞으로의 진로 방향에 결정을 내릴 수 있는 단계에 이르게 해야 된다. 직업세계의 변화가 경제조직에 '나'를 결부하여 다시 진로 탐색에 몰입하여 부적합한 영역에 대하여 수정하는 과정을 거쳐 비로소 진로에 대한 의사결정을 내리게 된다. 의사결정은 자기 이해와 직업세계의 이해, 계획된 학습과정을 통해서 잠정적인 진로결정을 하게 된다. 즉 개인의 적성, 능력, 흥미, 성격, 가정, 건강, 포부, 가치관 등을 재검토하고 수정하여 적재적소에 알맞은 방향에로 나의 직업성향을 이끌어 나가야 한다.

(5) 직업준비

직업에 대한 잠정적인 의사결정이 이루어진 다음에는 직접적인 직업교육이나 직업훈련에 착수하는 일이 남는다. 체계적인 직업교육을 실시하고 실제로 작업현상에서 기술습득을 위해 체험을 갖도록 여건과 기회를 마련해 주어야 한다. 만일 내가 '기능공'이란 직업에 흥미가 있었다면 기능공으로서의 직업에 대한 직무내용 즉, 직업의 성질, 자격요건, 교육 및 훈련, 보수 및 승진관계 등에 실질적인 체험을 쌓도록 하고 이러한 경험을 통하여 그 직업이 나에게 적합한지 여부를 실증하도록 경험하는 단계이다. 이 기능·기술훈련 단계에서도 의사결정 단계와 마찬가지로 항상 체험과정에서 검토와 수정이 수반된다. 또한 진학의 경우, 어느 전공학과와 어느대학에 진출할 것인가 적성에 대한 이해와 검토 작업이 필요하고 문과, 이과, 자연계, 의학계, 예술계 등 진로의 방향을 정하고 가정의 여건등을 고려하여 진학준비에 몰두하도록 한다.

(6) 직업의 확정

위와 같이 여러가지 단계를 이해와 탐색, 결정, 준비를 통하여 진로 즉 직업이 확정되어 고용조건을 갖추고 취업에 들어가면 직업인으로서의 역할 수행이 가능해 진다. 그러므로 일차적인 목적을 달성했다고 평가된다.

(7) 생산적인 직업인

마지막으로 자신이 좋아하는 직업을 선택하여 교육과 훈련을 받았고 또한 그 분야에서 종사하게 되므로써 생활의 유지수단과 만족의 행복한 삶을 누릴 수 있게 되었다면 자기 나름대로 성공한 것이다. 따라서 자기의 능력을 최대한으로 발휘하면서 직업에 대한 긍지와 보람 그리고 자부심을 느끼게 될 것이고 어떤면에서는 사명감도 갖게 될 것이다. 직업성취에 성공한 셈이다.

성공이란 높은 지위와 권력 또는 경제적인 부(富)를 획득하는 것을 의미하는 것만이 아니다. 오히려 자기가 능력과 흥미, 적성에 알맞은 일을 찾아 그것에 종사함으로써 창의적으로 일할 수 있으며 누구나 성공한 것이다. 그러므로 '사회속의 나'라는 인식을 가지고 내가 자신과 국가에 공헌할 수 있다는 긍정적인 가치관을 굳건히 지킴으로써 자기의 존재를 재인식하고 귀중함을 느낄 때 창조적인 삶을 누릴 수 있는 것이다. 각자 나름대로 창조적 삶을 누릴 수 있도록 함으로써 적재적소에 인력의 배치가 가능해지고 불만 없는 인생을 영위하게 되며 결국에 가서는 자아실현의 단계에 도달되는 것이다.

6. 진로계획과 기본원리

(1) 진로 계획

진로계획(career Planning)은 인생계획의 하위개념이며 직업계획보다는 상위개념이다. 진로란 좁은 의미로는 직업(Vocation)으로 통용되고 있으나 넓은 개념으로 해석하면 인간이 일생을 통하여 전개되는 일의 총체를 포함하는 보편적인 생활유형을 말한다. 계획이란 구체적인 목적을 효율적으로 달성하기 위한 미래 지향적인 인간행동의 순서 또는 절차이며 수단과 방법을 합리적으로 연결시키는 지적 준비과정(知的準備過程)이다.

진로계획은 이와 같이 개인이 장차 종사하고자 하는 직업분야(대학진학에 있어서는 전공분야의 선택)를 선택하고 그 분야에서 요구되는 일을 능률적으로 수행하기 위한 수단과 방법을 합리적으로 연결시키는 지적 준비과정이라고 정의한다.

인생계획은 진로계획이 올바로 이루어졌을 때 성공적이 된다. 계획이나 목표가 없는 것은 방향 감각을 올바로 잃기 쉽다. 따라서 장래에 대한 진로의 준비과정을 초등학교시절부터 단계적으로 실시되어야 하며 중학교 단계에서 진로의 방향을 세울 기회가 있으며 또한 고등학교에서도 2차적으로 구체적인 방향을 올바로 잡아야 한다.

진로교육의 효율화는 다음과 같은 기본적인 요소가 고려되어야 한다.

① 개인이 자신을 위한 직업 선택에서의 자유는 민주주의의 기본이며 개인을 최대로 성장하게 하는데 필요하다.

② 직업선택에 있어서 개인차가 고려되어야 한다.

③ 산업 인력 구조면에서 볼때 모든 사람에게는 적합한 일자리가 있다.

④ 직업에 관하여 계획하고 결정하며 직업 능력을 갖는 것은 개인의 존엄성과 미래에 도움이 된다.

⑤ 개인은 자신의 재능에 대한 가치를 잘 이해하여야 한다.

⑥ 직업이나 진로의 선택은 성장 발달의 한 부분이고 이에 영향을 받는다.

⑦ 직업의 선택은 너무나 복잡하기 때문에 대부분의 사람들은 직업 상담 또는 진로상담을 필요로 한다.

⑧ 개인의 통합성 보존은 개인이 어떤 특수한 방향으로만 나아가게 하는 것을 부정한다.

⑨ 생애개발에 내재하는 이론은 민주적인 가치와 일치하여야 한다.

⑩ 생애개발은 발달과업의 단계별에 따른 학습과제로 표현될 수 있다.

⑪ 생애개발에 필요한 지식, 기능, 태도를 설정하여 이를 직업지도에 강조할 수 있다.

⑫ 학생이나 성인이 생애개발을 의해 획득해야 할 기본 요소는 다음과 같다.

· 진로선택의 필요성에 대한 이해
· 직업선택시 고려해야 할 요인에 대한 이해
· 자원(resource)의 활용
· 직업목표에 영향을 미칠 수 있는 여러가지 예기치 않은 사항에 대한 이해
· 현재와 미래의 관련성에 대한 이해

· 선택한 직업에 대한 정보파악
· 선택한 직업에 대한 계획 등이다.

이와 같은 내용을 요약하면 ① 자아개념의 구체화 ② 일의 세계에 대한 이해 ③ 진로계획에 대한 책임감 ④ 의사결정능력 ⑤ 협동적인 사회적 행동 ⑥ 일에 대한 태도 등을 포함하는 프로그램이 전개되어야 할 것이 다.

위와 같은 기본전제하에 진로계획은 개인의 성향, 특수한 능력, 독특한 열망 등을 기초로 시작되는 개인적인 과업이다.

나는 장차 무엇을 할 것인가? 나는 어떠한 교육을 받아야 가능한 직업을 택할 수 있을까? 그렇다면 어느 분야의 교육을 받을 것인가? 나는 어떠한 능력을 가지고 있는가? 나는 가정으로부터 재정적인 뒷받침을 받을 수 있는가? 나의 가치관은 무엇인가? 만일 졸업후 취업할 것이라면 어떻게 원하는 직업에 종사할 수 있을 것인가? 취업에 대한 준비나 적성, 흥미, 포부, 인성에 알맞은 준비가 되어 있는가? 이러한 질문에 대한 해결이 완벽하게 이루어지도록 진로계획을 구체화하여 실천에 옮겨야 한다.

(2) 진로계획의 원리

진로계획을 세울 때 지켜야할 기본적 원리는 다음과 같다.

① 장래에 하고 싶은 일을 한꺼번에 결정하려고 하는 것은 현명한 처사가 아니다. 폭넓은 진로의 방향 즉 자기가 일생동안 추구해나갈 직업분야만을 결정하고 이에 대한 준비를 세밀히 조직하고 꾸준하게 차근차근히 해 나가도록 권장하여야 한다.

② 자본주의 경제사회에서 경제적 여건이 아무리 자신에게 중요한 의미를 지닌다 해도 그것이 자신의 진로선택을 지배해서는 안된다. 즉, 가치관의 형성이 필요하고 주관적인 판단과 자신의 능력에 따라 분수에 알맞은 일을 찾아서 하는 것이 현명하다.

③ 자신의 열망(aspiration)이 가장 좋은 출발점이다. 자신이 원하

는바가 무엇인지 알아야 하며 자신의 생애를 통하여 무엇을 성취하려는지 성공적으로 뒷받침 해 줄 직업분야를 결정하고 요구되는 능력을 가지고 있는지를 정확히 검토해 보아야 한다. 자신이 능력이 부족하거나 싫어할 때는 쉽게 피로를 느끼며 능률도 오르지 않고 좌절감에 이르며 반항적이 되거나 고민에 빠진다. 자신감이 있으면 성취감, 행복감을 맛보며 자부심을 가지게 된다. 따라서 자신의 적성, 능력, 흥미, 성격에 알맞은 열망을 찾아 직업의 선택과 준비에 임해야 된다.

(3) 진로계획수립

진로계획은 정확한 정보를 중심으로 논리적이고 체계적인 사고과정을 거쳐 수립되는 것이 원칙이다. 일반적으로 이 방법을 제시해 보면 ① 자신의 재능을 발견한다. ② 자기가 가지고 있는 기술·기능을 분류해본다. ③ 장래 목표를 설정한다. ④ 직업의 세계를 조사하여 자신의 적성과 능력을 맞추어 본다. ⑤ 집중적으로 자신의 행동을 실천한다. ⑥ 수많은 경쟁자의 이력서(resume)를 물리칠 수 있는 개인의 창조적인 계획안(proposal)을 세운다.

위와 같은 진로계획 또는 진로설계를 실천하기 위해서 사전에 해야 할 과제들은 다음과 같다.

진로의 발견(career detection)은 어떻게 할 것인가? 진로의 발견을 하려면 우선 미래에 자기에게 가장 적합한 직업이 무엇인가를 찾아야 한다. 장차 무엇이 될 것인가? 나는 무엇인가? 나의 소질은 무엇인가? 나의 능력과 흥미는 어디에 있는가? 나의 가치관은 무엇인가? 나는 어떤 보람있는 일을 추구할 것인가?

이러한 질문에 해답을 얻기 위해 자신의 발견을 위해 노력해야 할 것이다.

어떠한 문제이든간에 과학적이고 객관적인 토대위에 자신의 진로를 계획하고 결정하기 위해서는 ① 현실 또는 사실의 관찰과 분석이 필요하고 ② 문제의 정의 및 가능한 해결 방안을 두루 탐색할 것이다. ③ 가능한 해결 방안에 대한 실증적 자료를 확보하도록 할 것이며 ④ 실증적 자료에 의한 결론을 찾아내야 한다.

이것을 라일리(Reilly)는 4단계로 나누어 설명하고 있다. 1단계는 개인의 열망, 기본능력, 인간관계에 대한 관찰과 분석, 2단계는 개인의 진로문제를 명확히 정의하고 그 해결 방안을 모색할 것이며 3단계는 가능한 해결방안에 대한 신빙성 있는 정보를 다양하게 수집할 것이고 4단계는 수집된 정보를 평가하고 그로부터 진로목적에 대한 결론을 도출해 내야 하다. 결국 진로계획을 세울때에는 자신의 포부, 능력, 취향, 인성, 가정적 여건, 직업세계의 본질과 동향, 그리고 진로에서의 성공가능성, 사회적 공헌도, 일의 보람, 위험부담, 등을 분석한 후에 어느 한 진로를 선택하고 그 진로가 자기에게 가치있고 적합하다고 판단될 때 그 진로에 대한 결정을 하고 준비계획에 들어가야 한나. 그 결과는 자신의 노력 여하에 따라 좌우된다.

7. 진로지도의 방법

진로지도는 진학지도와 취업지도를 포함하여 진로교육의 하위개념이다. 진로지도는 학교교육의 책임적 요소이며 전인교육의 일환이며, 자아실현을 위한 준비과정이다. 개개인을 적성, 흥미, 인성에 알맞게 능력을 최대한 신장시켜서 적재적소에 배치하도록 하면 인력 양성의 효율화와 인력수급정책의 원활화를 가져올 수 있고 과열된 대학입시 경쟁 해소에도 도움을 줄 수 있다.

진로지도나 진로교육은 진로교사(career teacher)가 진로교과목을 전담하여 체계적이고 조직적으로 정규교과시간에 지도하는 것이 가장 바람직한 일이다.

우리나라에서는 1980년 7월 30일 교육혁명이후 학교교육의 정상화를 통해 전인교육을 강화하게 되고 평생교육을 지향함에 따라 점차적으로 학생 진로의 필요성은 더욱 절실하게 되었으며 새로이 개정된 교육과정에 「진로지도 교육의 충실화」를 강조하게 되었다. 우선적으로 잠정적이긴 하지만 초등학교에서 6시간, 중학교에서 7시간, 고등학교에서 10시간 모두 23시간을 12년간의 교육과정을 통하여 직업교육을 실시하도록 권장하고 있다. 이러한 시간배당은 앞으로 확대될 전망이다.

진로지도는 전담교사를 두어 전문적으로 「진로교과목」으로 지도되어야 하지만 현실 여건을 감안, 잠정적으로 학급담임교사나 생활지도 교사 또는 카운슬러가 일차적으로 담당해야 될 것 같다. 그렇게 하자면 우선적으로 교사들의 적극적인 이해와 협조가 충분히 이루어져야 할 것이다.

일반적으로 진로지도는 다음과 같은 방법에 의해 전달될 수 있다.

① 인쇄 매체를 통하여 학생들에게 진로정보(career in formatin)를 제공하는 일이다. 교육, 직업 및 개인 사회적 정보를 포함하는 진로정보는 생활지도 활동의 필수적인 요소이기도 하며 가장 전통적 방법이다. 간단한 직업 안내로부터 직업사전, 팜프렛, 카달로그, 신문, 잡지에 이르기까지 다양하다.

② 기타 매체를 이용하는 방법으로서 각종 시청각 매체를 통하여 정보를 전달 또는 보급한다. 예를 들면, 게시판이나 전시회, TV, VTR, 슬라이드, 줄사진, 영화, 마이크로 필림 등을 통하여 직업에 대한 인식, 탐색을 할 수 있도록 직업의 종류와 내용을 소개하는 일이다.

③ 각종집회 즉 강연회, 토론회, 생업의 날(career day)행사, 수업활동 또는 각 교과목을 통하여 각종 직업에 대한 인식이나 태도 형성이 진로에 내용을 강조한다.

④ 면담(interview)이나 상담(Counseling)을 통하여 학생들이 궁금해 하는 진학이나 직업의 구체적인 내용과 미지의 세계에 대한 탐색활동을 전문가인 카운슬러나 진로담당교사와의 전문적 대화를 통하여 이해한다. 따라서 개인이 지니고 있는 잠재 가능

성과 흥미나 능력을 객관적으로 평가할 수 있는 개인 정보자료를 토대로 하여 학생들이 알고자 하는 정보를 교환하고 적합한 내용의 참고자료를 제시해 줌으로써 궁금증을 풀어 줄 수 있다. 이와 같은 상담에서는 내담자로 하여금 선택이나 의사결정이 포함되는 요인들을 구체적으로 이해할 수 있도록 도와주는데 초점을 둔다.

⑤ 견학(field trip)의 방법으로서 학교현장에서 이루어질 수 없는 직업교육에 대한 내용을 실제로 보여주고 산 경험을 제공해 주기 위하여 공장이나 회사, 산업체, 기업체 등 산업기관을 관찰하고 돌아보면서 필요한 직업에 대한 정보나 흥미를 유발시킨다. 이러한 과정을 통하여 개인의 취향, 필요에 알맞은 분야를 이해시키고 풍부한 경험을 얻도록 한다. 따라서 학생들은 실제적인 직업의 다양성과 중요성을 인식하고 이에 대응할 적용방법을 찾도록 유도한다.

⑥ 흉내내기(simulation)에 의한 방법으로 게임이나 역할극(role-playing)등의 탐색활동을 통하여 직업에 대한 다양한 간접 경험을 얻게 한다. 따라서 직업에 대한 인식을 새롭게 하며, 학생의 능력과 흥미 또는 적성에 알맞은가를 스스로 깨닫게 해주는 역할이 작용된다.

⑦ 학교 교육과정을 통한 지도방법
유치원부터 초등학교, 중학교, 고등학교, 특수학교에 이르기까지 학생들의 성장 발달 단계에 따라 진로교육의 내용을 이해하도록 전달한다. 즉 직업의 세계에 대한 구체적 내용과 목표를 이해할 수 있는 교육프로그램을 제시해주고 평가한다.

⑧ 현장실습(practice)을 통한 방법으로 진로시간에 배운 직업군중에서 자기에게 적합한 직종(직무)을 택하여 직접 직장현장에 나아가 일을 해보고 실습을 통해 경험의 풍부화, 일의 세련화와 훈련, 직업인으로서의 인생관 수립, 자기이해와 평가를 할 수 있는 자질과 능력을 향상시키는데 있다.

나는 참으로 직업을 잘 택했는가? 나는 선택한 직업에 대해 깊은 신념을 얻을 수 있었는가? 나는 직업인으로서의 능력과 자질을 가지고 있는가를 확인할 수 있는 기회를 갖게 되는 것이다.

⑨ 컴퓨터의 이용에 의한 방법으로 학생에 대한 자료나 진로정보를 컴퓨터에 수록해 두었다가 필요한 때 적당한 형태를 찾아 쓰는 자료처리 도구로 이용될 수 있다.

⑩ 상담에 의한 방법으로 진로상담이 여기에 해당한다. 진로상담은 개인의 직업적 목표를 명백히 해주며 내담자로 하여금 자아와 직업세계에 대한 이해와 새로운 사실등을 발견하도록 도와주는 것이다. 학생에게 필요한 정보를 제공해 주고 문제를 명료화함으로써 내담자(학생)가 특정의 결정을 내릴 수 있도록 도와준다.

제9장 평생교육의 기초

1. 평생교육 도입의 배경

제5공화국 새 헌법 제29조 5항안에 「국가는 평생교육을 진흥하여야 한다」는 조항이 들어 있는 것은 이제 널리 잘 알려진 사실이다. 이것은 앞으로 평생교육이 교육의 지표로서 나면서부터 죽을 때까지의 교육을 행할 수 있도록 정착시키는 현안을 제시한 것이라고 보겠다.[1)]

오늘날 평생교육에 관한 문제를 심각하게 다루고 있는 원인은 무엇인가? 그것은 바로 사회가 급격하게 변화하고 일진월보하는 과학기술의 발달에서 오는 지식의 폭발적인 증가, 생활현상을 혁혁하게 바꾸어놓은 과학기술상의 여러가지 발명, TV 매체의 보편적인 보급과 정보의 급증, 민주화를 위한 정치적인 도전, 경제적 수준의 향상과 여가의 증대, 생활양식과 인간관계의 상실, 그리고 이데올로기에 있어서의 위기 등 급속하게 변동하는 사회를 맞이하게 됨에따라 과거의 단편적인 지식의 결과만으로는 앞으로의 급격한 발전 추세에 적응하기가 어렵다는 이유이다.

따라서 개인이 어렸을 때나 어제의 학창시절에 배운 지식이나 기술이 오늘의 시대에는 쓸모가 없어져 능력 있는 적응을 불가능하게 하고 있다. 변천하는 사회에서 끊임없이 배워야 하는 것은 지식이나 기술뿐만이 아니라 사고방식이나 행동의 원리도 새롭게 배우지 않으

---

1) 김충기, "평생교육의 과제와 전망" 생애교육의 기초, 서울: 교학연구사, 1984. p.113.

면 안 될 것이다. 즉 지식기술의 폭발적인 증가로 인하여 사회의 변화, 생활양식의 변화, 기술의 혁신등으로 학교교육만으로는 생의 준비나 생자체를 영위할 수 없게 되었기 때문이다.

이와 같이 급격하게 변화해 가고 있는 현대사회의 여러가지 문제를 능률적으로 해결해 가는 동시에 새로운 발전을 계획하고 추진하기 위해서는 사회의 모든 교육역량을 총 동원할 뿐만 아니라 과거의 비능률적인 교육체제를 혁신적으로 개편하지 않으면 안된다는 것이 평생교육에서 주장하는 바이다.

학교교육이 청소년의 생활자체가 아니라 미래를 위한 준비 또는 시험을 위하는 훈련이 되기 때문에 각각 청소년들의 연령층별로 엄격하게 구분되어 초등학교, 중등학교, 대학교육간의 유기적인 연속성이 상실되었다. 다만 하위수준에서 상위수준으로 상승하려는 청소년들의 선발과 훈련을 전담하는 공장이 되어 버린 것이다. 즉 학교교육의 기능상실이란 것이다.

따라서 Cropley와 Dave는 위와 같은 전통적 학교교육의 결함으로서 교육이 ① 일정한 연령층의 청소년에게만 제한되어 있다는 점과 ② 사실에 관한 지식에 편중된 점과 ③ 학교출석(schooling)을 지나치게 강조하는 점과 ④ 교육과 생활이 분리되어 있는 점을 지적하고 있다.[2)]

교육이 본래 생의 필요로서 생의 병을 향상시키기 위하여 이루어지는 생의 과정임에도 불구하고 학교는 지나치게 획일적이고 융통성이 없으며, 지식위주로 일관되어 있어 끊임없이 변화하는 경제, 사회, 문화적 상황에는 물론 개인적·사회적 요구에도 효과적으로 상응하지를 못하고 있다.

Silberman은 오늘날의 학교는 질서와 통제, 강제와 억압, 그리고 불신으로 가득차 있으며 학생들에게는 복종만을 강요하고 있다고 말

2) A. J. Cropley and R. H. Dave, Life-long Education and The Trai- ning of Teachers, Hamburg: UNESCO Institute of Education 1978. p.2.

하고 있다. 그는 미국학교교육에서 아동들의 정신적 불구화 현상을 지적하면서 학교교실 안에는 "자발성과 배우는 즐거움과, 창조하는 기쁨과, 자기의식이 떡잎처럼 시들어 버렸다. 참으로 미국의 학교는 꿈의 피해자이다"라고 하였다.

평생교육의 태우는 이와 같은 학교교육의 목적상실과 위기를 해결하고 방편을 모색하기 위한 결과라고 할 수 있다. 이미 Parkyn이 지적하는 대로 낡은 교육관과 새로운 교육관에는 분명히 차이가 있다. 하나는 실제 교육이 끝난 후에 있을 생활을 준비하는 것을 교육이라고 하는 견해이고 다른 하나는 교육이 한 인간의 전생애를 통하여 어느 단계나 어떤 상황에서나 중요하다는 견해이다.3)

평생교육의 발달은 내적으로 사회교육의 발달과정에서 태동하였다고 본다. 또한 현대적 의미의 개념은 성인교육을 토대로 하여 전개되었다는 점이 특색이다. 1차세계대전후 영국의 성인교육 분야에서 찾이 볼 수 있다. 구체적으로 대두된 것은 1965년을 기점으로 유네스코에 의해서 개최된 성인교육 국제회의와 추진회의에서 본격적으로 다루어지게 되었다. 주창자는 프랑스 Paul Lendgrand이며 계속교육 개념에 관한 연구자료를 검토한 결과 그가 제시하는 평생교육의 개념과 원리를 채택하게 되었다.4)

평생교육의 기원은 인류역사를 더듬어 올라가서 찾아야 할 만큼 오랜 뿌리를 가졌다. 평생교육은 성인교육이 요청되던 1950년대부터 '생애를 통한 학습'이니 '평생의 학습'이라는 용어가 교육학자들 특히 사회교육 전문가들에 의해 사용되기 시작 하였다.

초창기 유네스코 지도자들은 아시아, 아프리카 신생국의 경제발전과 민주주의 보급에 큰 관심을 갖고 「교육이 인간을 해방시킨다」는 구호아래 세계전역에 기초성인교육 사업을 전개하였다. 성인교육은

---

3) George W. Parkyn, Towant a Concaptual Model of Life-long Education, Paris: UNESCO, 1973. p.9.
4) 황종건 "평생교육의 원리" 평생교육의 기초나 체제, 서울: 유네스코 '한국 위원회, 한국평생교육 기구 공편, 1983. p.22.

나라마다 조금씩 다른 용어로 사용되어 왔다.

영국과 미국에서는 성인교육이란 용어를 평생교육으로 사용하고 있다. 그밖에 기초교육, 지역사회 교육, 연장교육, 순환교육, 비형식 교육이라 부르며 우리나라에서는 사회교육이라고 통용된 성인교육은 의무교육을 마치고 난 뒤 학교를 계속 다니지 못하는 청소년과 일반 성인을 의한 조직적인 교육프로그램과 활동을 총칭해 왔다. 유네스코에서 개최된 성인교육 국제회의는 제1차로 덴마크 엘시아노에서 25개국이 모여 서구제국이 중심이 된 국제회의였고, 제2차 회의는 1960년 카나다의 몬트리올에서 45개국이 모여 경제, 사회, 문화 등 여러 분야에 걸친 문제들을 성인교육과 관련을 가지고 광범하게 다룬 국제회의였다. 또한 3차 세계성인 교육회의가 동경에서 개최되었으며, 그 결론에서 "성인교육은 평생교육 안에서 불가결의 요소로 인정되어야 한다"고 전제하고 이를 기초하는 각 정부의 사회교육 관계법의 제도와 예산조처를 건의 하고 있다.[5] 그 후 세계 여러나라에서 위와 같은 국제기구나 회의의 결론과 건의에 따라 여러나라에서 위와 같은 국제기구나 회의의 결론과 건의에 따라 평생교육 개념의 정리와 그 보급을 위한 연구와 협의회 진행, 추진하는 한편 평생교육의 원리에 입각한 관계법규를 제정하기에 이르렀다.

우리나라에서 처음으로 평생교육의 문제가 공식적으로 논의된 것은 1973년 8월 유네스코 한국위원회가 춘천에서 "평생교육발전 세미나"를 개최하여 평생교육의 개념정립과 우리나라의 방향과 전략을 협의한 결과 지금에 와서 평생교육이라 부르는 공식적인 계기가 되었다.[6]

그후 계속하여 1976년부터 2년간 평생교육에 관한 회의와 연구가 YMCA 평생교육 프로그램이 이루어졌다.[7] 그 대표적인 것이 1977년에 한국사회 교육협회 주최의 전국 세미나 [8]와 1978년 문교부 정

5) 황종건, 전결서, pp.22～23.
6) 유네스코 한국위원회, 평생교육발전 세미나 보고서, 1973, p.5.
7) 한국 YWCA, 1976, pp. 3～11참조.

책연구과제로 제출된 평생교육관계 보고서이다.[9] 이와 같은 노력의 배경으로 드디어 앞에서 언급한 바 1980년 12월 우리나라 새헌법 제29조에 평생교육 진흥의 조항이 삽입된 것이다. 이것은 세계의 어느나라에서도 찾아볼 수 없는 효시라고 자부한다.

이와 같은 진흥법이 헌법에 삽입되는 것을 계기로 하여 "평생교육"이라는 용어가 보편화되기 시작했고 사단법인계로서 1981년 4월에는 평생교육기구라는 단체가 창설되어 성인교육 사업을 추진하고 있다. 그후 벌써 5년의 세월이 흘렀갔다. 각 언론기관 일부의 대학에서는 평생교육프로그램을 만들어 시민들의 참여를 요청하고 있다.

2. 평생교육의 개념

우리나라에 처음으로 평생교육이라는 용어가 처음 소개되었을 때 많은 사람들은 이것을 계속교육, 성인교육, 사회교육 등의 동의어로, 받아들이는 경향이 있었다. 그것은 원래 ① 성인교육 전문가에 의해 제창되고 이론화 되었다는 점과 ② 평생교육의 구성요소 "평생"의 용어가 내포하는 뜻이 계속성을 강조하는 단어라는 점 ③ 평생교육이 과거에 교육의 전부라고 인식되었던 학교교육의 한계를 시칭하려는 노력으로 출발되었다는 점으로 보아 자연스러운 일이다.[10]

Uwe Hameyer는 우리가 흔히 평생교육을 시정할 때 범하기 쉬운 오해를 Life-long education과 재교육(recurrent education)을 구분하여 정의 함으로써 평생교육의 개념을 명료하게 하고 있다.[11] 그에

---

8) 한국사회교육학회 평생교육과 사회교육법 제2회 전국사회교육지도자 세미나 보고서 한국사회교육 협회, 1971.

10) 황종건, 전양서, p.24.

11) Uwe Hameyer, School Curriculum in the Context of Life-long Learning, Hamburg, West Germany: UNESCO, Institute for Education, 1979. Ed. 178. 705. pp.11~12.

의하면 재교육의 개념은 구체적인 교육의 틀을 제공하는 의도적인 것으로서 그 개인의 평생 동안 교육에서 중요한 부분으로 이루어질 수도 있는 교육을 지칭한다. 그러므로 재교육의 모델은 평생교육의 모델보다 시간적으로 훨씬 제한되어 있다.

반면에 평생교육은 의무교육이나 기초교육 이후의 전부분 뿐만 아니라 교육제도 안 밖의 모든 교육형태나 교육요구를 포함한다. 그러므로 평생교육은 전체 생애에 걸친 교육인 것이다.

Hameyer가 지적한 재교육과 평생교육의 다른 차이는 전자가 교육과 업무수행을 주기적으로 교대하는 모델로서 경제 사회 또는 노동시장정책에 대한 관련공부를 강조하는 반면, 평생교육 개념은 삶(life), 즉 사회적인 또는 개인적인 삶에 관련된 복합적이고 다양한 공부를 강조한다는 것이다.

또 평생교육은 기능적인 관점에서 과일 바구니와 과일과의 관계와 같다고 비유적으로 정의되기도 한다. 즉 "과일 바구니는 평생교육으로 비교할 수 있고, 그 속에 담겨진 사과, 배, 감, 귤 등은 유아교육, 초등교육, 중등교육, 고등교육, 성인교육, 노인교육, 등으로 견주어 볼 수 있다.[12]는 것이다.

김종서는 이념적인 혹은 기계적인 관점 등 여러가지 견지에서 풀이되는 평생교육을 종합하여 다음과 같이 정의하고 있다.

> "평생교육은 인간 삶의 질의 개선이라는 이념추구를 위하여 태교에서 부터 시작하여 유아교육, 아동교육, 청년교육, 성인전기교육, 성인후기교육, 노인교육을 원칙적으로 통합한 교육과 취학전 교육, 학교교육, 사회교육을 수평적으로 통합한 교육을 총칭하여 말하며, 그것은 개인의 잠재능력의 최대한의 신장과 사회발전에 참여하는 능력의 개발을 목적으로 한다.[13]

---

12) 장진호, "평생교육의 가능성" 「교육과정의 발전적 지향」 서울특별시 교육위원회, 1974. p.8.
13) 김종서, 이영덕, 정원식, 교육학 개론, 서울: 교육과학사, 1984. p.59.

삶의 질의 개선이란 개념을 네 가지 측면으로 강조한 김종서는 다음과 같이 개념설명을 하고 있다. ① 인간의 잠재능력을 최대한으로 발전시키는 자아실현의 측면이고 ② 가정생활 및 사회생활에서의 인간관계가 보다 원숙한 상태로 맺어질 수 있는 측면이며 ③ 가정 및 직업생활에서 합리적인 경제생활이 영위되어야 하는 측면이고 ④ 시민 및 국민의 한 사람으로서의 공민적 책임을 다하는 측면[14] 이라고 언급하고 있다. 삶의 질의 개선이란 구체적으로 이 네 가지 측면의 양상을 의미하는 것이다. Lynch도 평생교육을 배우는 사람에게 다음과 같은 것을 갖추게 하는 것이라고 지적하고 있다.[15] 즉,

① 배우는 사람으로 하여금 다른 사람의 잠재 기능성을 개발하는데 지장을 줌이 없이 전생애에 걸쳐서 스스로의 잠재적 가능성을 계속적으로 확장하도록 하며

② 다른 사람의 경제적 복지나 발전, 또는 생태계를 파손함이 없이 그 자신의 경제적 파손함이 없이 그 자신의 경제적 복지나 발전 또는 생태계의 보존을 위해 봉사하도록 하며

③ 공동계(Communities)라고 부르는 인간 연합체를 개발함에 있어서 그 속에서 우리가 서로 관련을 맺고 같이 살기를 원하는 다른 사람들이 그들이 원하는 여러가지 다른 형태의 인간 연합체를 만들 권리가 있음을 인정하도록 장비시키는 것이 평생교육이라고 한다.

김난수도 평생교육을 개인 및 집안생활의 질적 향상을 도모하기 위하여 인간의 생애에 걸친 개인적 및 사회적 그리고 전문적인 성장 발달을 지도 조성하는 과정이라고 한다. 따라서 평생교육은 종합성 및 통합성을 띤 개념으로서 인간이 생애의 전단계와 전국면에 걸쳐서 최대함의 발전을 이룩해 나가도록 하기 위해서 행하는 공식, 비공식 및 비형식 학습 모두를 포함하는 것이다.[16]

---

14) 상게서, p.62.
15) I, Lynch, Life-long Education and the Preparation of Educationl Personnel, Hamburg: UNESCO Institute for Education, p 977. p.5.

인간의 학습을 폭넓게 정의하면 생활경험을 통해서 새로운 흥미, 지식, 기술을 획득해서 새로운 생활사태에 적응하기 위해 이를 전용하는 인간 행동의 변용을 총칭할 수 있다. 그러므로 평생학습은 학교에서의 교과학습과 같은 유형의 학습에 국한되는 것도 아니며 전통적인 학교에서의 학습과 직업기술의 학습을 포함해서 인간이 자아실현에로 까지 이르는 매우 폭넓고 포괄적 학습유형과 활동을 평생학습의 개념 속에 포함하는 것이다. 따라서 평생학습을 하는 경험의 폭은 공간적으로는 생활전반에 걸치는 것이고, 시간 계열로는 생애에 걸치는 것이 기본특징일 수밖에 없다.

이와 같은 학습은 인간경험의 결과로서 자체 내의 행동을 변용시켜 가는 과정이다. 이러한 학습과 교육의 개념을 가지고 논하면 평생교육은 평생학습을 바람직스럽게 마련해주고 촉성해 주는 일이라고 말할 수 있다.

따라서 이와 관련하여 평생교육의 특징은 다음과 같이 요약될 수 있다.

① 인간의 생애에 걸친 학습을 계획화하고 촉성하는 것이다. (요람에서 무덤까지의 교육기간)
② 각 개인의 자기실현을 궁극적인 목적으로 격변하는 현대사회가 현대인에게 주는 도전을 슬기롭게 극복하고 대처해 나갈 주체적 적응력의 신장을 위해서 새로운 지식과 기능을 획득시키는 동시에 태도와 가치관의 확립을 체계적으로 지도 조성하는 것이 될 것이다. (인간의 주체성 신장을 위한 교육목표)
③ 평생 교육의 성패는 자기주도적인 학습활동을 전개시켜 나갈 수 있도록 하는 동기형성과 학습방법의 학습능력을 얼만큼 효과적으로 배양하느냐에 달려있다. (자기주도의 교육방법)

---

16) 김난수 “평생교육의 필요성과 특징”, 김난수외 4인, 평생교육론: 철학, 심리 · 사회적 기초, 서울: 문음사, 1982. pp.33~34.

④ 이를 위해서는 모든 각종 교육기회-공식, 비공식, 비형식 교육을 포함한-를 통합적으로 활용할 수 있도록 하는 교육체제의 정비가 필요하게 된다. (통합적 운영의 교육기관)

평생교육의 주창자 Dave는 개념화 작업에 공이 많았는데 그의 정의는 다음의 유사한 정의에서 찾아볼 수 있다.

"평생교육은 개인적·사회적·직업적 생활을 충실히 영위하기 위하여 개인의 전생애를 통하여 확대된 형식적·비형식적 학습을 포함하고 있는 종합개념이다"[17]

"평생교육은 개인과 집단 모두의 생활의 질을 향상시키기 위하여 개인의 전생애를 통한 개인적·사회적·직업적 발전을 성취시키는 과정이다. 평생교육은 개인적 성장과 사회적 진보를 아울러 연결시키고 있다."[18]

이상에서 미루어 보건대, 앞의 정의는 개인을 중심으로 본 개념규정이고, 뒤의 정의는 개인과 단체 모두의 생활의 질이나 또는 개인적 성장과 사회적 진보를 강조한 점이 특색이다. 결국 생활의 질은 학습의 질에 의존 된다는 사실이 중요하다.

3. 평생교육의 이념적 성격

앞에서 논의된 평생교육의 도입과 아울러 개념정립 과정에서 여러 학자들의 주장을 종합하면 다음과 같은 이념적 성격은 제시할 수 있다.

① 평생교육의 개념이 뜻하는 세 가지 용어는 생활(Life)과 평생

---

17) Paul Lendgrand, Prospects of Life-long Education, Hambrug: UNESCO Institute for Education. 1979. p.43.
18) R. H. Dave, Foundations of Life-long Education, N. Y: Pergamon Press, 1976. p.34.

(life-long)과 교육이다. 그러므로 이들 세 용어에 대한 의미와 해석에 따라서 평생교육의 의미와 범위는 결정되기 마련이다.

② 교육은 평생교육으로 종결되는 것이 아니라 평생을 통한 과정이다. 평생교육은 한 인간의 전생애에 걸쳐서 행해지는 것이다.

③ 평생교육은 반드시 성인교육에만 국한하는 것이 아니라 취학전 교육, 초등교육, 중등교육, 고등교육 및 그밖 의 모든 단계의 교육을 포괄하거나 통합하는 개념이다. 그러므로 평생교육은 전체적 맥락 속에서 교육을 보고자 한다.

④ 평생교육은 학교교육, 학교외 교육을 포함하는 동시에 조직적인 학습이나 비총직적 학습을 포함한다.

⑤ 가정은 평생학습의 과정을 시작하는데 있어서 최초이면서 가장 민감하고 결정적인 역할을 수행한다. 평생학습의 과정을 가정학습을 통해서 인간의 전생애 동안 계속되는 것이다.

⑥ 지역사회는 또한 아동이 지역사회와 상호접촉하는 시점에서부터 평생교육체제에 있어서 중요한 역할을 한다.

⑦ 학교, 대학 및 훈련소 같은 교육기관은 평생교육을 담당하는 수많은 기관의 일종이지만 중요한 것이다. 교육기관이란 더 이상 사람들을 교육하는데 대한 독점적 역할을 할 수도 없지만 사회 내에 있는 다른 교육기관과 격리되어 존재할 수 없다.

⑧ 평생교육은 계속성과 아울러 수직적·종적 측면에서의 연결을 추구한다.

⑨ 평생교육은 생애의 발달단계에 있어서 횡적 및 심층적 측면에서의 통합을 추구한다.

⑩ 교육의 정선주의적 형태와는 대조적으로 평생교육은 성격상 보편성을 지닌다. 평생교육은 교육의 민주화를 도모한다.

⑪ 평생교육은 학습의 내용, 학습시간, 학습방법 및 자료 등에 있어서 융통성과 다양성이 특징이다.

⑫ 평생교육은 새로운 상황이 전개되거나 발전될 때에 적합하게 학습의 소재와 방식을 조절해 나가도록 하는 점에서 교육에

대한 역동적 접근법이 특징이다.

⑬ 평생교육은 교육을 받는데 있어서 매우 다양한 형태와 방법을 허용한다.

⑭ 평생교육은 교양교육과 전문직업교육이라는 두개의 넓은 구성요소를 가지고 있다. 이들 두 부문은 서로간에 완전히 다른 성질의 것이 아니라 본질에 있어서는 상호작용을 하는 것이다.

⑮ 개인이나 사회의 적응기능이나 개혁적인 기능들은 평생교육을 통해서 이루어진다.

⑯ 평생교육은 현존하는 교육제도의 결함을 보완하는 등의 교정적 기능을 가지고 있다.

⑰ 평생교육은 궁극적인 목표는 삶의 질을 유지하고 개선하는 데 있다.

⑱ 평생교육에는 세 가지 중요한 전제 조건이 있는데 그것은 기회와 동기와 교육 가능성이다.

⑲ 평생교육은 모든 교육에 대한 하나의 조직원리이다.

⑳ 실천적 단계에 있어서 평생교육은 모든 교육의 전체적 체제를 마련하는 것이라고 할 수 있다.19)

위에서 보아온 이념적 성격은 평생교육의 본질과 내용을 이해하는데 보다 명료한 윤곽을 지어준 줄로 생각하나 추상적인 점도 있다. 그러나 이러한 기본성격을 찾아보는 것은 그것을 실제로 전개하고 해석하는데 대한 지표가 되는 만큼, 특정 상황에 적용시키는 방법적 시도가 창의적으로 전개되어야 한다.

---

19) R. H. Daue Lifelong Education and School Curriculum, UNESCO Institute of Education, Hamburg: 1973. pp.13～28.

4. 평생교육의 방향

평생교육의 필요, 구상, 전략등에 관한 연구는 대개 유네스코를 통해 다양하게 이루어져 있다. 평생교육의 기본구상을 제시해 준 사람은 포오르 (Edgar Faure)외, 랭그랑, 제섭 (Gessup), 아디세이아 (Adiseshiah)등으로서 평생교육의 핵심개념을 제시해 주고 있다. 여러 평생교육 제창자들이 주장하는 평생교육의 방향은 평생교육의 원리에 입각한 전체적 교육구조의 혁신적인 변화이다.

포오르 보고서(Learning To Be)는 평생교육원리에 입각한 세계교육개혁의 21가지 원칙과 건의를 하였는데 이것은 교육의 개념과 구조에 대한 근본적인 대안이다. 세계교육개혁의 기본방향에 대한 교육구조는 평생교육의 방향으로 개조할 것을 건의하고 있다. 그 내용은 다음과 같다.

① 평생교육은 학습사회의 기본원리
② 평생교육은 학습경험의 재기분
③ 학습방법의 다양화와 융통성
④ 학습자의 수평적 수직적 이동을 용이하게 할 수 있는 개방적 교육제도
⑤ 학령전 교육의 정책적 중요성
⑥ 모든 아동을 위한 기초 교육의 보장
⑦ 일반교육 개념의 광역화
⑧ 직업의 다양성과 유동성의 이해와 효과적 적응을 위한 교육
⑨ 산업기관의 교육적 역할
⑩ 개인적, 지역사회 욕구에 부응할 수 있는 고등교육 내용의 다양화
⑪ 진학 또는 직업진로의 선택기준은 학력 보다 본인의 적성과 능력에 의존
⑫ 교육과정의 정점으로서의 성인교육

⑬ 문학교육은 성인교육의 한 극소 부분
⑭ 자기학습(self-learning)의 가치와 중요성의 강조
⑮ 새로운 교육학습의 효과
⑯ 새로운 교육기술의 보급과 이용
⑰ 현대 교직제도의 향상 발전
⑱ 전문가로서 보다 교육자로서의 미래 교사의 양성
⑲ 자원 봉사로서의 전사회적 교육참여
⑳ 학습자 자신의 교육적 선택의 자율성과 자유의 허용
㉑ 학습자 자신의 개인적 사회적 책임[20)]

이상과 같이 평생교육을 기본개념으로 한 일련의 교육개혁의 원칙은 이미 세계 여러나라에 의해서 적용되기 시작하였다. 그러나 발전도상국에 있어서의 평생교육체제의 확립을 위한 이 같은 노력은 그 대부분이 정부나 전문가들의 관심과 이니시아티브로 인하여 계획되고 추진되고 있다. 그렇지만 영속적인 성공을 거두지 못했다. 왜냐하면 평생교육은 어디까지나 자율적인 활동과 민주주의를 기초로 하는 것이기 때문이다.

5. 평생교육의 이론적 체계와 정립

제5공화국 헌법은 국민의 평생교육 권리를 보장하고 있다. 헌법에 따르면 정부는 평생교육을 진흥해야만 한다. 그러나 평생교육에 대한 개념은 헌법의 평생교육 진흥방안 만큼 구체적으로 파악되어 온 것 같지 않다. 무엇보다도 평생교육이 무엇인가에 대한 개념파악이 헌법에 분명히 명시되어 있지 않았기 때문이다. 대개 사회교육과 성인교육을 주장해온 학자들의 견해로서 평생교육이 모든 교육을 도맡

---

20) 장진호, 평생교육과 사회교육, 서울: 대은출판사, 1982, pp.36~37 재인용.

아 할 것처럼 주장되어 왔고 이론적으로 저마다 합리성을 강조하면서 평생교육이니 평생교육기구, 각 언론기관에서 평생교육 프로그램을 제시하고 관심있는 사람들로 하여금 청강하도록 선전하고 있다. 그러나 그 내용면에서 보면 단순한 취미, 오락, 여가선용, 부업에 필요한 지식과 기술 교양강좌, 그 밖에 소설작법, 등으로 내용을 구성하고 있는데 평생교육이 바로 부수적이고 지엽적인 강습정도로 1개월~3개월 정도로 그치는 현실 운영을 볼때 근본원리에 가깝지 못한 느낌이 든다.

너무 막연한 구름 잡는 형태로 운영되는 것 같다. 평생교육이 비형식 교육으로서 위치를 확보하려면 학교를 졸업한 이후 가정생활이나 직장생활을 영위하는 과정에서 학교에서 배우지 못했거나 또는 배웠다 할지라도 시간이 경과함에 따라 망각도 할 것이고 새로운 첨단의 지식이나 기술이 보급됨에 따라 직업생활에 적응하는데 불편하고 부적응을 일으켜 업무수행에 지장이 간다면 재교육을 통한 조직적이고 체계적인 학습내용을 계획하고 준비하여 현직교육을 통하여 강화되어야 할 것이다. A. J. Cropley에 의하면 평생교육은 "개인의 발전을 위한 변화과정을 조직하는 원리"였다. 개인발전은 성인교육, 직업교육을 통해 구체화된다. Dave는 평생교육을 개인의 사회적 · 전문적 · 개인의 성상을 위해 전생애에 걸쳐 반복하는 형식, 비형식, 무형식 학습과정이라고 규정했다. 유네스코가 밝힌 평생교육에 관한 개념 정의 역시 모호한 실정이다. 한마디로 서구 평생교육론자들에 의한 평생교육 개념파악도 일관되어 있지 않을 셈이었다. 이러한 모호한 개념 파악 때문에 추상적인 선에서 이해되고 이론적 체계에 분명히 파악되지 못했기 때문에 실천방안에도 애매모호하다.

평생교육이 헌법조항에 삽입되면서 각계각층에는 평생교육 활동에 손을 대기 시작하였다. 그러나 뚜렷한 이념이 일관성있게 주어지지 못했기 때문에 학자에 따라 설명이 다양하게 저마다 입장을 내세워 어떤 방향으로 나아갈 것인가에 회의를 느낀다. 필자는 평생교육을 서로 배우고, 배워주고, 돕고, 도와주며 함께 삶을 살아가게 만드는 교양교육, 직업교육, 청소년교육, 여가교육, 여성교육, 노인교육 등이 계통별로 조직하여 이를 종합적으로 업무를 관장하는 평생교육기관이 설치되어 있다면 이와 같은 부서에 책임자를 두고 전문가에게 위촉하여 계속교육으로서의 역할을 다할 수 있도록 도와주어야 한다고 주장한다. 개인의 자질 향상과 평생학습을 위한 계통별 교육프로그램의 개발이 시급하다. 뚜렷한 목표를 세우고 목표를 실천할 수 있는 평생교육관을 각 지역별로 두고 평생교육 지도자 육성을 위한 사회교육 전문가 양성이 있어야 한다. 정부의 행정당국 책임자들은 평생교육의 활성화를 위한 행·재정적인 지원이 필요하다.

평생교육은 개인적 성장과 사회적 진보를 연결시켜 주고 있다. 이러한 중대한 과업을 수행하기 위해서 평생교육의 이념정립이 수립되어야 한다. 이 이념에 따라 계속적인 학습이 이루어져야 한다. 이제 우리는 평생 동안 학습을 해야 하니 그만큼 교육기간이 길어진 셈이다.

제10장 극기교육의 지도방향

1. 청소년 극기교육의 관점

극기교육은 자기 자신이 새로운 환경에 부딪쳤을 때 손쉽게 적응할 수 있고 그 환경을 극복하여 건전한 창조적 적응 행동을 할 수 있는 태도를 기르는 교육활동을 의미한다고 본다. 우리의 역사적 사실을 통해 볼 때 유구한 5천여 년 동안 이 강산 내 국토를 보존하기 위하여 우리들의 선조들이 남다른 지혜와 용기, 인내와 끈기로써 외국의 침입을 막을 수 있었던 것도 우리나라 삶의 터전을 빼앗기지 않기 위한 끈기 있는 노력과 인내의 대가였을 것이다. 비록 남의 나리를 침범하여 빼앗지는 않았지만 주어진 조국의 강토를 영원히 보존하기 위해 무척이나 애를 썼다. 그동안 900여회에 걸쳐 외부의 침입을 당했지만 조상들의 슬기로운 자세와 물리적 힘으로 지금까지 유지하고 있는 우리의 금수강산은 인내와 극기의 결과로써 보존되고 있는 것이다. 어려운 역경을 극복하는 힘은 이러한 역경에 부딪쳤을 때 굽히지 않고 이겨내는 인내심임을 알 수 있다. 우리는 역경을 견디고 이겨내는 힘을 길러야 한다.

그러나 그 이후 시대는 많이 변천되고 새로운 사회적 환경의 변화를 맞이하게 되었다. 최근 1960년대 이후 급격한 사회 발전과 정치적 안정, 산업의 변화는 우리들의 꾸준한 노력의 결실이며, 지나온 역사를 통해 볼 때 경제적으로 못살아 왔던 우리 민족이 「잘 살아보겠다」는 신념을 굳건히 하고 계속 추진해 온 결과 20여 년이 경과한 80년대에 와서는 눈부신 경제성장과 물질적 풍요 속에 삶의 터전이 많이 향상되었음을 어느 누구도 부인할 사람은 없을 것이다.

이것은 끊임없는 노력의 산물인 것이다.

이러한 경제발전과 풍요로운 사회발전은 우연히 이루어진 소득이 아니다. 국민 각자가 가기 나름대로 자신의 발전을 위해 애쓰고 꾸준하게 노력한 대가라고 생각한다. 또한 정부에서 끊임없이 계획을 세워 추진해 온 결과이기도 하다. 이러한 대가를 헛되게 해서는 안된다.

한편 자라나는 2세들은 조상이나 선조들, 그리고 선배들이 고생을 하고 피땀을 흘려 쌓아올린 풍요로운 터전 위에 경제적으로나 정신적으로 고통과 고난을 겪지 않고 순조롭게 잘 성장하고 있다. 이것은 선조들의 은덕이 아닐 수 없다. 그런데 요즈음 청소년들은 과거의 어지러운 전란과 격변하는 사회 속에서 고통을 겪어보지 않고 살아온 세대들이기 때문에 그런지 역경을 전혀 모르고 평화롭게 지낸다. 선조들이나 부모들은 온갖 고난을 딛고서서 오늘에 이르렀지만 자녀들은 그것을 모르고 모든 일이 순조롭고 편안하고 평탄할 줄만 알고 있으며 전혀 어려움을 모르고 지낸다. 부모들은 자신의 경험을 바탕으로 삼아 자녀들의 장래 발전을 위해 총력을 기울여 교육시키려고 안간힘을 쓰고 있으나, 자녀들은 자신들의 모든 문제를 부모가 대신해 주고 있기 때문에 험한 세상을 살아가는데 곤경을 모른다.

인간은 항상 순탄한 길만 걷는다고 보장할 수는 없다. 언제 어디서 생길지도 모르는 역경에 부딪쳤을 때 이를 극복하지 못하고 패배하기 쉬운 것은 극기 즉 인내와 노력이 평소에 길러지지 못했기 때문으로 적응에 실패하고 낙오되기 쉬우므로 이를 극복하기 위한 준비교육이 필요하게 된다. 그러나 부모들은 좀 지나칠 정도로 맹목적이고도 본능적인 보호로써 자녀교육에 임하고 있기 때문에 자녀들은 온실 속에서만 자라고 있어 모진 바람이 세차게 불 때 이를 극복하고 견디는 힘이 점점 약해져 가고 있다. 그래서 쉽게 좌절하고 만다.

만약 청소년들이 성장하여 성인이 되어 독립된 자기 생활을 영위하게 될 때 과연 정상적으로 복잡다단한 환경에 부딪치며 현명하게 적응할 수 있는 힘이 있을까 염려가 된다.

학부모들의 과잉보호 현상으로 말미암아 청소년들의 의지와 용기,

노력과 인내는 줄어들고 새롭고 격변하는 다양한 경험을 두려워하고 있으며, 심신이 나약해지고 적응력이 부족해져감을 걱정한 나머지 역경을 딛고 일어서는 지혜를 가르쳐야 할 것이라는 문제가 제기된다.

그래서 여기서는 일반적으로 자기자신이 이 거칠고 험한 세상을 살아갈 때 실패하지 않고 부적응을 탈피하여 굳건하게 인생을 살아갈 수 있는 샘솟는 용기와 지혜를 갖도록 정신무장을 할 수 있는 방안을 제시하는데 초점을 두고 지도방법과 방안을 소개하고자 한다.

점점 연약해가고 나약해지는 청소년들의 정신자세를 건전하게 확립시키기 위해서 더 이상 좌시할 수 없다. 이를 굳건히 반석위에 올려놓기 위해서는 우선 자신을 이기고 환경에 적극적으로 적응할 수 있는 튼튼한 인간을 육성하기 위해서 극기교육의 필요성을 강조하게 된 연유가 바로 그것이다.

극기란 자신을 외부적 환경에 적응시키고 이겨내는 행위이다. 이러한 자기극복의 길은 오로지 정신력에 달려있다. 정신력을 기르기 위해서는 신념을 가지고 정신력 개발에 힘을 써야 할 것이다.

삶이란 개인이건 민족, 국가이건 그것이 밑져서는 안된다는 것이 우리의 신념이다. 또한 자기 자신의 성장과 번영을 위해서도 개인에게 주어진 정신력이라는 기계를 충분히 활용해야 된다.

우리는 자신의 발전과 복잡한 사회생활에의 적응인이 되기 위해 힘써 노력해야 한다.

즉 소극적인 자세보다는 적극적인 자세로 다가오는 문제에 대해 현명하게 대응해야 할 것이다.

우리는 남이 해 주기를 바라지 말고 자기 스스로 적극적인 방향으로 나아가기 위한 신조를 가지고 모든 일에 임해야 할 것이다. 이와 같은 적극적인 활동자세는 다음과 같은 생각을 기초로 하여 이루어질 수 있다.

적극적인 활동신조는 무엇보다도

① 일을 한 걸음 앞서서 한다.

② 일을 열성을 다해서 한다.

③ 일을 결실을 맺도록 한다.
④ 일을 계획을 세워서 한다.
⑤ 일을 자신을 가지고 한다.
⑥ 일을 기쁨을 가지고 한다.
⑦ 일을 진취적 사고로 한다.

이와 같은 활동의 신조를 누구나 지켜나가면 적극적인 삶을 창조하고 해이해진 정신상태를 진취적 자세로 이끌어 보기 위한 하나의 방편이라고 할 수 있다.

극기할 수 있는 가장 기본적인 자세는 자기 자신의 정신력을 재발견하는데 있다.

다음은 극기교육에 필요한 기본관점을 제시하고 있다.

(1) 정신력의 재발견

미국의 저명한 실천적 심리학자인 클레멘트스톤(Clement Stone)은 「인간은 육체를 가진 정신」이라고 말하고 있다. 이 말에는 정신의 무한한 가능성을 역설적으로 상징하는 의미가 포함되어 있는 명언이다. 「정신일도 하사불성」이란 말이 있는데 이것은 정신을 한가지로 통일하여 무슨 일이고 이루지 못할 것이 없다는 것이다. 우선 자신의 정신 통일을 위한 기본자세를 가지고 능력을 다시 한번 찾아보는 것이 중요한 과제이다.

이 세상에는 불구의 몸임에도 불구하고 불멸의 공적을 남겨놓은 인물들이 많다. 헬렌켈러, 루즈벨트, 아베베 등 그들이 불굴의 의지로 쌓아올린 금자탑은 범인들에게 주는 산 교훈이요 인류에 주는 청량제라 하겠다. 육체를 이겨낸 정신의 힘, 또는 위대한 정신력으로 가꾼 육체의 힘 즉, 이 힘에 의하여 이룩한 그들의 정신력의 개가에서 우리는 「절망은 없다」를 실감하지 않을 수 없다. 절망은 인생살이에서 가장 해독이 되는 병이라 할 수 있다. 따라서 절망이란 단어를 우리의 의식 세계에서 떼어 버려야 할 것이다.

정신력이 얼마나 놀라운 힘이고 큰 힘인가 하는 문제를 좀 더 구체적으로 살펴보자.

인간이 모든 활동을 주관하고 있는 것은 대뇌의 피질이다. 그것은 다음과 같은 구조로 되어 있다.

① 무게－**1,500g**

② 두께－약 **3mm**

③ 펼친 면적－**2,240㎠**(신문지 **1**면크기)

④ 색·형태－핑크색을 한 제리상의 덩어리

⑤ 신경세포－약 **140**억개~**150**억개

그와 같은 정신력을 인간은 일생동안 얼마나 쓰고 죽는가?
갤럽에 의하면, 인간은 잠재력의 **2~5%**밖에 활용되지 못하고 있다고 말한다.

씨쇼어는 말하기를 인간의 기억력은 대체로 **10%**이상 개발되지 못하고 있다고 하며, 게이버는 창조력을 개발 활용하고 있는 사람은 전 인류의 **5%** 미만이라고 한다.

이러한 인간의 두뇌피질을 누구나 가지고 있기 때문에 잠재력을 발휘할 수 있는데 개인의 노력여하에 따라 이 같은 능력을 나타낼 수 있고 발휘 못하고 잠재해 버리는 수가 많다고 한다.

우리는 내 인생이 좀 더 보람된 것, 아름다운 것, 멋있는 것이 되도록 태도를 바꾸어야 한다. 건강, 행복, 번영, 만족감 등을 우리의 것으로 만들도록 적극적으로 시도하는 인생을 살아야 한다.

주어진 인생은 오르지 한번에 지나지 않는 것이므로 그 한번인 자기 인생을 보람 있는 삶으로 이끌 수 있는 자신을 점검해 보고 부족한 점이 무엇인가를 하루 속히 찾아내어야 한다.

인간의 내부에는 인간을 끌어 올리고 인간을 치유하고 격려하고 지도하고 지시하며 행복, 자유, 마음의 평화, 충족된 생활의 기쁨에 대한 큰 길로 이끌어 주는 무한한 힘이 있다. 이러한 힘을 자신이 어떻게 어떠한 방법으로 펼쳐 나아갈 것인가에 관심을 두어야 한다. 관심이 있으면 행동으로 옮겨가는 것이 중요하다. 「지행일도」와 합리적 사고로서 도전해 나아가야 한다.

(2) 새 인생에의 도전자

우리 인생이란 단 한번 주어지는 일회적인 기회이며 동시에 바꿀 수도 없는 개체인 것이다. 이와 같은 귀중한 인생에서 성공을 거두고 입신양명하자면 이 세상을 잘 알아야 하는 것은 물론이지만 그 이전에 나 자신을 알아야 한다.

「知彼知己면 百戰不殆」라고 손자병법에서도 강조되고 있는 바와 같이 우리는 나 자신을 모르고 있는 것 같다.

「너 자신을 알라(Know yourself)」고 선언한 소크라테스의 명언은 오늘날까지 우리에게 생생하게 교훈을 주고 있는 것이다. 이것은 인간의 무한한 가능성을 탐지하라는 것인데 인간은 도대체 어떠한 존재인가?

현대과학과 의학의 증언을 들어보면 외형으로 인간은 무게가 40~80kg 정도의 고기 덩어리(육체)에 불과한 것이다. 그러한 육체는 정신력에 의하여 통솔되고 있는바 결국 정신력에 의하여 움직이고 있는 하나의 동물에 불과한 것이 인간이다.

스위스 의학의 시조라고 불리는 「파라겔 수수」도 인간의 정신력은 아무도 포현할 수 없을 만큼 위대하다고 하였다. 만일 인간이 그 사고를 올바르게 이해한다면 지상에서 불가능은 없을 것 이라고 단언하고 있다. 정신력은 인간에게 가장 귀중한 보배이므로 이를 적극적인 방향으로 사용되어야 그 위력을 발휘할 수 있는 것이다.

인생을 살아감에 있어서 인생을 적극적으로 개척하여 성공자가 되느냐, 소극적인 행동으로 실패자가 되느냐 하는 것은 운명에 달려있는 것이 아니라 그 사람의 결의와 선택에 달려있다.

댄카스타도 이 문제에 대하여 「무엇을 생각하느냐, 무엇을 말하느냐, 무엇을 행동하느냐 그것을 선택하는 힘은 오직 당신이 가지고 있다는 사실이 중요하다. 의식을 가지고 선택할 수 있다는 이와 같은 인간의 본질이 바로 다른 하등동물과 구별되는 점」이라고 강조하고 있다.

새로운 환경에의 현명한 도전을 항상 잊지 말고, 긍정적이고, 낙관적인 자세로 적극적인 삶을 추진하는 힘을 길러야 한다. 이 힘은 오로지 찾는 자에게만 돌아오는 것이다.

(3) 긍정적 자아상

이 세상에는 「나는 무엇이든지 하면 된다」는 사고를 가지고 있는 사람이 많다. 이런 사람들은 긍정적이고 적극적인 자기상을 가지고 있는 사람들이며 매우 행복한 사람들이라고 할 수 있다.

그러나 우리 주위에는 부정적인 자기상을 가지고 살아가는 사람이 너무 많다. 즉 자기는 인생의 실패자다. 자기는 경쟁사회의 낙오자다. 자기의 능력으로는 이 일은 달성될 수 없을 것이다.

이와 같은 소극적 열등감에 사로잡히면 성공과 행복에 방해가 되는 것이다. 이러한 열등감으로부터의 해방과 함께 건전하고 적극적인 자기상의 확립이 성공형 인간을 만들어 나가는 최대의 요건이 된다.

자기상을 만들 수 있는 방법은,

① 감동적인 영화나 연극을 본다. 한국 위인전기나 고전을 읽는다.

② 동창회 같은 모임에 참석해서 친구들과 이야기를 나눈다. 감동적인 강연을 듣는다.

③ 여행을 떠나 아름다운 자연에 접하도록 한다. 웅장한 경치를 바라본다.

④ 실패라든가 패배를 가혹하리만치 체험을 해 본다.

이와 같은 행동을 되풀이할 때 점진적으로 자신의 능력을 평가할 수 있게 될 것이다.

또한 잠재의식을 최대한으로 활용하는 현대인의 생활자세는 언제나 행복, 진보, 명랑, 향상, 적극, 창조, 가능, 성공 등 적극적인 사고를 배양시키도록 노력하여 그러한 씨앗이 잠재의식이라는 토양에서

무럭무럭 자라나서 우리의 인생을 보다 풍요롭게 보람 있는 것으로 가꾸어지도록 해야 할 것이다.

조셉 머피 박사의 주장은 「인생의 법칙은 신념의 법칙」이라고 하면서 잠재의식이 가지는 영감부에 번영력, 치유력을 믿도록 하라고 하고 있다. 그렇다. 신념을 가진 속에서 자신감을 가지게 되고 행동의 추진력을 얻게 된다.

(4) 소극적 사고에서의 도피

「댄카스타」의 말대로 이 세상에서 가장 다루기 힘든 사람은 처음 시작부터 「나는 안된다」「하기 싫다」라고 공언하는 사람이다. 왜 이런 생각을 갖게 되었을까? 전통적으로 한국인을 보는 관점에는 적극적이라기보다는 소극적이라는 용어가 더 많이 애용되었던 것 같다. 그러나 소극적 사고방식으로 살아오기만 한 것은 아니다. 소극적으로만 살아 왔다면 5천년 역사를 온갖 내우외환 속에서 자주자립으로 살아올 수가 없었을 것이다.

그럼에도 불구하고 오늘날 한국인들은 마치 소극적, 부정적으로만 살아온 민족인 것처럼 이야기 하는 사람들이 많은 것은 무엇 때문일까? 그 이유가 많겠지만 일제 36년 동안의 한국문화 말살 정책에 의한 결과라는 것을 생각해 볼 때 우리 민족의 진취적이고 적극적인 자주 자립정신이 강한 본래의 자세를 찾는 일이야말로 더 이상 지체되어서는 안 될 것 같다.

먼저 우리의 기상(Spirit)을 건전하고 역동적으로 기르도록 해야 할 것은 물론이지만 어린이들을 교육시키는 방법부터 개선되어야 할 것이다. 그들이 적극적, 진취성, 독립심 함양에 초점을 맞추어야 함은 물론이고 종래와 같이 복종을 강요하는 지도방법은 이제 근본적으로 수정되어야 한다. 그리하여 「재수가 없다」, 「죽을 지경이다」, 「되는 일이 없다」, 「되는대로 살자」등의 퇴폐적 사고 또는 안 되는 일은 모두 남의 탓으로 돌리는 외벌적 사고를 일소하도록 노력하여야 한다.

따라서 우리는 이제 소극적인 자세나 사고에서 탈피하여 적극적인 태도와 사고로 지향하도록 노력하여야 진취적으로 모든 일이 이루어질 수 있다. 학생들은 얼마나 자신감을 가지고 미지의 세계를 대처하고 있는지 한번쯤 짚고 넘어가야 될 것이다.

(5) 사고전환의 필요

소극적인 사고를 가지고 소극적인 행동을 일삼고 있는 사람들이 흔히 쓰는 말에 상투적인 것이 있다. 「나는 시간이 없다」, 「노력해도 안된다」, 「만일 그렇게 된다면 어떻게 하나」 등 이러한 말이 자기방어를 위한 합리화의 발언이라는 것을 잊어서는 안된다. 이렇게 합리화시키고 자위를 하기 때문에 「핑계 없는 무덤 없다」는 식으로 언제까지나 그와 같은 사고에서 벗어나지 못하고 악순환을 되풀이하는 인생으로 전락하는 것이다.

소극적인 사람은 출발하기 전에 벌써 낙오한다. 기회를 잃고 만다. 자신이 없다. 열성이 없다.

우리 생애의 최대의 적은 새로운 환경에 닥쳐오는 공포감과 불안감이다. 불안과 공포로부터 헤방되기 위해서는 직접 그 속에 뛰어 들어가 보면 대수롭지 않게 지낼 수 있는데도 불구하고 미리 겁을 먹고 후퇴를 하는 경향 때문에 문제해결을 못한다. 이 불행과 불안에서 벗어나려면 소극에서 적극적으로 사고를 바꾸는 것 외에는 방법이 없다. 그 힘은 각자의 의지와 열성의 정도에 따라 결정되는 것이다.

이 사고라는 것은 방패에 양면이 있듯이 적극적인 면과 소극적인 면이 있다. 적극적 사고는 힘과 용기와 자극을 유발한다.

인생에서 성공과 실패는 오로지 마음속에 있는 결심과 태도에 달려있다.

우리 인생의 적은 여러가지 있겠지만 질병, 빈곤, 무질서, 혼돈, 기아, 부패, 탈선, 무능력 등은 우리가 가장 기피하는 것 들이다. 이와 같은 것의 근원은 바로 어떠한 대상에 대한 공포감·불안감 때문이다.

우리의 신변에 일어나는 모든 일은 그것이 좋든 나쁘든 그 모두가 자기가 뿌린 씨라는 것을 잊어서는 안된다. 자기가 뿌린 씨는 자기가 거두어들인다는 교훈을 되새겨야 한다.

적극적 태도라는 것은 희망, 낙관, 용기, 인내, 관용, 친절 등을 가져오게 하는 온갖 암시를 적극적으로 받아들이고자 하는 태도를 말한다.

절대 성공법의 요점은 현재의 여건에 가장 경건히 자신에 몰두하고 동시에 세계의 여러 변수를 자기에게 맞도록 함목적적으로 다스리는 것에서 시작한다. 이와 같이 우리는 사고의 전환을 가져와야 발전성이 있게 된다.

(6) 일에 감사하는 마음

적극적 사고의 첫 단계는 열의에 찬 사고를 갖는 것부터 시작된다. 인생에서 성공한 사람들은 경험, 기술, 능력, 열의 등의 총집합체를 강조하는데 그 중에서 열의가 중심이 된다. 인간은 사고에 따라서 행동을 일으키게 되기 때문에 꼭 하고야 만다는 실천적 사고를 가지면 그와 같은 방향으로 행동이 진행되어 나가는 것이며 그 마음이 강하면 강한 만큼 강력한 추진력이 부여되어 그것이 성취되는 힘으로 발동되게 된다.

우리는 모두가 주어진 일에 감사하는 마음으로 자세를 가다듬고 모든 일을 실천하여야 한다. 일이란 즐거운 것이라는 생각을 깊이 간직하여야 할 것이다.

따라서 나는 한다! 한다! 무슨 일이든지 한다! 이러한 사고력이 우리에게 활기를 띠게 하고 이완된 뇌세포에 행동력을 주입하여 몸과 마음에 새로운 생명력을 약동시키게 한다. 「할 수 없다」라는 마음은 독창, 점화력, 열의를 상실하게 하고 모든 기능을 정지시키는 것이며 그리하여 몸과 마음을 혼란시킴으로써 존재하는 인간의 열의, 대목표 그리고 인생의 방향까지 상실시켜 버리게 하는 것이다.

(7) 자기암시

「나는 할 수 있다」, 「이길 수 있다」, 「설득시킬 수 있다」는 등의 자기암시를 함으로써 좋은 결과를 이룰 수 있다.

자기암시에 있어서 가장 중요한 것은 반복이다. 반복되고 반복되는 암시는 잠재의식에 영향을 미치게 되고 결국 행동으로까지 연결된다.

대체로 인간이 암시를 받아들이는 능력은 반복되면 반복될수록 높아진다. 자기암시에서 효과가 큰 방법은 「복식호흡법」이며 자기암시의 기초이다.

복식호흡을 하면 복압이 높아지므로 혈액순환이 좋아지고 산소가 많이 공급되어 활력이 증가되어 마음이 안정된다.

자기암시의 또 다른 방법은 다음과 같은 구호를 40회 이상 반복하라는 것이다.

나는 적극적이다. 나는 합리적이다. 나는 근면하다. 나는 끈기가 있다. 나는 목표가 있다. 나는 나의 능력을 믿는다. 나는 나의 일로 국가에 공헌한다. 이와 같은 방법을 제시해 놓고 반복을 여러 번 하는 방법이다.

또 한 가지는 자기가 염원하는 것을 항상 기억하고 또 끈기 있게 되풀이 하면 그것은 잠재의식에 아로새기게 되고 행동으로까지 연결되는 것이다. 미국이나 불란서의 가정에서는 케네디, 링컨, 워싱톤이나 나폴레옹의 사진을 붙여 놓고 있는 경우가 많다고 한다. 이것은 선구적인 인물들을 바라보면서 자기암시의 기법을 은연중에 실시하고 있는 것으로 이해된다.

(8) 암시의 예시

필자도 미국에서 유학하던 중에 유태인계 미국 학생과 같이 공부하던 친한 친구를 알게 되었다. 어느 날 그 친구의 집에 가보니 자기 공부방 벽에 그룬트비히 사진을 걸어 놓고 그 옆에 자기 사진(자화상)을 걸어 놓은 것을 보았다. 자기 사진을 걸어 놓은 옆에는 「너는 지금 무엇을 하고 있는가?」라고 써 붙여 놓은 것을 보고 처음엔 이상한 마음이 들었다. 그런데 나중에 알고보니 자기는 덴마크의 국민운동 지도자처럼 되어 보겠다는 이상을 가지고 자신을 채찍질하기 위하여 두 사진을 나란히 붙여 놓고 자극을 받고 있다고 한다. 또한 이스라엘 유태인들은 2000여 년 동안 나라 없는 슬픔 속에 세계 각처에 흩어져 살면서 온갖 고생을 다하며 살기 위하여 몸부림쳐 온 국민이다. 그렇지만 자기 나라의 언어를 잊지 않고 문화를 보존하며 타국의 타향살이를 하면서도 오로지 구차한 삶을 포기하지 않았다. 굳건하게 자기 나라의 전통을 지켜 오면서 급기야 1948년 나라를 다시 찾은 기쁨 속에 독립이 되어 많은 사람들이 자기 나라로 돌아왔다. 그러하면서도 유태인들은 극기심을 가지고 돈도 많이 벌었고 유명한 박사학위를 가진 학자들도 수 없이 쏟아져 나왔다.

미국에 현재 약 600만의 유태인계 미국인이 살고 있다. 그들은 보통의 능력을 가지고 태어났다. 다만 부모의 가정교육을 받았고 자신들의 노력으로 성공하여 수많은 사람들이 천재의 대열, 위인의 대열에 들어서게 되었다. 유태인 중에는 위인도 많지만 그들은 자기들이 처한 불운을 성공에 역이용한 의지와 노력으로 성공한 천재들이다. 예를 들면, 과학자 아인쉬타인, 심리학자 프로이드, 아들러, 정치가 키신저, 은행가 섈리그만, 작가 카프카, 토마스 만, 솔 벨로우, 보리스 파스테르나크, 레오 톨스토이, 시인 하이네, 작곡가 멘델스죤, 극작가 아더 밀러, 푸로스트, 노만 메일러, 카알 마르크스, 로스 차일드, 음악가 루빈스타인과 번스타인, 콜롬브스, 사무엘슨, 배우 시몬드 시뇨네, 잉그리드 버그만, 이브 몽땅, 엘리자베스 테일러, 영화감독 히치코크, 정치가, 음악가, 문호, 배우, 사상가, 사업가 등 그 숫자를 헤아릴 수 없다. 케네디, 아이젠하워, 투루만, 루즈벨트 등 미국의 대통령들에게도 유태인의 혈통이 섞였다고 하지 않는가?

그러나 그들이 성공한 것은 유태인이기 때문이 아니라 유태계 가정교육 때문이라고 한다. 그 중에서도 유태인의 어머니의 자녀교육의 방법이 핵심이 된다고 한다.

한 가지 일화를 예로 들어보자. 딸을 가진 유태인 엄마는 딸을 시집보낼 때 사윗감을 고르기 위해 백방으로 노력한다고 한다. 우리나라도 마찬가지 예가 있겠지만 유태인 엄마는 더욱 신경을 쓰는 것이다. 그들은 사윗감을 고를 때 특별한 경우가 되겠지만, 경제력을 가진 사업가, 사장 등이나 명예를 걸머진 박사학위를 고른다는 것이다. 이 두 가지 직업에 속하지 않으면 딸을 내어줄 수 없다는 신념이 가득하다. 그래서인지는 몰라도 앞에서 제시한 인물들을 보면 모두가 뛰어난 사람이 많이 탄생되었다.

따라서 결혼을 하려면 이 두 가지 직종에 종사하지 못한다면 결혼도 할 수 없게 된다는 결론이 나오게 된다. 그래서 결혼하기 위해서 노력하는지도 모른다. 이러한 전통적 신념이 반복될 때 무한한 힘을 나타낼 수 있다는 증거를 주고 있는 것이 아닌가. 우리 나라의 경우 김유신 장군이 삼국통일을 주도할 수 있었던 배경에도 이러한 염원의 반복작용에 기인했음을 증명하고 있다. 그의 발언에 따르면 「한사람의 결사의 용기는 백 명을 당하고, 천 사람의 위대한 결사의 용기는 만을 당할 수 있는 법이다」라고 염원했던 결과가 이루어진 것이다.

자기암시란 매우 예리한 속성을 가지고 있어서 성과를 거두려면 「끈기와 인내」를 바탕으로 지켜야 할 원칙이 있다.

1) 정신의 집중

산만하고 어지러운 환경이나 정신상태에서는 안된다. 차분한 분위기와 정리된 마음가짐이 신념이나 자기암시가 안주하기에 알맞은 조건이다.

2) 끈기와 반복

자기암시의 성과는 반복횟수와 시간에 정비례 한다고 해도 지나친 말은 아니다. 반복하면 피암시성은 높아지고 성과는 기대되게 된다. 끈기를 반복하고 반복한다.

3) '된다'는 신념

불안감, 의구심, 불신감 등은 자기암시의 최대의 적이다. 이 일은 「절대로 이루어진다」, 「절대로 해야 한다」는 단호한 신념을 가지고 성실하게 해 나가면 모든 장애는 극복된다.

4) 적극적 사고

목표를 뚜렷하게 세우고 적극적 방법으로 해야 한다. 「You can if you think you can」이 제목은 노만 V. 피일 목사가 쓴 책으로 「불가능은 없다」로 번역되어 나온 것으로 I will and I can이라는 단호한 마음가짐으로 나가면 길은 열리고 성과는 올라가게 된다. 또한 피일 목사의 「적극적인 사고방식」(The Power of Positive thinking)이나 나포레옹·힐과 클레멘트 스토운의 베스트 셀러인 (적극적인 정신태도를 통한 성공」 (Success through a Positive mental attitude)은 좋은 본보기가 된다.

5) 일시일사의 원축

두 토끼를 쫓는 자는 두 마리를 다 놓치고 만다. 한 번에 한 가지씩 처리하는 원칙으로 오로지 한 가지에 전념을 해야 한다.

오늘날 청소년들(초·중·고·대학생)은 욕심이 너무 많아 한꺼번에 여러 가지를 하고 있다. 예를 들면, 공부할 때는 오르지 정신을 통일하여 공부에만 열중해야 능률이 오르고 이해가 빠른 법인데 이상하게도 많은 수의 학생들은 공부할 때에나 또는 숙제를 할 때 한 가지에만 집중하는 것이 아니라 텔레비전도 보면서, 귀에는 「레시버」를 끼우고 전체는 아니지만 음악감상도 하면서, 또 이야기를 주고받고 말참견도 하면서 공부를 하는 학생을 흔히 볼 수 있다. 한 가지에만 몰두해도 어려운 문제를 풀어나가기가 힘이 들 텐데 어찌하여 T·V도 보고 음악감상을 곁들여 하면서 공부를 하니 그게 능률이 오를 까닭이 있을 것인가? 그래도 어떤 아이들은 습관이 되어서 괜찮다고 반론을 제기하고 계속 자기가 하던 습성대로 행동에 옮기는 학생들을 본다. 그것은 도저히 이룰 수가 없는 것이다. 물론 개인차가 있고, 습관이 되어서 지장이 없다고 할 변명은 하고 있지만 능률이 오르지 않고 헛된 시간만 낭비하게 될 것이다.

그러므로 학습 습관 형성에 있어서 길들이기에 달렸겠지만 될 수 있는 한 성공적인 능률향상을 위한다면 순서대로 한 가지씩 끝맺음 하는 것이 정신건강에도 좋고 또한 정신집중이 잘 되고 능률이 오른다는 것을 항상 염두해 두어 실천하도록 하는 것이다.

6) 일정시간의 지념

바람직한 관념을 일정한 시간 지속해 나가는 것이 자념이며 이것은 자기암시에 있어서 반드시 꼭 필요한 것이다. 흔히 아이들은 끈기력, 지속력이 미약하여 오랜 시간을 꾸준히 지켜나갈 줄 모른다. 이것은 어른들도 마찬가지이다. 공부를 하든지 일을 하든지 또는 놀든지 간에 시간을 정해 놓았으면 그 시간을 지키는 습관을 길러 주어야 한다. 아무리 바쁘더라도(학생들이 바쁠 필요가 있을지 모르나) 하던 일을 중단하고 또 다른 일을 시작하고 또 끝내기도 전에 다른 일…이렇게 시작만 하다보면 끝맺음이 전혀 이루어질 수 없다. 그러므로 일단 시작한 일은 계획을 세워 놓고 수준에 알맞게 지켜나갈 줄 아는 인내력과 지속력을 키워 주어야 목표한 바를 성취할 수 있게 되는 것이다.

7) 심신의 이완

마음의 긴장을 풀고 조마조마한 마음을 제거하고 심신을 편하게 이완시켜야 한다.

요즈음 학생들은 「수험 공포증」, 「숙제 공포증」, 「체벌 공포증」, 「미래의 불안감」 초조감을 많이 가지고 있다. 이것은 학생들 스스로가 지닌 그러한 불안·공포증이라기보다는 외부 환경적 요인이 많이 작용되어 심신의 안정을 이루지 못하고 있다. 부모들 특히 어머니들은 자녀에게 커다란 기대감 속에서 자녀들을 구속, 속박하고 있다. 예를 들면 공부가 인생의 전부가 아니고 부모 자신들도 어렸을 때 놀기 좋아하고 부모의 말을 잘 듣지 않고 망나니 노릇도 많이 저질렀을 것이다. 그리고 뛰어나게 공부를 잘 했거나 일류 학교에 들어갔다든가 현재 성공적인 사람이 되지도 못한 형편임에도 불구하고 자녀에게만 무조건 잘 하기를 요구하면서 자녀들을 볼 때마다 「공부 해라」, 「숙제 해라」 안하면 윽박지르고 야단치고 귀가 따갑게 「공부」, 「공부」…등을 강요하고 있다. 그래서 학생들은 어머니를 아버지보다 더 무서워하는 경향이 짙어가고 있다. 옛날에는 「嚴父慈母」였던 가정교육의 형태가 이제는 바뀌어져서 「嚴母慈父」가 되었으니 부권이 허락되고 여권이 신장된 것인지 극성적인 어머니의 강요는 학생들로 하여금 쉽사리 「공부공포증」으로 몰아가고 있다. 물론 공부가 학생의 본분이요 직업이라고까지 말하지만 너무 심한 강요는 불안 · 공포증을 일으키게 된다. 그러면, 이러한 정신적 불안이나 공포증이 신경을 자극하여 정신질환에 영향을 끼치게 된다.

따라서 적절한 휴식과 오락 등 여유있게 시간을 조절하면서 부드럽게 학습을 할 수 있도록 도입시키는 기술의 개발이 필요한 것이다, 이러한 방법으로 학생들을 공부가 즐거운 일로서 생각을 갖도록 분위기 조성과 칭찬 등의 찬사를 아끼지 말아야 하며 몸과 마음이 안정될 수 있도록 편안한 자세를 갖도록 마련하는 것이 필요하다.

8) 적극적인 사고를 위한 노력

일생 중에서 퇴보와 좌절로 이끄는 것은 소극적인 사고방식이다. 소극적인 사고방식을 제거하는 첫째의 중요성은 자기의 책임을 남에게 전가시키지 않는 것이다. 우리 인간은 누구나 무한한 능력을 가진 두뇌를 가지고 있다.

그러므로 자기변명을 해서는 안된다.

창조력이란 어떠한 적극적인 사고를 가진 사람이 여러가지 어려운 문제에 부딪칠 때 그 문제를 해결함에 있어 적극적인 사고방식으로 대하는 것이다.

그렇다면 어떻게 해야 자신을 일으킬 수 있는가? 그것은 자신의 잠재력을 일깨울 때 일어날 수 있다. 다시 말해서 [불가능의 덫]을 헐어 버려야 한다. 그 불가능의 덫이란 무엇을 의미하는가? 할 수 없다고 생각하는 자신의 결심을 제거하는 것이다. 그러나 형편을 잘 관찰해 보고 역경을 딛고 일어서는 지혜를 가져야 한다. 그러면 어떠한 문제도 끈기·지구력 지속력에 의해 극복될 수 있다.

사람에게는 누구나 다 무한한 가능성이 있다. 그런데 이 가능성은 각자 스스로 마음속에 있는 불가능의 덫에 사로잡혀 그 기회를 상실하고 있다. 인간에게서 [꿈]은 대단히 중요하다. 인간이 꿈을 그려보면 어떤 가능성을 확신하는 능력보다 더 큰 능력은 없다. 인간으로서의 창조적 상상력을 마음의 불가능의 덫에서 해방시키지 못한 채 살다가 죽는 사람보다 더 비극적인 삶은 없을 것이다.

실패의 두려움을 떨쳐 버려라.

실패는 결코 죄악이 아니다. 오히려 목표를 낮게 세우는 것이 죄악임을 명심하라. 참된 실패는 자신이 할 수 있는 능력만큼 높이 도달하지 못한 실패이다. 이 세상 어떤 사람도 분명한 실패의 쓴 맛을 체험하지 않고는 그 자신이 성공하였다는 사실을 의미있게 깨달을 수는 없다.

직면한 문제는 빨리 해결하라. 어떠한 문제는 소극적인 사람에게는 멈추는 힘이 되며, 적극적인 사고를 가진 사람에게는 시작하는 힘이 된다.

과거의 불쾌한 기억에서 벗어나라. 지금까지 마음 어딘가에 갇혀 있었던 무한한 창조력을 과거의 불쾌한 기억으로부터 벗어나게 하라. 오늘이야말로 바로 새로운 목표를 향해 희망의 닻을 올려야 할 때이다.

반드시 이룰 수 있다는 신념을 가져라. 「나는 그것을 할 수 없어! 그것은 나에게 결코 되어지지 않을거야」 이러한 부정적인 사상이나 사고는 마음속의 불가능의 덫이 될 것이다. 그러므로 이러한 속박의 쇠사슬을 풀고 열등감으로부터 과감히 벗어나야 한다. 원하기만 하면 원하는 대로 될 것이라는 꿈을 자신감 있게 크게 가져야 한다. 인간의 가능성을 믿고 실천 하라. 성의를 다하면 하늘이 돕는다는 말을 상기하면서 실행하는 것이다.

영국의 명언에 의하면 「청소년들이여 대망을 가져라」(Boys! be ambitious)는 구절이 있다. 하나의 목표를 세우기에 앞서 머릿속에 그 목표들을 먼저 그려보라. 그러나 항상 이와 같은 말을 명심해야 할 것이다.

「Hitch your wagon to a star but keep your feet on the ground」이다. 즉 대망을 품어라. 그러나 현실을 무시해서는 안된다.

당신은 분명히 성공할 수 있다. 그러자면 A: 적극적인 사고를 가져라(Affirm) B: 믿음을 가져라(Believe) C: 결단력을 가져라(Choose). 속박에서 벗어나 이와 같은 A. B. C를 지켜 행할 때 성공할 수 있는 것이다.

에머슨은 기발한 진리를 말하고 있다. 「할 수 있다고 믿는 자가, 승리한다」 그리고 그는 다음과 같이 덧붙여 말하고 있다. 「당신이 두려워하고 있는 일을 실천하라. 그러면 그 두려움은 없어질 것이다」 따라서 우리는 무슨 일이고 계획을 세워 추진할 때 이것이 잘 될 것인가 미리 두려워할 것이 아니라 할 수 있다는 긍정적 자세가 목표를 향하는 지름길이 되는 것임을 인식 하여야 한다.

2. 발달과정에 따른 지도 방향

(1) 발달과정에 의한 지도

극기심을 키우기 위해서는 먼저 인간의 발달과정을 토대로 주지시켜야 될 것이다. 왜냐하면 학생들을 지도할 때 그들의 신체적, 정서적, 지적, 사회적 특징과 과정을 이해하지 못하고 성인의 지각수준에서 지도한다면 크나 큰 부작용과 수용적 자세가 되지 못할 것이며,

그들의 능력수준과 가치관, 태도 형성과정에 도달될는지도 모르는 형편이므로 발달과정상의 여러 특징을 살펴보고 이에 적합한 대응책을 펴나가야 될 것이다. 일반적으로 중·고등학교 학생들은 발달단계로 보아 청년기에 속하므로 이 청년기의 발단과정을 먼저 이해해야 되므로 종합적으로 소개하면 다음과 같다.

이 구분은 헤비거스트의 발달과정을 분류한 청소년기(13세~23세)의 특징이다.

① 남녀간의 새롭고 보다 성숙한 관계를 이룩하는 것을 배운다.
② 남성으로서의 역할과 여성으로서의 역할이 무엇인가를 학습한다.
③ 부모나 다른 성인과의 정신적 독립은 이룩한다.
④ 경제적 독립의 필요성을 느낀다.
⑤ 직업의 선택과 그 준비에 몰두한다.
⑥ 시민적 자질로서 필요한 지적 기능과 개념이 발달한다.
⑦ 결혼과 가정생활의 준비를 한다.
⑧ 적절한 과학적 지식에 맞추어 가치관과 윤리체계를 습득한다.
⑨ 사회적으로 책임있는 행동을 하며 이를 실천하는 습관을 기른다.
⑩ 자기체격을 인정하고 신체를 효과적으로 구사하는 것을 인식한다.

이와 같은 청년기의 발달과업을 포괄적으로 인식하였다면 좀 더 구체적인 청년기의 특징을 이해하고 난 다음에 이에 따른 적합한 지도방향을 제시할 것이다.

청년기는 오래전부터 청년 자신이나 부모에게 더욱 어려운 시기로 간주되어 왔다. 기원전 300년 전에 아리스토텔레스는 "청년은 격정적이고 성급하고 자기충동에 따라 행동하기 쉽다.……젊은이가 잘못을 저지른다면 그것은 언제나 부절제와 과장 때문이다. 그들은 사랑이든 미움이든 아니면 그 어떤 것이든 간에 도가 지나친다. 그들은 자신이 전지하다고 생각하며 자기들 주장이 언제나 옳다고 생각한다" 또한 플라톤은 청년들이란 "정열이 넘쳐서 수단방법을 가리지 않으며 처음으로 지혜를 맛보고는 좋아서 모든 사람을 논쟁으로 시달리게 한다"고 말했다. 심리적으로 복잡한 발달단계라는 청년기 개념은 19세기 말 엽전 까지는 등장하지 않았다. 그 전까지는 "무분별한 충동"을 제어할 줄 알도록 가르쳐야 할 필요가 있다는 사실만 강조해 왔다. 그러나 학교에서 젊은이의 연령을 구별하는 추세가 증가하고 산업화된 기술사회에서 직업에 종사하는 시기가 늦어짐에 따라 연령집단에 대한 사회의 관심이 높아졌다. 청년발달의 창시자인 스탠리 · 홀(Stanley Hall)은 청년기를 신체적, 정신적 가능성의 시기일 뿐만 아니라 보다 낭만적인 개념으로 "폭풍과 스트레스"의 시기라고 불렀다.

그러면 청년기에는 왜 이러한 특징을 가지고 있는가? 청년기 특히 청년전기가 무엇보다 변화－즉 신체적, 성적, 심리적, 인지적 변화뿐만 아니라 사회적 요구의 변화－의 시기라는 점이다. 일찍이 겪어보지 못했던 급격한 신체적 변화에 적응하기도 바쁜 시기에 우리가 숱한 사회적 요구－독립심, 동료 및 성인과의 변화, 성적 적응, 교육 및 직업의 준비－를 강조한다는 것은 너무나 부담을 주는 일이다.

일반사회에서는 청년을 긍정적인 측면에서 "병든 사회의 유일한 희망"이라고 부르는가 하면, 부정적인 측면에서 "내부의 적"이라고 부르기도 한다. 물론 현대 청년들은 공통적인 경험과 문제들을 많이 안고 있고, 사춘기의 생리적, 신체적 변화와 그 이후의 청년기의 성장과정을 다같이 겪고 있다. 또 어떤 청년이나 자기 자신의 정체감(Identity)－내가 누구인가? 라는 옛부터 내려오는 질문에 대한 일종의 개인적인 대답－의 확립이라는 문제에 직면하고 있다. 또 어떤 청년이나 궁극적으로 사회의 독립적인 구성원으로서의 생활비를 벌고 자기 갈 길을 가야할 현실적 요구에 직면하게 된다.

청년기의 성숙과정을 보면, 신체적 성장, 몸 크기의 변화, 호르몬 변화, 성적 충동의 증가, 일차적 및 이차적 성특징(Sex characteristics)의 발달, 인지능력의 성장 및 분화가 급격하게 일어난다.

이와 같은 신체적 특징은 변화와 아울러 정신적 성장 즉 인지능력이 계속해서 발달된다. 만일 추상적 사고단계－피아제(Piaget)가 "이차적 조작"이라고 말한 능력 또는 이 세상에 실재하는 사물과 직접 관련성이 없는 추상적, 가정적 진술에 대해 사고할 수 있는 능력－에 도달하지 못하면 미적분과 같은 문제를 풀 수 없고 시에서도 은유를 사용할 수 없다.

그러나 청년기의 인지적 발달에 영향을 받는다는 사실을 분명히 알 수 있다. 부모와 자녀 관계의 발전적 변화, 성격적인 특성과 심리적인 방어기제의 출현, 미래의 교육 및 직업목표의 계획, 사회적, 개인적, 정치적 가치에 대한 관심, 나아가 개인의 정체감에 대한 관심 등의 모든 것이 이러한 인지적 변화에 큰 영향을 받는다.

청년기의 인지적 발달은 부모와 사회에 대한 태도와 가치에만 반영되는 것이 아니라 이 시기의 자아에 대한 태도, 성격특성, 방어재기도 반영된다.

청년기에는 가설적 가능성(Hypothetical possibility)들을 고려하고 "자신의 사고를 대상으로 삼아 추리하는 능력"이 증대되고 또 이 시기의 신체적, 생리적, 심리저 변화에 의한 저항할 수 없거나 때로는 고통스러운 자의식(Self-awareness)을 가지기 때문에 보다 내성적이고 분석적인 경향을 띠기 쉽다.

끝으로 청년이 실제적으로 성인이 되려면 신체적인 성숙뿐만 아니라 여러 가지 기본적인 발달과업을 성취해야 한다. 다시 말해 사춘기의 신체적인 변화와 그 이후 청년기의 성장과 성적인 성숙에 따른 새로운 감정에 적응할 수 있어야 하고, 부모나 보호자로부터 떨어져 나가 독립성을 발달 시켜야 하고, 동성 및 이성의 동료들과 협조하고 효과적인 사회적 관계를 수립해야 하며, 또 진로를 선택하고 이에 대한 준비를 하여야 한다.

이와 같은 발달과정에 따라서 지도자는 학생들이 수행해 나아가야 할 지도방향에 대해서 몇 가지 언급하고자 한다.

학생들의 의식구조나 가치관은 아직 뚜렷하게 형성되어 있지 못하고 매우 불안한 상태에 놓여 있다. 그러나 미래에 대한 포부나 이상을 향해 장래에 내가 무엇을 해야 할 것인가에 확실한 이정표가 서 있지 못하나 계속 탐색하고 있다. 그렇지만 일반적으로 연약한 마음으로 새로이 접하게 될 환경에 대하여 적응하는 데 적극성이 적다. 막연하고 구름 잡는 얘기이기 때문이다.

학생들이 당면하고 있는 문제는 학업상의 문제, 교우관계, 이성문제, 진학 또는 직업선택의 문제, 성격, 도덕적인 문제, 건강문제, 경제적 문제, 종교문제, 이데올로기 문제, 결혼 문제, 가치관 문제 등 그들이 겪고 있는 문제는 한두 가지가 아니고 복합적으로 얽혀 있다. 이러한 여러 가지 문제를 스스로 해결하고 적응하기 위해서는 적절하고도 객관적인 지도가 뒤따라야 정상적인 학교생활, 가정생활 등을 유지할 수 있게 된다. 나아가서는 정상적인 사회생활을 영위할 수 있게 된다.

첫째로, 나는 누구인가? 자신의 흥미, 능력, 적성, 인성에 대하여 돌아다 볼 수 있는 자기 탐색, 잠재력을 알아낼 수 있도록 제공하고 객관적인 심리검사치료 즉 지능, 적성, 흥미, 인성검사나 자아개념검사, 학력검사 등을 실시하여 적어도 자신의 잠재능력을 알아보도록 많은 객관적 자료를 이용하여 실시하고 그 결과를 깨닫게 하며 의문이 생겼을 때 친절히 대화를 통하여 자신을 인식시킬 수 있는 방법을 제도적 측면에서 강구하여야 한다.

둘째로, 자기표현 훈련을 위한 기회를 제공하여 정서적으로 스트레스를 갖지 않도록 집단대화의 시간을 많이 갖도록 제공한다. 그리고 미래와 적응생활에 대한 충분한 대화를 나누도록 한다.

셋째로, 특별활동시간을 잘 활용하여 자신의 능력이나 흥미가 같은 집단을 형성하여 교과목뿐만 아니라 특수 취미활동을 전개하여 취미를 기르고 창조적 활동에 관심을 갖도록 한다.

넷째로, 신체적 변화가 큰 시기이므로 마음껏 뛰놀고 활동할 수 있는 학교내외에 체육시간의 활용으로 흥미를 유발할 수 있는 프로그램을 제시하여 체능, 체격, 건강생활을 유지할 수 있도록 한다. 건강한 신체, 건전한 마음이 길러졌을 때 모든 일에 의욕을 가질 수 있다.그러므로 매일같이 일정한 시간은 신체단련 시간으로 할당하여 몸과 마음이 튼튼하도록 체육활동을 강화한다.

다섯째로, 이성에 대한 호기심이나 고민의 문제에 당면했을 때 이에 탐익 될 필요가 없이 건전한 스포츠활동, 오락, 여가활동을 찾아서 정신적 고민을 극복할 수 있도록 한다. 또한 자기의 취미있는 분야에 몰두할 수 있도록 자신을 채찍질하고 학업분야에 매진하면 쉬게 해결될 수 있다. 경우에 따라서는 건전하게 이성의 친구도 사귀어 이성의 호기심을 제거할 수 있도록 성교육에도 관심을 가져야 한다.

여섯째로, 이상과 포부가 큰 시기이므로 이 같은 열망(Aspiration)이 달성될 수 있는 정신력을 키워주도록 한다. 물론 자신의 능력을 참조하여 너무 현실과 거리가 먼 이상을 추구하면 실패율이 높고 만일 이루어지지 않았을 때 허탈감이나 낙망이 크면 좌절되고 인생을 포기하는 수가 많다.

그러므로 이상은 높게 갖되 현실을 무시하지 않는 방향으로 정신력, 투지력을 함양시키도록 하기 위하여 선배, 선조들의 위대한 업적을 남긴 인물들의 위인전, 자서전 등을 탐독하도록 하여 위인들이 겪어온 좋은 결과를 거울로 삼아 자신의 행동에 진취적 의욕을 얻도록 유도하여야 한다.

이와 같은 참고문헌의 예를 들면 [불가능은 없다], [정신력의 기적], [신념의 마력], [지혜롭게 사는 인생], [잠재능력의 신비], [배짱으로 삽시다], [적극적인 사고방식], [배짱을 배웁시다], [사람을 움직이는 힘], [정신력의 발견] 등 적극적인 사고를 함양시킬 수 있는 좋은 서적을 선택하여 읽고 실천할 수 있는 용기를 갖도록 불어 넣어주어야 한다.

또한 동양, 서양, 우리나라를 막론하고 세계적으로 유명하게 된 인물들의 자서전이나 위인전 등 수없이 많은 참고물을 읽도록 권장한다. 반드시 위인이 되라고 하는 것이 아니라 동서고금을 막론하고 위대한 사람이 된 그 배경에는 보이지 않는 갖은 고초와 노력과 인내, 지구력, 창조력 삶을 위해 부단히 실천하여 자신의 성공을 가져왔으며 인류에게 끼친 공적은 크다.

인간은 누구나 욕심을 가지고 있다. 욕심이란 많을수록 그만큼 피곤한 것이다. 또 자신을 피곤하게 만든다. 왜냐하면 그 욕심을 이루려면 뭔가 자신이 움직여야 하기 때문이다. 성경에 의하면, 욕심은 죄를 잉태하고 이 죄를 지으면 사망을 초래한다고 하니 헛된 욕심을 버리라고 권하고 있지만 사실 인간이 욕심이 없으면 발전도 없고 죽은 생명과 다름이 없다. 그러므로 될수록 건전한 욕심 또는 욕망은 누구에게나 필요한 것이다. 욕심을 그릇된 방향으로 이끌어 가지 말고 자신의 발전을 위한 원동력으로 삼으면 긍정적 삶을 이룰 수 있게 된다.

일곱째로, 학생들이 가지고 있는 큰 고민 중의 하나는 진로에 대한 것으로 장차 어떤 직업을 선택하여 생계의 유지는 물론이고 만족하고 행복한 삶을 유지하며 자아실현을 할 수 있을 것인가에 매우 회의적이다.

우리 인생의 선택 중에 가장 중요한 것이 있다. 직업의 선택, 배우자의 선택, 종교의 선택, 친구의 선택이 그것이다. 그 중에서 직업의 선택이야말로 모든 선택 중 가장 중요하다.

수많은 직업 중에 나는 어느 분야를 선택하여 일생을 보람있게 살아갈 수 있는가에 지대한 관심을 가지고 있다. 그러므로 진학을 하던 취업을 하던 개인 환경에 따라 다르겠지만 우선 자신의 적성에 알맞은 직업선택이 되도록 지도되어야 할 것이다. 여태까지는 직업의 소중함을 덜 인식하고 천시해온 전통 때문에 꺼려했지만 앞으로 직업은 귀천이 없으며 누구나 적합한 직업선택이 중요한 지도과제로 취급되어야 한다.

따라서 초등학교 수준에서부터 중·고등학교 단계에 이르기까지 발달단계에 알맞은 진로인식, 진로탐색, 진로준비의 과정을 설정하여 적합한 진로준비가 이루어지도록 교과과목에 따른 교과과목과 함께 직업교육을 가르치도록 하여야 한다. 이러한 일련의 교육과정을 통해서 자기인식, 탐색을 할 수 있고 진정한 자기완성의 길로 나아갈 수 있게 된다. 또한 자신을 객관적으로 잘 이해하였다면 거기에 자신을 발전시킬 수 있는 용기와 인내, 노력이 뒤따르도록 해야 한다.

(2) 성장과정에 따른 극기훈련

유치원 어린이로부터 초등학교, 중학교, 고등학교 학생으로 점차 성장하면서 극기교육의 내용과 극기훈련의 강도가 달라져야 할 것이다.

일반적으로 어렸을 때에는 부모의 과잉보호로 웬만한 버릇없는 행동도 그 어린이의 지적 성숙이 미달되었음을 이유로 문제 삼지 않을 뿐만 아니라 이러한 행동을 귀엽게 보고 비호하는 일까지 비일비재한 것이 사실이다. 그러나 이런 환경 속에서는 기본적인 생활 습관이 체질화 될 수 없을 것이다. 예의를 갖추지 못한 버릇없는 행동을 어렸을 때는 방치하다가 초등학교 상급학년이 되고 중학교 고등학교 학생이 되면 부모가 지나치게 간섭을 하게 되는 것이 우리의 현실이다.

생활습관은 어렸을 때는 엄격히 가르쳐야 하고 그가 성장함에 따라서 자율적인 행동을 도우면서 생활에 대한 간섭과 통제를 적절히 감소시켜 나가는 것이 정상적이라고 하겠다.

생활습관뿐만 아니라 어렸을 때에 가능하면 옷을 적게 입혀 추운 기후를 이겨내며 자연의 변화에 적응하도록 하여야 할 것이다. 우리 조상들이 어렸을 때 하의를 입히지 않고 어린이를 키운 것은 강인한 체력과 건강한 몸으로 생활하도록 배려한 것으로 보여진다. 스위스에서 어린 아이들을 추운 겨울철에 양말을 신기지 않고 맨발로 등산을 시킨다든지 오스트레일리아에서 갓 난 어린애를 바닷물 속에 넣어 스스로 헤엄치도록 지도한다든지 소련에서 추위를 이겨내는 훈련을 위해서 찬바람이 부는 시베리아에서 어린이행군을 시키는 사례 등에서 우리가 큰 교훈을 얻을 수 있다고 하겠다.

우리들의 자녀들이 어리면 어릴수록 그 지도 방법은 엄격하고 타율적이어야 하며 인지적 측면보다는 행동적 측면을 중시하여야 한다. 이후 우리들의 자녀가 점차 성장함에 따라 그 지도 방법을 엄격한 훈련과 지도에서 점차 완화시켜 나가면서 자녀들의 의견을 존중하고 받아들이는 방향으로 나가야 할 것이다. 또 이와 병행해서 타율적 참여에서 자율적 참여로 점진적으로 유도해 나가야 할 것이다.

3. 가정에서의 지도 방향

(1) 극기교육의 장애요인 제거

첫째, 왜 극기교육 내지 극기생활이 필요한지를 알고 그 지도 방향을 설정해야 할 것이다. 요즘 자라나는 청소년들은 자제력과 주의 집중력이 부족하고 하던 일을 끝까지 해 내는 끈기가 부족하며 편리만을 추구하고 어려운 일을 회피하려는 경향이 있기 때문에 자기 욕구가 좌절된 때나 어려움을 당할 때는 인내력과 저항력을 잃어 파국을 맞게 된다는 것을 인식 시켜야 하다.

둘째, 극기라는 것은 외부와의 싸움이 아니라 자기 자신과의 싸움이라는 것을 인식시키고 극기생활이 어떤 것인가를 깨닫도록 해야할 것이다.

극기는 우리 생활에서 먼 곳에 있는 것이 아니고 우리의 마음속에 있는 것이다.

셋째, 극기교육의 큰 장애요인 중의 하나는 가정에서의 지나친 과잉보호라고 하겠다. 자녀에 대한 부모의 과잉보호는 투지와 용기를 잃는 심약한 자녀를 만든다. 극기는 결국 자기 자신과의 싸움인데 부모가 자녀들의 욕구충족을 원하는 대로 들어주면 강인한 의지력을 키워줄 수가 없게 되는 것이다.

따라서 가정에서 부모가 자녀들에게 가르쳐 주어야 할 것은 어려움을 이겨내는 슬기와 그 속에서 겪는 고통과 땀의 의미를 일깨워 주는 일이다. 어린이들은 어려서부터 노력의 고통과 기쁨을 맛보아가며 성장해야 커서도 땀 흘리며 일하는 사람을 우러러 볼줄 알며 또 노력의 가치를 이해할 수 있게 되는 것이다.

"젊어서 고통은 사서도 한다", "자식을 사랑하거든 여행을 시켜라"는 말은 자녀를 갖고 있는 우리 부모들에 대한 값비싼 교훈이다.

세상의 많은 어려운 일들을 하나하나 극복하면서 인생의 참 뜻을 이해하게 되고, 험한 여행길에서 부모와 가정, 자기가 자라난 고향을 재발견하게 될 것이며 그러한 가운데 험한 세파를 헤쳐 나갈 용기와 신념을 배울 수 있게 되므로 값진 것이다.

(2) 정신적 극기

극기는 육체적인 고통을 감내하는 일도 중요하지만 정신적인 요소가 강한 것이라고 하겠다. 육체적인 극기는 정신적 의지력이 뒤따름으로써만이 가능한 것이다.

극기는 타율적인 물리적 힘에 의해서 이룩되는 것은 아니다. 극기심을 배양하기 위한 훈련 프로그램이 외부적인 힘에 의존하여 진행된다고 해서 그것을 타율적이라고 말해서는 안되겠다. 본인의 명시적 묵시적 동의나 참여 없이는 참된 효과를 기대 하기는 어렵다.

그러므로 극기교육에 있어서는 정신적인 요소를 중시해야 하며 교육을 받고 있는 어린이나 학생들이 주체적으로 파악하여 그들 자신의 자율적 능력을 인정해 주어야 한다.

극기는 자기 자신과의 싸움이기 때문에 이것을 할 수 있는 사람은 오직 자기 자신이라는데 대한 확신을 가져야 한다.

극기는 어려운 일이기 때문에 이를 극복해 내는 것이 값진 것이라는 것을 우리 청소년들에게 인식시켜 주어야 한다. 자기를 억제하는 사람은 가장 군센 사람이며 자기를 이기는 것보다 더 큰 승리는 없다. 자기 자신을 지배할 수 있는 사람만이 다른 사람을 지배할 수 있다는 확고한 신념을 넣어 주는 교육이 필요한 것이며 이러한 체험을 통해 터득되도록 지도해야 한다.

흔히 청소년 비행의 원인을 유해환경, 매스컴의 영향, 물질만능의 사회풍조에 돌리는 경향이 있으나 초·중고 학생들은 그들 나름대로 시비선악을 가릴 줄 아는 지혜와 능력을 갖추고 있다는 것을 간과해서는 안 될 것이다.

이들은 완전하다고 말할 수 있는 없지만 어느 정도의 자율적 행동이 가능하다고 보여지기 때문에 청소년 비행의 책임을 사회 병리현상에

전적으로 미룰 것이 아니라 자기 행동의 결과에 대하여 책임을 질줄 알아야 한다. 따라서 극기교육에 있어서는 자발적인 참여를 유도하는 것이 바람직하다고 할 것이다.

정신적 극기에는 항상 고난이 따르기 마련이다. 이 고난을 이겨내는 일이 무엇인가를 발견해야 한다. 언제나 바쁘게 일에 몰두하되 즐거운 마음으로 몰두한다면 이러한 고난으로부터 벗어날 수 있을 것이며 분노, 좌절, 혼란, 무력감 등도 극복할 수 있을 것이다.

(3) 분노의 처리

우리는 복잡하고 고도로 산업화된 사회 속에서 살아가고 있다. 따라서 가정 안팎에서 매일 같이 우리를 분노시키는 여러 가지 상황에 직면하게 된다. 자기의 분노를 건설적인 방법으로 처리하여야 한다.

분노는 일면 생산적이며 건전한 감정이지만 일차적으로 그것을 참고 진정시키는 일이 필요하다. 자기의 감정을 쉽사리 발산시키는 것은 극기심이 부족하기 때문이다.

그러나 분노를 참고 억압하는 일에는 한계가 있다고 본다. 분노의 감정을 느끼는 것은 건전하고 정상적이며 적절한 것이다. 그러나 분노심이 계속 억압당할 때는 육체적·정신적 건강 모두가 악화되기 마련이다. 극기는 그 자체가 인간의 의지와 심성에 도움을 줄 때 지킬 가치가 있는 것이지 무조건 강조될 성질의 것은 아니다.

분노는 배출구가 필요하다. 분노심을 건설적으로 발산시킴으로써 정신적 육체적 질환을 예방하거니 추방할 수 있는 것이다. 적당한 운동을 하거나 여행, 등산 등 각종 취미활동에 참여하거나 또는 여러 사람과 대화를 나누는 등 각자의 사정에 따라 얼마든지 개발할 수 있을 것이다.

부모들은 자녀들의 분노와 격정을 이해하고 받아들여 그들의 성장과정에 쌓인 분노, 좌절, 혼란, 무력감 등을 발산하도록 도와 주어야 할 것이다. 이러한 분노의 발산은 극기의 긴장감을 정신적으로 해소하는 방법이라고 하겠다.

(4) 규칙적 생활

극기는 자기의 개인적 욕구를 참고 이를 극복함으로써 이루어지는 것으로 공중도덕을 지키고 질서를 생활화하기 위해서는 개인적인 욕구를 억제하여 불편을 참고 견디면서 다른 사람에게 피해를 주지 않아야 하기 때문에 극기하는 마음의 자세가 필요하게 된다.

규칙적인 생활은 어릴 때부터 몸소 실천함으로써 가능하나 오랜 기간 같은 행동을 계속하여 실천하다 보면 바람직한 행동이 습관화되기에 이르는 것이다.

극기생활을 통해 공중도덕을 지키고 규칙적 생활과 개인의 절도있는 생활을 꾸려 가는 것이 불편하고 괴로운 것만은 아니고 사회 전체를 위해서 편리하고 아름다운 것임을 자녀들에게 가르쳐 주어야 할 것이다. 자기만을 알고 자기의 편의만을 생각하는 극단적 이기주의가 팽배한 사회 현실 속에서 극기생활은 사회를 명랑하게 만드는 역할을 하게 될 것이 분명하다.

(5) 일관성있는 학부모의 태도

극기심을 배양하는 일은 고통을 참고이기는 것을 전제로 하기 때문에 많은 경우 부모들은 자녀들에 대하여 어떤 때에는 너무 엄격하게 규제하고, 어떤 경우에는 같은 상황하에서도 유연하게 대처함으로써 자녀들의 판단에 혼란을 가져오고 그들 행동을 무분별하게 만드는 수가 많다.

자녀의 행동에 대하여 부모의 의견이 엇갈린다든지 부모 중 한쪽은 격려를 하고 다른 한쪽은 질책을 한다면 이것은 큰 문제이다. 물론 규제와 칭찬을 유효적절하게 행사하는 것은 생활지도에 있어서 중요한 일이지만 극기하는 생활 자세를 습관화하려면 적어도 부모는 일관성있는 태도로 자녀들을 대하여야 할 것이다.

또 어떤 때에는 자녀의 행동이 옳다고 두둔하다가 어떤 때에는 그르다고 질책을 한다면 그것은 자녀들의 인성형성에 많은 문제점을 낳을 수도 있는 것이다.

학부모의 일관성 있는 지도야말로 극기교육의 기초가 된다고 해도 지나친 말은 아닐 것이다. 더 나아가 사회의 가치관이나 풍조도 험한 난관을 이겨내고 땀 흘리며 일하는 사람들을 존중하고 위하는 풍토가 조성되어야지 그렇지 못할 때에는 가정에서 극기의 참뜻을 가르칠 수가 없을 것이다. 가정에서 가르치는 내용과 사회 현실 속에서 이루어지는 현상간에 큰 괴리가 발견된다면 자녀들은 부모의 말을 불신하게 될 것이기 때문에 이에 대한 적절한 지도가 요망된다고 하겠다.

4. 학교에서의 지도 방향

(1) 학교교육의 역할에 대한 인식

학교는 여러 종류의 학원과는 다르다. 지식전수만 생각한다면 학원이 학교보다 더 효과적일 수 있을 것이다. 입시준비만을 생각한다면 학원이 학교보다 능률을 올릴 수 있을 것이다.

그러나 학교는 지식이나 기술을 주입하고 체득시키는 기관만은 아니다. 상급학교 입학 준비를 위한 기관도 아니고 취업을 위한 준비기관만도 아니다. 그러한 것들은 학교교육에서 중요한 부분이기는 하지만 궁극적 목적은 전인교육에 있다고 하겠다.

흔히 지육, 덕육, 체육을 전인교육이라고 하지만 그 중에서 인간교육의 주류는 덕육이 될 것이다.

땀 흘리는 교육을 통해서 근로 봉사의 보람을 느끼고, 단체생활을 통해서 질서와 협동을 익히며 각자가 본능적인 욕구를 자제하고 참으면서 인생의 참뜻을 인식하는 것이다.

따라서 학교교육에서 극기의 필요성과 중요성을 학부모에게 이해시키려면 학교는 학원과 달리 전인교육의 측면에서 그 역할을 담당하고 있다는 사실을 충분히 납득시키는 방향으로 노력을 기울여야 할 것이다.

(2) 바른 생활 습관

인간은 우선 남과의 싸움보다 자기 자신과의 싸움에서 승리해야 한다. 부지런한 자기와 게으른 자기, 용감한 자기와 비겁한 자기, 참된 자기와 거짓된 자기와의 대결이다.

부지런하고 용감하고 참된 자기 자신을 발견하려면 주위의 모든 유혹을 물리쳐 자신의 개인적 욕망을 자제하여야 한다. 고통을 참고 이기지 못하고 고독감에 사로잡히거나 비관한 나머지 자포자기에 빠지고 혹은 눈앞의 쾌락에 도취하여 삶을 허송하는 사람들이 많이 있다.

원래 인간에게는 고통에 대처할 용기와 지혜가 있는 것이다. 따라서 자신에게 닥친 고통을 극복하고야 말겠다는 정신력만 잃어버리지 않는다면 어려운 일을 슬기롭게 처리해 나갈 수 있을 것이다.

극기하는 마음과 자세로 하루의 생활계획을 알차게 세워 어떤 어려움이 있더라도 꾸준히 참고 실천하는 버릇을 어릴 때부터 몸에 배도록 훈련하여야 한다.

정확하고 세밀한 생활계획표를 작성하여 실천하도록 한다. 하루의 생활계획을 알차게 세워 어떤 어려움이 있더라도 꾸준히 참고 실천해나가면 자연히 나쁜 습관은 없어지고 바른 생활습관이 몸에 배게 된다. 기상시간과 취침시간을 엄격히 지키고, 절도 있는 일과시간과 휴식시간을 가지면서 규칙적이고 질서있는 바른 생활을 일정기간 지속적으로 유지시켜 바른 생활 습관을 가지도록 해야 하겠다.

그러자면 학교에서는 담임교사가 중심이 되어 모든 교사가 협력하여 지각, 결석, 조퇴, 결과와 같은 근태상황을 점검하고 주의 집중하는 수업태도와 바른 자세가 되도록 세심한 배려를 해야 할 것이고 개인생활표 실천은 가정과 서로 협력하여 꾸준히 지켜나가도록 지도하여야 할 것이다.

(3) 교과활동을 통한 극기교육

우리 민족은 외세의 도전에도 강하고 끈질긴 저항으로 나라를 지켜왔다. 사회, 역사, 국어, 국민윤리교과에서는 우리 민족의 국난극복사를 가르쳐야 한다.

나라를 잃고 타민족의 가혹한 지배를 받았던 민족의 치욕적 역사를 기억하고 국토 분단과 민족상잔의 대결이 계속되고 있는 뼈아픈 현실을 잊지 않고 투철한 역사의식으로 현재의 우리의 처지를 정확히 이해하면서 실현문제를 건설적으로 해결해 나가도록한다.

우리가 헤쳐 나가야 할 국내외적 파도와 바람은 거세고 차가운 것이며, 무서운 태풍을 일게 할 먹구름은 항상 우리 주위를 맴돌고 있음을 인식시켜 이러한 시련은 각자가 극기를 통해 나라의 어려움을 함께 이겨 낼 수 있다는 확신을 가지도록 한다.

또 극기를 개인적 수양의 지침으로 삼도록 하고 극기복례의 참뜻과 자아실현은 자기중심상의 극복에 있음을 일러준다. 바른 수업태도와 예의범절은 극기를 통해 이룩되는 것이므로 모든 교사들은 교과시간은 물론 학교내외 생활 전반을 통하여 적절한 지도를 행하여야 할 것이다.

체육교과와 교련교과에서는 학생들의 심신단련을 위해서 치밀한 지도계획을 수립하여 시행하는 것이 좋을 것이다.

특히 교련교과는 학생들에게 극기활동을 통해서 인내심을 기르고 정신력을 강화할 필요가 있는 것이다. 흔히 우리 주위에서는 "그 사람 군대 갔다 오더니 새사람 되었다"는 말을 듣는 일이 있다. 그 말의 뜻은 군대 입영해서 극기할 줄 아는 사람이 되었다는 뜻으로 해석되어진다. 교련교과에서는 무기를 다룰 줄 아는 방법이나 요령을 터득하는 것보다도 강인한 정신력을 강화하는 방향에 비중을 두어야 하리라고 믿는다.

(4) 특별활동을 통한 극기교육

각급 학교는 특별활동을 생활화하여 개인의 특기를 신장하고 취미활동을 통하여 정서적 순화를 도모해야 할 것이나 이때 무엇보다도 유의해야 할 것은 그러한 활동을 통하여 극기심을 길러 줄 수 있다고 한다면 그러한 일에 많은 관심을 가져야 될 것이다.

첫째, 각종 체육활동을 강화하는 것이 좋겠다. 달리기를 비롯한 육상경기 그중에서도 춘추로 단축 마라톤 경기를 실시하는 것도 권장할 만하다. 역도, 복싱, 레스링 등 투기종목에 참가하는 것도 필요할 것이며 축구를 비롯한 각종 구기종목에 참가하는 것도 좋을 것이다.

둘째, 각종 수련활동 계획에 참여한다. 집단 야영을 통해서 우정과 봉사와 협동을 배울 수 있게 되고 조국과 부모를 생각하게 된다. 또 집단적 사고를 통하여 왜곡된 가치관을 바꾸어줄 수도 있는 것이다.

등산활동은 극기심 배양에 좋은 프로그램이 될 수 있을 것이다. 여러 집단으로 나누어 주말이나 방학을 이용하여 등산대회나 구보대회에 참가하는 것도 좋고 가능하다면 해양훈련에 참가한다면 더할 나위 없이 좋은 일이 될 것이다.

셋째, 인성교육 프로그램을 적용해 본다. 집단 상담 내지 집단 심성교훈을 통해서 자기의 생활을 반성하고 소극적이고 부정적인 사고방식을 적극적이고 긍정적인 사고방식으로 바꿀 수 있을 것이다. 극기라고 해서 무조건 참고 견디라는 뜻은 아니다. 자기중심적인 사고에서 탈피하는 자아실현이 바로 극기라고 할 수 있겠다.

넷째, 소풍, 수학여행에 대한 종래의 관념을 수정할 필요가 있다. 소풍과 수학여행을 유람, 놀이, 행락이 아닌 봉사와 극기훈련의 계기로 삼고 그런 방향으로 충실한 프로그램이 되도록 개발하면 좋을 것이다. 앞으로 수학여행을 조국순례라는 이름으로 바꾸어 야영하면서 조국의 산하와 고적을 두루 살펴보는 극기훈련으로 대체하는 것도 바람직할 것이다.

(5) 소비생활에서의 극기

요즘 학생들은 물건을 아낄 줄 모른다고 개탄하는 사람이 많이 있다. 학교 교무실에서는 시계, 학용품, 신발 등 많은 습득물이 쌓여도 찾아가지 않는다고 하며, 많은 학생들이 큰 필요성을 느끼지 못하면서 다른 아이들이 사니까 덩달아 물건을 구매해 놓고 제대로 사용하지도 않고 팽개쳐 버리는 경우가 많다고 한다.

우리나라는 부존자원이 빈약한 나라로 원유를 비롯하여 대부분의 원자재를 외국에서 도입하고 있는 실정이다. 국토는 좁고 인구는 많아 인구밀도는 세계 3위(가용면적으로 본 인구밀도는 세계 1위)인데다가 자본 축적이 되어 있지 않아 부끄럽게도 외채가 상당히 많은 것으로 알려져 있다.

지금 우리 경제의 만병통치약은 절약 밖에 없다. 지속적인 경제성장을 이룩하자면 국내저축 특히 가계저축을 늘려야 한다. 그러자면 각 개인이 경제생활에서 소비를 줄여 고통을 참고 견디면서 저축을 늘려나가는 길밖에 다른 도리가 없다.

오늘날 우리가 흔히 "국산품 애용"을 들고 나오지만 우리나라에서 생산되는 대부분의 공산품의 원료가 외국에서 도입한 원자재이므로 엄밀히 보면 외국제나 다름없다. 따라서 앞으로는 국산품 애용보다 물자절약을 강조하여 검소한 소비생활을 추진해 나가야 할 것이다.

이러한 물자절약과 소비생활의 합리화는 개인적 욕망을 억제하고 이를 조절함으로써 가능한 것이기 때문에 이것도 역시 극기생활을 통해서만이 달성될 수 있는 것이라고 할 것이다. 예를 들면 에너지 절약은 많은 불편을 참고 아끼면서 더위와 추위를 이겨내야 가능한 것이다. 소비생활에서의 극기는 개인의 생활은 물론 국가 발전에도 크게 기여한다고 할 것이다.

(6) 유치원 · 초 · 중 · 고 단계에 따른 지도 방향

한 인간은 생애가 유아기, 아동기, 소년기를 거쳐 청년기로 진행되는데 우리의 학교교육은 가정에서와 마찬가지로 그 지도방법이 갈수록 엄격해지는 것 같다.

나쁜 버릇은 어릴 때 고쳐주는 것이 효과적인데 어린이는 아직 판단능력이 부족하고 미숙하다는 이유로 관용을 하기 마련이다.

학교의 규율이 초등학교 보다 중학교가 더 엄하고 중학교에 비해서는 고등학교가 더 엄하여 규제가 날이 갈수록 강화되고 있는 것이 현실이다. 한 인간에게 좋은 습성을 갖게 해주는 것은 어린시절일수록 효과적이라고 한다. 가소성은 많은 경험을 쌓은 청년기보다 경험이 적은 어린이가 더 높다고 할 것이다.

따라서 나쁜 버릇은 유치원 초등학교 시절에 철저히 지도하여 시정해야 한다. 유치원과 초등학교 때부터 엄격한 훈련으로 인간으로서의 기본생활을 습관화시키고 극단적 이기주의에 입각한 행동을 배제토록 해야 한다.

그러자면 여기에는 교사의 권위와 사랑이 수반되어야 한다. 자발적 참여를 권장하지만 여의치 않을 때에는 타율적 강제도 필요할 것이다. 유치원 · 초 · 중 · 고교의 단계에 따른 생활지도는 행동적 측면을 중시하여 엄격한 훈련과 타율적 참여로부터 출발하여 점차 부드러운 훈련과 자발적 참여의 방향으로 추진되어야 할 것이다.

극기교육의 실효를 높이기 위해서는 학교 자체의 교육 훈련도 중요하지만 학 부모와 사회의 이해와 협조가 더욱 필요하다. 학교가 지식위주의 공부만 하는 것이라는 인식을 갖고 있는 풍토하에서는 많은 오해를 불러일으킬 수도 있겠기 때문이다.

또 다른 한편으로는 종교단체와 청소년 단체가 추진하는 극기훈련과 집단훈련 프로그램에 참여하는 것도 좋을 것이다.

MRA, RCY, 청소년연맹, BS, GS, YMCA에서 추진하고 있는 각종 수련대회에 참석하도록 하고 기독교, 천주교, 불교 등에서 행하는 명상의 시간, 묵상의 시간과 마음을 한곳에 집중하는 정신수양인 선을 생활화하는 것도 매우 뜻있는 일이 될 것이다.

(7) 교사의 일관성 있는 지도

학교의 생활지도 방침은 일관성을 견지해야 한다. 학칙 준수는 엄격해야 하고 학생 개인의 사정을 감안할 때는 신중을 기해야 할 것이다.

담임교사가 학생을 대하는 태도는 항상 일관성 있어야지 그렇지 못할 때에는 학생들은 어떤 방향으로 자기의 행동 좌표를 결정해야 할지 몰라 당황하게 되고 기본생활은 습관화 될 수 없게 되는 것이다.

학생부와 교도부는 상호연계지도로 학생의 생활태도에 대하여 같은 주장을 해야 한다. 학생부와 교도부 관계 교사들은 학생지도 방법에 있어서는 서로 다른 점이 있다. 전자는 보다 엄격하고 규율과 질서를 앞세우면서 전체를 위해서는 부득이한 경우 개인의 희생은 불가피한 것으로 본다. 이에 반하여 후자는 상담활동과 심리적 치료를 중시하며 전체보다는 개인적 사정을 감안해 주려고 하며 예방적 측면에서 자애로운 방법을 도모하려고 한다.

그러나 여기에서 유의해야 할 것은 학생부나 교도부가 방법면에서는 약간 다르다고 할지라도 기본적 인간관에는 다른 점이 없어야 한다는 것이고 일관성 있는 목표를 갖고 대처해야 한다는 것이다. 그렇지 않으면 학생들은 가치관의 혼란을 일으키게 된다.

학교당국과 교사들의 일관성 있는 지도는 가정의 협력을 필요로 하고 있다. 가정에서 방임하고 있는 일을 학교에서만 엄격히 다룬다든가 가정에서의 금기사항이 학교에서는 용인된다면 곤란한 문제이다. 따라서 학교교육은 가정의 이해와 협력 없이는 소기의 성과를 기대하기 어렵다. 그 중에서도 극기를 생활화하여 정신적 수양의 자세로 삼는 일이야말로 가정과 학교의 연계지도가 절실히 요망된다.

극기는 참으로 어려운 것이다. 때문에 한창 자라나는 청소년에게는 도전해 볼 가치가 있는 것이다. 육체적 정신적 건강을 위해서도 극기 생활을 통해 인생의 참뜻을 이해하도록 지도해 나가야 할 것이다.

제11장 직업지도 활동프로그램

위에 제시한 직업적응에 필요한 이론적 배경을 토대로 하여 다음과 같은 실제 수업 활동을 전개하도록 한다. 다음은 직업적응에 관련된 수업활동의 모형을 제시한 것이다.

1. 직업

(1) 단원의 의의와 목표

1) 직업의 의미

직업은 생계를 유지하기 위하여 노동에 참여하는 활동으로서만 이해되어 왔다. 과거에는 직업의 종류도 단순하여 거의 대부분의 사회구성원들이 비슷한 직업에 종사하고 있다. 그러나 고도로 산업화된 사회에 이르러 직업을 이해하는 방식, 직업의 종류, 직업 조직체, 그리고 직업인상등에서 큰 변화를 보이게 되었다. 직업이란 이제 생계유지의 수단으로서만 이해되지 않고 자아를 실현하고 심리적인 만족을 이룩하며 능률을 발휘하는 터전으로서 이해되기에 이르렀다. 아울러 직업을 통하여 삶의 보람을 느끼고 행복한 삶을 누리며 자아실현의 경지로 나아가도록 이끌어 주어야 한다.

(2) 학습목표

· 직업은 인간생활의 유지수단으로서 기본임을 인식케 한다.

· 직업의 근본정신은 일의 보람과 근면성을 키우며 신성하고 소명감을 갖도록 하는데 있다.
· 직업은 사회구성원으로서 필수적인 것이고 평생동안 삶을 윤택하게 해주며 창조적 삶을 누린다는 것을 알게 한다.
· 직업에 임하는 자세와 능력을 갖도록 한다.
· 일에 흥미를 가지고 스스로 생활을 영위하려는 태도를 가지게 한다.
· 직업의 종류를 알게하여 자신의 적합한 직업을 탐색할 수 있도록 유도한다.
· 여러가지 직업에 종사하는 사람들의 모습은 어떠한가를 이해한다.
· 자신의 희망에 대해서 생각하고 결정할 수 있도록 한다.
· 산업구조의 변천과 직업세계의 변화를 이해시킨다.

1) 단원의 내용

이 단원에서 지도해야 할 내용은 직업이란 무엇이며 왜 필요하며 어떠한 것이 있는가를 탐색하고 계획하며 선택할 수 있도록 한다. 또한 직업은 어떠한 기능을 가지고 있으며 직업선택의 중요성과 준비를 위한 방법은 무엇인가? 그리고 변화하는 산업사회에서 내가 택해야 할 직업의 성질, 조건, 교육정도, 장래 전망 등에 대하여 이해를 높이고 실천할 수 있는 방안을 탐색하도록 한다.

2) 계획 및 운영상의 유의점

직업은 누구에게나 필수적으로 택해야 할 과제로서 인간생활을 풍요롭게 유지해 나가는데 기본적이다. 그렇기 때문에 선택에 있어서 신중을 기해야 되고 개인의 흥미나 적성, 능력, 성격적인 특성을 고려해야 한다. 현대사회와 같이 직업의 세계가 복잡하고 다양하여 전문화 되어있는 현실에서 자신의 열망 또는 포부에 적합한 선택이란 매우 어렵다. 또한 취업난이 극심한 현재의 상황에서 소질과 적성,

능력에 알맞은 직업의 선택은 더욱 힘들다. 그러나 자신의 능력에 알맞도록 직업세계를 탐색하여 선참하고 준비하는 일이 중요하다. 순간의 선택이 일생을 좌우하게 되므로 첫번째 선택이 중요한 것이다. 그렇지만 경우에 따라 적합하지 못할 때에는 진로를 바꾸어 자기의 적성에 알맞은 직업의 선택방향으로 나가는 것이 바람직하다. 왜냐하면 만일 적성에 맞지 않는 직업을 갖게 된다면 직무에 불만을 품게되어 작업능률도 향상되지 못할 뿐만 아니라 심리적으로 불안하고 불행을 느끼게 된다. 따라서 학생들의 잠재 가능성을 최대한으로 신장시기고 만족한 생활을 누리게 하기 위해서는 무엇보다도 자신의 적성·흥미·능력·성격·포부에 알맞게 유도할 수 있도록 자기 탐색을 객관적으로 파악할 수 있도록 지도해야 한다.

3) 활동의 실제

① 직업의 종류알기

학생들이 가정이나 학교 또는 사회에서 일하고 있는 사람들이 어떠한 직업을 가지고 평생을 살아가고 있는 가를 알아보도록 한다.

- 가까운 친척들의 직업에 대한 이야기
- 각 시방의 특성에 따른 직업의 종류에 대한 이야기

도시…상업, 회사원, 공장 직공, 의사, 간호원, 아나운서, 언론인, 교사, 사무직원, 교수, 판매원, 운전기사 ……

농촌…농부, 목축업

산촌…광산업, 버섯 재배업, 임업

어촌…수산업, 양식업

② 직업군에 대한 종류 이해하기

한국직업분류표에 의하면 우리나라의 직업군은 대략 9가지로 분류하고 있는데 ㉠ 전문직 ㉡ 관리직 ㉢ 행정직 ㉣ 판매직 ㉤ 농·임·수산·어업직 ㉥ 서비스직 ㉦ 생산직 ㉧ 교통·체신직 ㉨ 노무직으로 구분된다. 이들 직업군의 내용과 특징은 다음과 같다.

㉠ 전문직이란 무엇이며 여기에는 어떠한 직업이 있는가?

전문직이란 전문적 지식 또는 기술을 필요로 하는 직업이다. 보통 대학정도의 교육을 받아야 한다. 여기에는 자연과학자, 건축기술자, 공학기술자, 생명과학자, 의사, 치과의사, 수의사, 통계학자, 경제학자, 회계사, 법무종사자, 교수, 교사, 종교인, 저작가, 조각가, 화가, 창작예술가, 작곡가, 연예인, 체육전문가 등.

㉡ 관리직이란 무엇이며 어떠한 직업이 있는가?

관리직은 중앙 및 지방행정부에서 정책 결정과 수립 그리고 법률이나 공공규칙의 제정과 개정에 관여하거다 정책의 해석과 집행을 관리하는 사람과 공·사립 기업체 및 조직체의 이사나 관리자로서 계획, 조직, 조정 및 감독하는 사람들이다.

여기에 속하는 직업은 관공서의 국장, 부장, 서장, 청장, 관장 또는 영업소장, 역장 등이 속한다. 그리고 기업체, 은행, 공·사단체의 중역, 공장장, 병원장, 지점장, 지배인, 기관장, 사무장 등이 포함된다. 주로 입법공무원, 정부의 관리직이나 관리자를 포함한다.

㉢ 사무직이란 무엇이며 어떠한 직업이 있는가?

사무직이란 정부 하위직 공무원을 포함하여 사기업 및 공기업체 사무원, 타자수, 사무기계, 전화 및 전신장비 조작가, 경리원, 출납원, 문서처리, 정부의 행정 공무원, 등이 속한다.

㉣ 판매직이란 무엇이며 어떠한 직업이 있는가?

판매직은 백화점, 도매상, 소매상, 상점 등에서 물건을 사고 파는 점원들을 말한다. 여기에는 도매, 소매 관리자와 자영자, 판매 감독자 및 기술 판매원, 외부 판매원, 보험, 부동산, 증권과 기업 서비스 판매원 및 경매원 등이 포함된다.

㉤ 서비스직이란 무엇이며 어떠한 직업이 있는가?

서비스직은 봉사와 서비스를 제공해서 그 댓가를 받는 직종을 의미한다. 여기에는 주로 요식·숙박업 관리자 또는 자영자, 가사 및 관련서비스 감독자, 조리사, 웨이터, 바텐더 및 관련 종사자, 건물관리원, 청소원, 세탁공, 이발사, 미용사, 보안업무 종사자, 그밖에 분류되지 않은 서비스 종사자 등이 속한다.

ⓑ 농업·축산·임업·수산·수렵업직이란 무엇이며 어떠한 직업이 있는가?

이 직업군은 1차산업으로 점점 감소 추세에 있는 직종이지만 인간의 생활유지를 위한 기본적인 욕구를 공급해 주는 산업분야이다. 여기에는 농장 관리자 및 감독자, 농업 경영자, 농업 및 축산 종사자, 임업 종사자, 어부, 수렵인 및 관련 종사자들의 직업을 말한다.

ⓢ 생산직이란 무엇이며 어떠한 직업이 있는가?

생산직은 각 기업체, 산업체, 중소기업 등의 기관 또는 회사에서 물품, 물건들을 만들어 내는 곳에서 종사하는 직업을 말한다. 여기에는 원료가공 및 조립, 각종 완성품, 반제품의 제조, 수리작업, 제품제조, 장치, 기계, 운전 및 조작, 각종 건설, 토목공사, 전신 전화기 조립 등의 직종에 종사하는 사람들이다.

ⓞ 교통·체신직이란 무엇이며 어떠한 직업이 있는가?

교통 체신직은 우편 체신에 관련된 분야에서 종사하는 직업을 포함한다. 여기에는 선박, 항공기, 기차, 자동차 고속버스 등의 교통기관에서 운전 혹은 조정하여 사람과 물건을 수송하는 업무에 종사하는 직종과 유선, 무선의 전화통신등에 관련된 기술 사무 직종이 속한다.

ⓩ 노무직이란 무엇이며 어떠한 직업이 있는가?

노무직이란 아무런 특수 기술이 없어도 신체가 건강하고 체격만 좋으면 단순 노동에 종사할 수 있는 직종으로서 막노동에 종사하는 사람을 말한다.

③ 직업의 소중함 알기

직업은 인간생활의 기본 욕구를 충족시켜 주는 활동으로서 중요하며 소속감을 말해준다. 이러한 소속이 없이는 정서적으로 불안하고 삶의 의미를 상실하게 된다. 그러므로 직업의 소중함을 알도록 지도해야 한다. 과거의 전통사회의 가치관처럼 직업은 노예나 상인(常人)의 전유물이 아니라 직업의 생활이 삶의 전체를 지배하게 되므로 귀천을 가리지 않고 소명감을 갖고 차분히 직업생활에 만족할 수 있는 가치관의 지도도 함께 이루어져야 한다. 따라서 직업은 귀천이 없이 소중함을 인식하여 만족하고 행복한 삶의 터전이 되도록 유도한다. 다음에 열거하는 내용을 근거로 토의해 본다.

· 종류가 다른 직업들이 상호 보완적이고 의존적 관계임을 알고 모든 직업이 꼭 필요한 것임에 대한 이야기를 한다.
· 직업에는 귀천이 없고 소중함을 이야기 한다.
· 나의 장래 직업에 대한 종류를 이야기 한다.
· 나의 이상적인 직업선택을 위해서 어떻게 할 것인가를 토의한다.
· 내가 싫어하는 직업은 무엇이며 왜 좋아하지 않는가?
· 내가 좋아하는 직업은 무엇이며 왜 좋아하게 되었는가?
· 나는 어떠한 소질을 가지고 있는가를 탐색해본다.

④ 여러가지 직업에 종사하는 사람들의 모습 알기

우리나라 직업에는 1만 여종이나 있다. 그것을 이해하기란 어렵고 또 전부를 알 필요도 없다. 다만 주위에서 일하는 사람들의 현장을 견학하면서 직업의 중요성과 일하는 모습을 보면서 장차 자기의 직업선택에 참고가 될 수 있도록 경험을 많이 쌓고 일할 수 있는 기회를 갖도록 한다. 그리하여 잠정적으로 직업을 선택하는데 도움이 될 수 있도록 지도해야 한다.

· 학교에서 가까운 공장이나 일터를 방문하여 지역에 따른 직업의 종류를 알아본다.

도시학교…생산공장, 회사, 백화점, 병원, 관공서, 경찰서, 법원, 학교, 도매상, 자동차, 빼스 제조회사, 무역회관, 대사관, 교도소 등 견학

농촌학교…채소밭, 과수원, 비닐하우스, 농장, 목장, 농축 협동조합, 면사무소, 군청, 교육청, 농기계 판매소

산촌학교…나무베기, 숯굽기, 광산 채취소, 양잠업

어촌학교…어업현장, 양식장

· 견학한 곳의 생산 물품을 조사한다.
· 견학한 곳의 일의공정을 노트에 요약, 정리하고 평가한다.

⑤ 자기의 희망에 대하여 말하기

사람들은 각자 나름대로 희망과 포부를 가지고 있다. 이러한 열망은 자신의 능력 수준과 일치해야 만족감을 느끼고 행복하며 성공감을 갖는다. 만일 포부수준과 능력수준이 일치하지 않고 그 차이나 폭이 크면 클수록 욕구불만이나 갈등 또는 좌절 상태에 빠진다. 그렇기 때문에 우리 교사들은 희망과 능력이 일치하는 방향으로 이끌어 주어야 모든 학생들은 주어진 여건 속에서 만족감을 갖게 되므로 이에 대한 각별한 지도가 요청된다.

- 학생들에게 현장 견학을 통해서 얻어진 경험을 통해서 본 여러 가지 직종 중에서 자기에게 관심있는 분야에 대한 이야기를 말하게 하며 본 내용을 적어본다.
- 학생들이 현장 학습을 통해서 본 관심있는 직업의 인상적이었던 점에 대하여 토의하고 자신의 희망과 비교해 본다.
- 내가 어렸을때 희망했던 직업은 무엇인가를 이야기 한다.
- 현재 또는 앞으로 나는 어떤 직업을 택할 것인가 이야기 한다.
- 자기가 하고싶은 직업에 필요한 기술과 준비 사항에 대해서 이야기 한다.
- 사람들이 왜 일을 하는가에 대한 토의를 한다.
- 자기가 하고 싶은 일이나 직업이 생겼다면 그 일을 글짓기로 표현하여 다른 친구들과 의견을 교환한다.
- 시간제 일로 일해 본 경험이 있으면 경험담을 발표하고 일의 고마움과 어려운 점에 대하여 이야기 한다.

4) 평가방법 및 문제

① 평가의 주안점

이 단원은 인간이 장차 미래에 선택해야 할 직업을 올바르게 준비하기 위해서 직업을 이해하는 방식과 직업의 종류를 이해하는데 주안점을 두고 있다. 따라서 이 단원에 대한 학습내용의 평가는 직업을 왜 가져야 하며 직업에 임하는 태도 직업세계의 다양성을 이해하고 개인의 능력에 알맞은 직업선택을 할 수 있도록 지도하는데 관점을 두어야 할 것이다. 직업의 선택이 잘 이루어지기 위해서 교사들은 학생들의 직업적응활동을 위한 준비에 다각적인 지식과 경험을 필요로 한다.

직업의 종류, 직업군의 분류와 내용과 특징, 직업의 소중함, 직업에 종사하는 사람들의 모습, 자기의 희망 등을 종합적으로 이해하고 있는가를 평가하는데 그 관점을 두어야 한다.

② 평가 방법 및 문제

㉠ 직업은 왜 필요한가를 이야기해 본다.

㉡ 내가 어렸을 때 나는－이 되고자 했다.

㉢ 현재 나는－이 되고자 한다. 그 이유는 무엇인가

㉣ 나에게 이상적인 직업은 무엇인가 적어본다.

㉤ 도시에는 어떠한 직업의 종류가 있으며 그 직업의 특성은 무엇인가를 알아보도록 한다.

㉥ 농촌, 산촌, 어촌에서 얻을 수 있는 직업은 무엇이 있으며 그 특성들은 어떠한 것인가를 이야기 해 본다.

㉦ 직업군은 무엇이며 직업군에 속해 있는 9가지 분류를 쓰고 그 특성과 관련된 직업의 종류를 나열해 보고 내가 좋아하는 직업은 어떠한 것이 있는가를 순서대로 5가지만 써본다. 왜 나는 그 직업을 좋아하게 되었는가? 과연 그 직업을 선택할 수 있는 능력을 갖추었는가를 평가해 보고 준비를 할 수 있는가

㉧ 직장에 현장 견학을 나아가서 여러가지 직업에 종사하고 있는 사람들의 모습을 보고 무엇을 느꼈는가 일기장에 써보고 그 대책을 세워본다.

㉨ 내가 좋아하는 직업과 싫어하는 직업의 종류를 나열해 보고 그 원인이 무엇인가를 파악해 본다.

㉩ 나는 장차 어떠한 인물이 될 것인가 포부를 설정해 보고 그 목표 달성을 위해서 어떻게 해야 할 것인가 그 구체적인 방안을 계획·설계해 본다.

㉪ 직업군별 직업의 종류를 적어보자

2. 직업과 적성

(1) 단원의 의의와 목표

1) 적성의 의의와 내용

적성이란 일정한 훈련에 의해 숙달될 수 있는 개인의 능력 즉 어떤 특정 활동이나 작업을 수행하는데 필요한 능력의 발현 가능성 정도를 의미한다. 적성을 밝히고 개인차를 밝히는데 이용되는 검사를 적성검사라고 한다. 적성검사는 교육이나 훈련을 받기전에 잠재적으로 개인이 소유하고 있는 능력의 일종이다. 적성에는 학업적성, 직업적성 또 특수적성은 사무적성, 기계적성, 음악적성, 미술적성, 언어적성, 수공적성, 수리적성 등이 있다.

(2) 학습목표

- 적성이란 무엇이며 왜 필요한가를 알게 한다.
- 적성에는 어떠한 것이 있으며 적성에 관련된 직업은 어떠한 것이 있는가를 이해한다.
- 직업군과 적성요인과의 관계와 그 직업의 예를 알아본다.
- 흥미란 무엇이며 직업과 흥미와의 관계를 인식한다.
- 인성 유형과 직업과의 관련성을 이해한다.
- 신체조건과 직업과의 관계를 파악한다.
- 창력에 의한 가능한 직업은 무엇이 있는가를 알아본다.
- 직업선택의 조건

1) 단원의 내용

직업을 결정하는 요인은 다양하다. 이를 구분하면 개인적, 사회경제적·교육체재적인 차원으로 구분된다. 개인적인 차원에서 적성요인을 구분하면 ① 내재적 요인으로 연령, 성, 능력, 인성, 직업적 흥미, 학력, 신체적 조건등으로 결정되어 ② 외부적 요인으로 가정배경, 부모의 직업 및 학력, 가정의 사회 경제적 지위, 가족 구성, 종교, 가치관과 태도 등에 좌우된다. 사회 경제적 차원에 의한 구분에 따르면, 산업구조의 변화 요인, 산업 기술의 혁신 요인, 인구 증가 요인, 사회의 직업 가치관 요인 등으로 분류된다. 교육체제적인 차원에서 분류하면 학교 배경이나 교육정책에 따라 달라진다. 그러므로 진로선택 또는 직업선택에 있어서 중요시 해야 될 점은 이와 같이 개인적 적성요인(신체적 능력, 적성능력, 실력)과 인격적 요인(성격, 흥미, 가치관, 삶의 습관 태도) 그리고 환경적 요인(가정환경 경제 미래 예측)에 의해서 결정되므로 이에 대한 깊은 이해와 연구 그리고 학생들의 적성을 파악하도록 제시하고 적합한 능력 적성에 알맞게 직업지도를 해야 될 것이다.

2) 계획 및 운영상의 유의점

직업적응력을 기르기 위해서 직업교과나 실과, 미술, 음악, 공작 등 교과와 밀접하게 관련지어 지도되어야 하겠지만 기타 모든 교과와도 관련시켜 현장 실습, 견학, 학습을 통해 각 목표에 실제적인 도달이 가능하도록 한다. 지도담당교사는 장애 아동에 대한 깊은 이해와 교육적 배려로써 청각 장애자가 일반사회의 한 성원으로서의 정상적인 통합생활이 이루어지도록 각별한 주의가 요청된다. 장애자의 완전한 사회보장 대책 가운데 가장 중요한 과제가 곧 직업대책이므로 학생들에게 직업탐색을 위한 준비단계로서 초등학교부터 직업에 대한 적성을 발견 이를 계발하여 중·고등학교에서는 전문적인 직업기능을 갖도록 지도하는 분야이기 때문에 적성교육은 매우 중요한 요소이다. 직업적응력의 목표는 취미와 특기에 따른 직업기초 적성의 파악, 특기의 계발 및 발견, 여러가지 직업분야에 대한 지식을 알고 직업선택의 기초가 되도록 뒷받침을 해 주어야 한다. 따라서 학생들의 적성을 파악하기 위한 제반 심리검사를 실시하고 객관적인 자기의 능력을 파악하고 이에 적합한 직업등에 관련지워 직업선택을 할 수 있도록 도와주어야 한다.

3) 활동의 실제

① 적성과 진로

직업선택은 개인의 적성에 알맞게 이루어져야 선택한 직업에 만족하고 작업능률을 올릴 수 있으며 보람을 느끼면서 일생을 행복하게 살아갈 수가 있다. 그러므로 학생들의 적성을 파악하기 위한 작업이 시작되어야 한다. 직업에 대한 흥미 또는 적성을 알아보기 위해서는 직업적성검사를 실시해야 한다. 일반적으로 직업의 적성요인은 ① 언어능력 ② 공간지각 ③ 계산력 ④ 추리력 ⑤ 기계 추리력 ⑥ 척도 해독력 ⑦ 수공 능력 ⑧ 기억력 ⑨ 사무지각 ⑩ 형태지각 등의 요인으로 요약할 수 있다.(자세한 내용은 본문을 참조 할 것)

나의 적성은 어느 분야에 속하고 있는가를 확인하도록 지도한다.

(3) 직업군과 적성요인

· 인문계 전문직에는 적성요인이 무엇이며 그 직업에 대한 구체적인 예를 제시하여 이해하도록 한다.

· 자연계 전문직, 공안직, 사무직, 봉사직, 판매직, 응용 미술직, 설계제도 및 전기 관계직, 제판 및 제화직, 검사 및 선별직, 기계조립 및 가공직, 조형 및 세공직, 기타 분야의 기술 및 기능직의 특성은 무엇이며 이에 관련된 직업의 종류를 제시하고 이해하도록 한다.

· 적성을 판단할 수 있는 방법을 설명한다. -종합적성검사, 특수적성검사

① 직업과 흥미

흥미란 어떤 대상, 활동, 경험 등에 대해서 계속적으로 그것에 몰두하거나 아니면 그것을 그만두려고 하는 행동경향이다. 이는 그 강도가 사람마다 다른 것이 특징이다. 흥미는 그 대상에 따라서 음악, 미술, 정치, 경제, 기술, 자연 과학, 체육, 종교 등으로 나누어질 수 있고 측정할 수 있는 심리검사를 통하여 밝혀질 수 있다.

흥미를 분류하면, 문학적, 물상 과학적, 사회과학적, 기계적, 전자적 흥미, 상업적, 봉사적 흥미, 옥외 운동적, 예능적 흥미로 구분할 수 있다.

위와 같은 내용의 흥미와 관련된 직업세계를 이해하도록 학생들로 하여금 자신의 흥미가 무엇인가를 이야기 하도록 한다.

· 왜 직업을 택할 때 흥미에 맞는 방향으로 결정해야 하는가를 이해하도록 하며 토의한다.
· 어렸을 때의 흥미는 무엇이며 지금의 흥미와 비교하고 왜 달라졌는가를 파악한다.
· 나는 누구의 영향을 받아 흥미를 갖게 되었는가 그 흥미는 무엇이었는가를 알아본다.
· 나의 흥미를 알아보기 위한 방법은 무엇인가? 실시방법은 무엇이며 그 결과는 나의 흥미와 같은가 다른가를 비교하고 왜 그렇게 되었는가를 분석해 본다.

② 인성유형과 직업

인성이란 개인의 가치관, 욕구, 자아개념, 열망수준, 대인관계 등의 제반 특성에 속한다. 이러한 특성 역시 직업 선택과 적응에 영향을 미친다. 그러므로 학생들이 각자 어떠한 인성적 특징을 가지고 있으며 그에 따르는 직업은 어떠한 것이 있는가를 탐색하도록 한다.

인성특성에는 활동성, 사려성, 사회성, 안정성, 지배성, 예술성 등이 있는데 각 이 복성에 따른 직업의 예를 들고 나는 어떤 유형의 특성을 가지고 있는가를 발표하도록 한다.

· 나의 인성적 특성은 무엇이며 누구의 영향을 받았는가.

- 나의 성격은 선천적인가 아니면 후천적인가를 파악한다.
- 나는 성격을 고칠 수 있는 능력을 가지고 있는가.
- 개인의 자아개념, 가치관, 욕구, 대인관계 등 인성요인이 직업 선정에 결정적인 영향을 미친다는 것을 설명한다.
- 인성을 이해할 수 있는 방법을 알려준다－성격검사, 인성진단검사

③ 신체조건과 직업

직업수행은 평생동안 계속되는 과정이므로 우선적으로 신체가 건강해야 한다. 신체적 조건은 체격, 체질, 체능, 체력, 건강이다. 개인차에 따라 다르므로 이와 같은 여건을 탐색하고 신체적 장애에 따르는 부적합한 성질은 무엇이며, 부적합한 직업의 예를 제시하고 이해하도록 한다.

신체적 장소에 속하는 것으로는 신체적 쇠약, 근시, 색명, 난청, 발음장애, 취각 장애, 폐질환, 악취, 신경성 질환, 위장 장애, 심장질환, 피부병, 서투른 솜씨, 가질(편평족 및 하지 혈관 경련), 신체동작 불 민첩, 간질, 류마치스성 체질, 탈장 등이다. 이와 같은 각 신체적 조건이 있는 학생은 그 조건에 따라 부적합한 직업을 선택하지 말아야 한다. 왜냐하면 부적응을 일으키기 쉽고 피로하며 비생산적이 된다. 따라서 담당교사는 학생들의 신체 조건에 따라 부적합한 직업선택이 이루어지지 않도록 각별한 주의를 환기시켜 적응에 원만한 방향으로 유도해야 한다.

- 직업을 선정할 때는 자신의 체력, 건강, 신체적 결함이나 질환을 고려해야 함을 설명한다.
- 직업 선정시 고려해야 할 가정환경요인에는 어떤것이 있는지 알아본다.
- 직업에 따라 요구되는 교육 수준에 차이가 있으며 학력에 상관없이 일정한 기술을 요구하는 직업이 있음을 설명한다.
- 직업선정에 영향을 미치는 조건을 설명한다－즉 학교의 성격(인문・실업계), 교우관계, 교사의 영향 등

1) 평가방법 및 문제

① 평가의 주안점

직업을 선택하는데 있어서 고려해야 할 점은 학생들의 적성, 흥미, 능력, 성격, 신체적 조건, 가정배경 등을 객관적으로 파악하고 그 토대위에서 적합한 직업을 선택해야 직업에의 적응이 원만하여 만족하고 능률을 올릴 수가 있다. 그리고 직업의 보람이나 소명감을 갖게 되어 자아실현에 이르게 된다. 만일 이와 같은 절차의 내용이 순조롭게 이루어지지 못하면 직업에 불만을 갖게 되고 부적응을 일으켜 개인이 불행에 빠지게 된다. 그러므로 이단원 내용의 학습에 대한 평가는 학생들의 정확한 적성을 파악하고 흥미나 능력, 인성, 포부등을 객관적으로 이해하도록 지도해야 한다. 이러한 여러가지 요인이 잘 이해되고 적용될 수 있는가를 확인하고 평가하는데 관점을 둔다.

② 평가방법과 문제

㉠ 직업 선정시 고려해야 할 점은 무엇인가를 알아본다.

㉡ 학생들에게 직업분야를 선정할 때 직접적으로 영향을 미치는 요인이 무엇인가를 찾아본다.

㉢ 적성을 판단할 수 있는 방법은 무엇인가

㉣ 직업을 결정할 수 있는 요인은 무엇인가 알아보자

㉤ 나의 흥미는 무엇이며 흥미에 알맞은 직업은 무엇이 있는가를 찾아본다.

㉥ 나의 능력과 신체적 조건에 알맞은 직업은 어떤것이 있는가? 그 직업은 나에게 적합하다고 인정할 수 있는가를 점검해 보고 그 결과에 대해서 평가를 한다.

㉦ 직업 선정시 고려해야 할 가정환경 요인에는 어떤것들이 있는지 알아본다. 부모의 직업, 부모의 요구, 가정의 경제적 여건, 가정의 전통과 종교, 부모의 교육수준 등의 요인을 참작하여 나의 경우를 비교해 본다.

㉧ 기타 직업 선정에 영향을 미치는 조건을 설명하고 그 조건을 제시해 본다.

㉧ 나의 적성을 객관적으로 탐색해 보고 알맞은 직업은 어떠한 것이 있는가를 알아본다.
㉨ 산업별 직업의 종류를 적어보자(1차산업, 2차산업, 3차산업등)

3. 직업관과 윤리

(1) 단원의 의의와 목표

1) 직업관과 직업윤리

직업관이란 직업에 대한 보는 관점으로서 직업의 가치관을 의미한다. 현대사회는 경제적 기반 없이는 하루도 살아갈 수 없고 이 사회를 움직이는 것은 주로 직업인들이다. 직업은 개인 생활의 지주인 동시에 국가생활의 기본이나. 사람에게는 누구나 자기의 본질이 있다. 이 본질을 유감없이 발휘할 때 자아실현을 할 수 있으며 궁극적인 목적이라 할 수 있다. 일반적으로 직업을 가지는 목적이라면 생계유지나 사회봉사 및 인격형성을 들 수 있다. 그러므로 직업은 긴 안목으로 결정해야 한다.

올바른 직업관은 보람있는 삶을 실현하기 위하여 절대적으로 필요하다. 건전한 직업관이 확립되어야 주어진 직업 또는 자기가 선택한 직업분야에서 성실하게 근무할 수 있고 보람을 찾을 수 있기 때문에 직업가치관의 형성이 무엇보다도 중요한 요소이다. 직업관은 사회의 변화에 따라 많은 변화를 가져 왔다. 소명의식 천직사상을 주입시킴으로써 직업의식을 바람직한 방향으로 개척해 나가야 한다. 직업을 수행하기 위해서는 직업윤리가 뒤따라야 한다. 그렇지 않으면 사회의 부조리가 따르고 혼란해지며 인간성이 모멸된다. 사회는 혼란이 일어나게 되므로 건전한 직업관 형성이 필요하다.

모든 직업은 일정한 사회적 역할을 담당하고 있다. 직업윤리는 모든 직업에 공용되는 윤리 즉 모든 직업인에게 일반적으로 요구되는 윤리와 각 직종에서 특수하게 되는 특수윤리가 있다. 기업에는 기업윤리가 있으며 공직에는 공직윤리가 반드시 존재한다. 그밖에 경제윤리, 노동윤리, 교직윤리 등 어느 직종에든지 그 직업을 원만하게 수행해 나가는데 필수적인 직업윤리가 있다. 이것을 어김없이 준수해야만 공정하고 창의적인 직업활동을 해 나갈 수 있음을 깨닫게 해주어야 한다.

(2) 학습목표

직업을 지키는데는 크게 세 가지 목적이 있다. 첫째로 직업을 가짐으로서 생계유지를 위한 재화를 얻을 수 있다. 둘째로, 직업을 통해서 공동체가 해야 할 일의 일부를 분담함으로서 사회에 봉사하고 참여할 수 있다는 것 셋째로 적성에 맞는 직업에 종사함으로써 각자의 소질을 계발하고 인격을 연마함으로써 자아를 실현할 수 있다. 그런데 현대사회에 있어서는 첫째 목적에 치우치게 되어 마치 직업이 돈벌이의 목적이 전부인양 착각하는 사람이 많다. 이것은 개인을 위해서나 국가를 위해서 불행한 일이 아닐 수 없다. 따라서 건전한 직업관 확립과 직업윤리가 뒤따라야 된다.

이 단원의 학습목표는

- 직업관을 확립시켜야 한다. 직업관이란 직업을 통하여 자기실현과 인류를 위하여 공헌하겠다는 천부적 관념을 주입시킨다.
- 직업의 의미 및 직업의 개인적·사회적 의의를 이해한다.
- 직업관이 개인의 직업준비 및 선정, 직업수행에 미치는 영향을 이해한다.
- 건전한 직업관이 갖추어야 할 조건을 이해한다.
- 직업선정의 중요성을 인식한다.
- 직업 선정시 고려해야 할 조건에는 어떤 것이 있는지를 이해한다.
- 직업인으로서 가져야 할 자세는 어떤 것인가를 이해한다.

1) 단원의 내용

이 단원에서 지도해야 할 내용은 직업관의 중요성, 건전하고 올바른 직업관형성은 무엇이며 어떻게 해야할 것인가 직업선정의 중요성, 직업선정의 기준, 직업윤리의 의미, 직업인의 자세 등을 중심으로 전개될 것이다.

2) 계획 및 운영상의 유의점

- 모든 직업은 사회적 역할을 분담하고 있으므로 똑같이 중요하다는 것을 주시시킨다.
- 건전한 직업관은 개인의 행복과 발전에 중요함은 물론 사회의 발전에도 매우 중요함을 강조한다.
- 구체적인 직장윤리를 논의해 보는 것이 좋다.
- 직업의식 개발에는 다음 9가지 사항이 유의되어야 한다.
  ① 근면한 근로태도: 근면을 엄하게 다루고 존중하는 태도
  ② 노동에 대한 자신: 노동으로부터 즐거움을 찾는 성취 완성의 만족
  ③ 자기능력에 대한 자각: 기능, 지식, 정신 능력, 흥미, 의욕, 적성 등
  ④ 자기 직책에 대한 과시: 사회 전체적 가치로서의 공헌도 및 역할
  ⑤ 사회에 있어서 자기의 입장과 장래성의 자각
  ⑥ 직업인으로서의 전체와의 유기적인 관계, 전체의 일환으로 자기의 입장
  ⑦ 노동인으로서 일반적인 목표와 자기 목표
  ⑧ 원활한 대인관계
  ⑨ 인내력, 책임감, 협조성 기타 성격의 개선 방향

3) 활동의 실제

① 직업선정의 중요성

- 처음 직업 선택이 중요한 까닭을 이해한다.
- 직업선정의 중요성을 설명한다. 직업생활에서 보람을 느끼고 또 그것을 통하여 사회에 봉사할 수 있으려면 자신에게 알맞은 직업 선정에 중요하다.
- 직업의 종류가 다양하고 직업선택의 자유가 주어져 있는 현대사회에서 직업선정이 더욱 중요하다.
- 직업선정의 기준은 학생들에게 직업 선정시 어떤 조건을 고려해야 하는지를 질문하고 토의한다.
- 학생들의 발표내용을 요약, 정리하고 직업 선정시 고려해야 할 조건을 설명한다. 적성, 흥미, 신체적 조건, 가정환경, 수입, 사회적 공헌도, 직업의 안정성, 장래성 등
- 학생들에게 직업을 잘 수행하기 위해서는 어떤 것들이 필요한가를 질문하고 대답한다.
- 학생들의 응답내용을 정리하면서 직업수행에 필요한 지식, 기술 습득의 중요성을 강조한다.
- 직업생활을 위한 준비로서의 교육의 중요성에 관하여 토의한다.
- 자기소질에 맞는 직업을 선택해야 하는 까닭과 직업선택의 조건에 대하여 논의한다.

② 직업관의 형성

- 학급내에서 자기가 맡은 일을 끝까지 수행하기
- 자기가 하기 싫은 일도 끝까지 완수할 수 있는 자세를 기르기
- 분단별로 협동작품 만들기
- 하루 동안 지낸 일을 반성하고 일기쓰기
- 계획대로 수행한 점 잘못된 점을 평가해 보기
- 보람있는 직업은 어떤 것들이 있는가를 제시하고 평가해 보기
- 직장인의 올바른 자세는 어떠한 것인가 발표해 보기(배우려는 자세, 상호협조하는 마음, 창의력 발휘, 성실한 근무자세, 사명

감 등)

- 직업생활을 위한 준비로서 나는 어떠한 준비를 해야할 것인가.
- 학생들로 하여금 자신의 직업계획을 세우고 발표·토론하도록 한다.
- 옛날 사람들은 어떠한 직업관을 가지고 있었는가 토의해 본다.
- 현대인들은 어떠한 직업의식을 가지고 있으며 어떠한 자세로 임하고 있는가를 토의해 본다.
- 부모의 직업을 열거하여 구체적 내용을 토의하여 부모들은 잘 지키고 있는가를 토의한다.
- 나는 어떠한 직업관을 가져야 할 것인가.

③ 직업윤리

- 직업윤리의 의미를 설명한다.
- 학생은 직업윤리에 어떠한 것이 포함되어 있는지 생각해보고 토의한다.
- 직업인이 가져야 할 자세와 태도에 대해 설명한다.(직업에 대한 긍지와 사명감, 성실감, 책임감, 협동적인 사회적 행동 등)
- 구체적인 직업에서 요구하는 직업윤리에 대해서 이야기해 보게 한다.
- 원만한 직장생활을 위해서 갖추어야 할 기술 및 태도에는 어떠한 것이 있는지 설명한다.
- 직장 조직의 성격과 구조에 대한 이해를 시킨다.
- 인간관계의 중요성이 직장생활의 성패를 좌우하는 조건이 된다는 것을 설명하고 토의해 보기
- 직장생활에서의 예절은 어떻게 해야 하는가를 토의한다.
- 자기계발을 위해서 어떠한 사고와 태도를 가져야 하는가를 이야기한다.
- 부모의 직업을 예를 들어 직업윤리가 잘 지켜지고 있는가를 토의해 본다.

4) 평가방법 및 문제

① 평가의 주안점

이 단원에서 평가되어야 할 것은 학습목표에 제시된 바에 비추어 인간은 누구나 일정한 연령에 도달하면 부모로부터 독립되어 자주적인 생활을 영위하기 위해 직업을 선택하고 선택된 직업에서 생계유지와 사회봉사 및 자기실현을 이룩하는 것이 일반적인 경향이다. 그런데 이와 같은 과정이 이루어지려면 먼저 직업관 형성과 직업윤리의 실현이 선행되어야 한다.

인간의 선택의 중요성 가운데 가장 핵심분야는 직업의 선택이므로 선택이 올바르게 이루어져야 개인의 만족과 행복을 가져오게 되므로 무엇보다도 선택을 잘 할 수 있도록 중요성을 환기시키고 직업을 수행할 때 직장인으로서 올바른 자세를 지닐 수 있도록 가치관을 정립시켜야 한다. 아울러 직업윤리의 필요성도 강조되어야 한다.

따라서 직업선택에 있어서 개인의 가치관의 정립을 위한 준비활동이 필요하고 직업에 들어가서는 직무수행에 성공적인 적응을 위한 실천방법을 터득해야 한다.

② 평가방법과 문제

① 직업에 대한 자신의 의견 및 태도를 표시해 보자
② 모든 직업은 신성하며 중요하다고 생각되는가 발표해본다.
③ 나는 직업세계에 대하여 공부하는 것이 좋다고 인정되는가? 토의해 본다.
④ 대학을 나오지 않아도 내가 할 수 있는 직업이 많이 있다고 생각하는가 토의해 본다.
⑤ 학교에서 장차 직업에 활용할 수 있는 것들을 많이 가르쳐 주고 있는가? 토의한다.
⑥ 건전한 직업관이란 어떤 것인가 적어보자(개인적 측면과 사회적 측면).
⑦ 우리는 직업에 대한 준비교육을 잘하고 있는가 평가해본다.
⑧ 직업윤리란 무엇이며 어떤 종류의 것이 있는가를 알아본다.

⑨ 직업선정시 고려할 점은 무엇인가?
⑩ 나의 이상적인 직업은 어떤 것인가? 를 탐색하고 결정하도록 한다.

4. 진로정보 활동

(1) 단원의 의의와 목표

1) 진로정보활동의 의미

현대사회는 산업기술 사회라고 한다. 과학기술문명이 고도로 발달해감에 따라 새로운 분야의 직업이 생겨나고 이에 대한 적응을 위해 준비교육이 필요하다. 더구나 새로운 정보가 쏟아져 나오고 있는 현실에서 정보를 모르면 그만큼 학습활동이니 직업선택과 준비에 상당한 지장을 주고있다. 따라서 우리는 새로운 정보를 재빨리 입수하고 소화시켜 적응생활에 이바지 하도록 노력하여야 한다.

정보란 사물의 이름, 사건, 사실에 이르는 체계화된 지식을 의미한다. 정보활동은 정보의 세계를 알리는 활동을 뜻한다. 가정이나 학교, 사회 등의 학생 주변을 둘러싸고 있는 환경으로서 학생들이 능동적으로 정보의 세계를 찾을 수 있도록 제공해 줌으로써 자신의 환경변인을 쉽게 이해하고 적응할 수 있게된다. 보다 적합한 주변환경을 손쉽게 이해할 수 있고 필요한 사실과 자료를 충분히 수집·보관·제공해 줌으로써 모든 일에 직면했을 때 학생들이 현명한 선택과 적응 및 결정을 내릴 수 있게 되는 교육활동을 말한다. 따라서 진로정보활동은 개인이 장차 진로선택 및 적응을 위해 필요한 모든 지식과 이해에 관련된 정보를 제공해 주는 조직적이고 체계적인 봉사활동이다. 정보활동에는 교육정보, 직업정보, 개인·사회적 정보 등이 있다.

(2) 학습목표

· 정보란 무엇이며 정보활동에는 어떠한 종류가 있는가를 인식케 한다.
· 정보활동은 왜 필요하며 정보활동의 목적은 무엇인가를 알게 한다.
· 정보자료에는 어떤 것이 있으며 구독방법은 무엇인가를 이해한다.
· 교육정보 자료에 관련된 종합자료를 찾아본다.
· 직업정보자료와 관련된 책자를 찾아본다.
· 정보자료를 어떻게 수집하고 찾아보는 방법을 알게 한다.
· 우리학교는 어떤 종류와 정보자료실이 있는가?
· 개인·사회적 정보자료와 관련된 책자를 찾아본다.
· 현장 견학이나 실습을 통하여 정보를 찾아보도록 한다.

1) 단원의 내용

이 단원에서는 학생들이 현재 직면한 환경을 이해하고 그에 적응할 수 있도록 돕기 위하여 학교교육 전반에 관련된 학습활동 즉 학업성취, 학업부진 원인, 진학, 해외유학, 재정상의 문제, 중퇴자들을 위한 교육정보를 제공해 준다. 또한 학생들이 장차 직업을 선택할 때 필요한 각종 직업정보를 제시하여 풍부한 직업세계를 이해하고 자기에게 가장 적합한 정보를 입수하여 폭넓은 일의세계를 이해시키도록 한다. 아울러 대인관계 즉 교사와 학생관계, 학생과 학생관계(교우관계), 이성 관계, 부모와 학생관계 등 원만한 적응생활에 필요한 정보를 수집하여 생활적응에 유익하도록 한다. 나아가서는 포부, 성취동기, 인생관, 가치관, 종교관, 정신위생, 처세술 등과 관련지어 개인의 사회생활 적응에 필요한 정보를 제공해 주는데 주안점을 둔다.

2) 계획 및 운영상의 유의점

현대사회를 정보화 시대라고 한다. 급격하게 산업사회에 현명하게 적응하기 위해서는 새로운 정보에 익숙해야 한다. 정보는 학교뿐만 아니라 가정과 지역사회, 산업체, 기업체, 회사 등 여러 곳에서 구할 수 있다. 교육은 학교에서의 정규 교과과정만을 이수하면 전부 끝나는 것이 아니라 생활지도에 관련된 모든 적응활동이 원만하게 이루어짐으로써 그 기능을 다할 수 있다고 본다. 정보활동 역시 효과적인 학교생활과 사회생활 또는 직업생활을 영위하는데 절실하게 요구되는 것이므로 학생들에게 다양한 정보를 계획적이고 체계적으로 조직하여 자유롭게 선택할 수 있도록 준비해 주어 개인생활적응과 미래의 직업선택에 도움이 될 수 있도록 편리한 장소에 비치해 두고 열람할 수 있도록 한다. 그리고 학생과의 상담활동을 통해서 문제점을 조사하고 해결해 줄 수 있도록 기회를 많이 제공해 주어야 한다. 정보를 제공하려면 정보자료실이 필요하다. 각급학교에서는 학생들에게 풍부한 경험을 갖도록 자료실을 만들어 주려면 행·재정적인 지원이 뒤따라야 한다. 지도교사는 수시로 새로운 정보자료를 구입하여 자료실에 보관 비치하여 학생들이 수시로 이용할 수 있도록 충분한 기회와 경험을 제공해 주어야 한다.

3) 활동의 실제

① 교육정보를 알아보기

교육정보는 단순히 상급학교 진학을 위한 여러가지 정보만이 아니고 진학을 포함한 학교교육을 통한 모든 교육활동 즉 교과활동, 학업성취, 학업부진 원인, 진급, 생활지도, 행동발달, 신체적 발달, 특별활동, 학업중퇴, 전인교육 추진을 위한 학습 등 모두를 적응하기에 필요한 정보이다. 그러므로 학생에게 제시해 주어야 할 정보는 아래와 같다.

㉠ 학교생활에서 이루어지고 있는 모든 교과 및 교육활동에 관한 자료제공

㉡ 교사와 관련된 흥미, 취업, 적성 등에 관한 정보자료제공

㉢ 상급학교(인문계, 실업계, 전문대학, 대학 등)안내를 위한 정보자료제공

㉣ 학교 안에 존재하는 여러가지 클럽과 사회적 활동에 관한 자료

㉤ 학교에서의 학습방법과 기술에 관한 정보자료

㉥ 장학제도와 학비조달 방법에 관한 자료
㉦ 일하면서 공부하는 것을 계획하고 있는 학생을 위한 학교통신 교육제도에 관한 자료

위와 같은 자료를 제공해주고 익숙하도록 기회와 경험을 풍부하게 하여 교육에 관한 문제해결에 도움이 되도록 지도되어야 한다.

② 직업정보를 알아보기

직업정보는 진로정보라고도 하며 직업세계에 관한 다양한 정보와 직업군에 대한 모든 자료를 말한다.

각 학교에서 학생들이 이해하고 이들에게 제공해 주어야 할 총괄적인 정보의 범위는 다음과 같다.

㉠ 직업분류와 직종에 관한 자료
㉡ 직업선택을 위한 이해자료
㉢ 노동시장의 구인, 구직에 관한 정보자료
㉣ 취업정보자료와 졸업생의 취직 상황정보자료
㉤ 각 정부기관, 기업체, 산업체, 매스컴 기관, 학교, 병원, 직업훈련소 등 각 직장의 현황 소개 자료
㉥ 직업관 직업윤리에 관한 이해자료

위와 같은 내용의 자료를 학생들에게 익숙하도록 학습활동을 전개한다. 필요에 따라 이와 같은 정보를 수집하는데 협조하도록 하고 발표, 토의한다.

③ 개인, 사회적 정보자료 이해하기

이 정보는 주로 대인관계에 작용하는 심리적, 물리적 환경에 영향을 미치는 유용한 자료이다. 인간이 사회활동을 원만하게 하려면 적합한 대인관계와 적응생활이 절실하게 필요하다. 이러한 적응생활에 관련된 정보내용을 소개하면서 익숙하도록 요청한다. 여기에 관련된 정보는 다음과 같다.

㉠ 자기 이해와 통찰에 관한 정보자료
㉡ 건전한 인성의 발달에 관한 정보
㉢ 처세술, 성취동기 육성을 위한 방법에 관한 자료

㉣ 신체적 정신적 건강과 발달을 이루는데 필요한 정보자료
㉤ 여러가지 가치관 정립에 필요한 정보자료
㉥ 사회적 기술, 여가생활의 건전한 활용등에 관한 정보자료
㉦ 교우관계 및 성 역할의 이해에 관한 정보

기타 개인의 행동특성 및 개인차, 태도, 예의범절, 공중도덕, 윤리에 관한 정보 자료를 제시하고 탐속하도록 지도한다.

4) 평가방법 및 문제

① 평가의 주안점

정보자료는 다양하고 복잡하므로 모든 자료를 제시하고 익숙하기에는 너무나 벅찬 내용과 활동이다. 그러므로 지도교사는 가급적 간단하고 쉽게 정리하여 쉽고도 구체적인 내용부터 소개하고 지도해야 한다. 학생들이 얼마만큼 정보에 익숙하고 이용을 하는가를 평가하기 위해서는 적극적인 홍보활동이 필요하다. 학교 방송을 통해서 또는 각급 담임교사를 통해서 정보자료에 대한 이해를 돕기 위해서 매일 강소해둔 필요가 있다. 정보자료실을 만들어 위에 제시한 각 정보영역에 관련된 구체적인 정보를 수집, 보관, 열람하여 학생들이 얼마만큼 이용도가 높은가를 측정해야 한다.

② 평가 방법 및 문제

㉠ 정보활동은 무엇이며 왜 필요한가를 이해하였는가?
㉡ 정보활동의 목적은 무엇이며 정보활동의 영역에 대하여 토의해보라
㉢ 교육정보란 무엇이며 이에 관련된 정보자료를 제시하라
㉣ 직업정보란 무엇이며 이에 관련된 정보자료를 제시해 보라
㉤ 개인·사회적 정보는 무엇이며 이에 관련된 정보자료를 제시하라
㉥ 각종 정보자료를 구독할 수 있는 방법을 제시해 보자
㉦ 학교에 정보자료실이 있는가? 정보자료실을 이용해 본 경험이 있는가 얘기해본다.

ⓞ 정보자료실에서 무엇을 얻을 수 있었는가에 경험담을 말해본다.
ⓩ 직업의 세계를 알아보려면 어디에 가면 찾아볼 수 있는가?
ⓒ 내가 필요한 정보는 무엇인가 그 내용을 밝히고 문제해결을 위해 어떻게 해야 하는가 그 방법을 제시해 보라
ⓚ 대인관계에 필요한 정보는 정보의 영역 중 어느 것에 속하는지 말해보고 어떠한 자료에서 구할 수 있는가 찾아본다.
ⓣ 정보자료는 무수하게 많다. 나는 어떤 정보에 가장 관심이 있고 거기서 무엇을 얻을 수 있었는가?

5. 진로교육

(1) 단원의 의의와 목표

1) 진로교육의 의미

진로교육은 현재 당면한 교육의 문제점을 해결하기 위해서 새로이 고안된 개념으로 넓은 의미의 직업교육이며 직업적성교육이다. 인간은 누구나 자신의 자질과 적성, 그리고 능력을 바탕으로 나름대로 인생을 설계하여 생의 방향을 결정 지워 주는 직업을 선정한다. 이 직업을 통해 가족의 생계를 유지하고 생활의 기쁨을 찾으며 나아가 자기의 존재와 사회적 위치를 확인하면서 자아실현에 이른다. 때문에 직업의 선정이야 말로 한 평생에 있어서 가장 중요한 결단이다.

그러므로 학생 개개인이 지니고 있는 가능성을 탐색 발견하고 이를 충분히 계발시켜 학생이 원하는 직업을 선정해 주고 의미있는 행복한 삶을 준비하게 하는 진로교육은 학교교육의 핵심이다. 진로교육은 자신의 진로를 합리적으로 의식하는 인간을 육성함에 있다. 따라서 진로교육의 목적은 개인이 현명하게 진로를 선택하고 이에 적응 발전해 나감으로써 자아실현을 도모하고 사회에 공헌할 수 있는 기틀을 마련해 주는데 있다.

진로교육은 진로지도와 취업지도를 포함한다. 나면서부터 죽을때까지 전 생애의 과정으로 발달단계에 따라 초등학교에서는 진로의식, 중학교에서는 진로인식, 중학교에서는 진로탐색, 고등학교에서는 진로준비, 대학교에서는 진로 전문화과정으로 구분하고 「진로교육」 내용이 전개된다.

종합적으로 진로교육의 기초가 되는 개념은 ① 개인의 가치와 열망에 두고 ② 일의 가치와 존엄에 있으며 ③ 여가활동의 경험이 관련되고 ④ 평생 동안 끊임없이 변화되는 과정이며 ⑤ 자아개념의 발달이 직업과 관련됨을 인식하고 ⑥ 직업선택에 필요한 정보와 방향지도(오리엔테이션)가 이루어져야 한다.

(2) 학습목표

진로교육의 일반적 목표는 다음과 같다.

① 자신의 적성, 흥미, 인성, 능력 등을 정확히 이해한다.
② 경제 사회 구조의 측면에서 직업의 세계를 이해한다.
③ 자신에게 적합한 진로계획을 수립하고 진학 또는 취업에 필요한 지식, 기능을 습득한다.
④ 일과 직업에 대한 건전한 가치관 및 태도를 형성한다.
⑤ 직업의 소중함을 알고 장래 직업인으로서의 포부를 갖는다.
⑥ 직업에 대한 지식을 가지고 자신의 진로계획을 잠정적으로 정한다.
⑦ 직업 또는 진학에 필요한 정보를 수집 분석하여 자신에게 적합한 직업 또는 학교를 선정하고 이를 위해 준비한다.

1) 단원의 내용

이 단원에서 전개해야 할 내용은 진로교육의 의미를 이해하고 목표에 따라 발달단계에 알맞은 진로 발달론을 기초로 하여 초등학교 수준에서는 진로의 인식, 중학교에서는 진로의 탐색, 고등학교 수준에서는 진로의 준비를 해야 한다. 진로교육 내용체계는 영역에 따라 ① 자아의 발견 ② 일의 세계 ③ 진로 계획 ③ 일에 대한 태도 및 가치관 형성 등으로 구분하여 각급 학교별로 다루어져야 한다. 진로 결정 요인에는 능력, 직업적 흥미, 인성, 학력, 가정 배경, 경제상태, 신체적 조건, 학교등에 좌우된다. 진로계획에서는 계획의 필요성과 장래계획을 세워보고 장래 희망·포부를 이루기 위해 노력하는 태도를 길러주도록 한다.

2) 계획 및 운영상의 유의점

진로교육은 생애교육이라고도 불리는데 진로지도와 취업지도를 포함하는 넓은 의미의 직업교육이며 직업적성교육이므로 모든 교육은 진로교육의 수행과정이라고 볼 수 있다. 적재적소에 알맞은 직업의 선택에 도움을 주어 누구나 선택한 직업에서 만족하고 잘 이루어져야 한다. 학급교사는 진로교육과 진로지도에 관한 깊은 이해를 가지고 특별활동시간이나 정규 교과시간에 학습지도와 아울러 진로에 관련된 단원이 나올때 겸하여 지도하는 것이 바람직하다. 별도로 진로시간을 두고 지도하는 것이 바람직하나 현재의 여건으로 보아 특별한 시간을 할애할 수 없는 형편이나 직업적응 생활이 생활적응 활동에서 궁극적인 역할을 해야 함으로 각별한 관심을 가지고 철저하게 지도해야 한다. 따라서 진로지도 교육에 관한 연간계획을 세워 직업과 학습세계를 관련지어 지도한다. 진로교육은 학문과 직업교육을 통한 통합교육이므로 교과영역과 떼어낼 수 없다. 또한 교과와 관련된 직업에는 어떤 것이 있는가를 살펴서 직업세계에 익숙하도록 하며 자신의 결정이 후회 없는 삶의 준비로 이끌어갈 수 있도록 진로상담을 통하여 구체화 한다.

3) 활동의 실제

① 진로교육의 의미와 중요성 이해하기

진로교육이란 개인이 만족스럽게 삶을 누릴 수 있도록 진로에 대한 방향을 세우고 선택하여, 그에 대한 준비를 하고 선택하여, 그에 대한 준비를 하고 선택한 진로에 들어가 계속적인 발달을 꾀할 수 있도록 돕기 위하여 제공되는 일체의 경험이다. 그러므로 진로교육은 개개인에게 중요한 과제이며 요소이다. 따라서 학생 누구에게나 진로교육의 중요성과 필요성을 주지시켜 자신의 진로개척에 효과적으로 대응할 수 있는 준비를 시켜 주어야 한다.

· 진로란 무엇인가 이야기 한다.
· 진로란 왜 필요한가, 나의 진로는 어떻게 정할것인가
· 장래계획의 필요성을 확인시키고, 장래의 진로를 계획하는 일이란 무엇인가를 설명한다.
  – 장래 어른이 되어 어떤 직업을 가지고 살아갈 것인가를 중심으로 일평생의 할 일을 계획하기
  – 각자 하고자 하는 직업을 선택하고 그 직업에 요구되는 일을 훌륭하게 수행하기 위한 수단과 방법을 구상하기
· 장래 계획이 왜 필요한가에 대해서 토의하게 한다.
  – 보람있는 삶을 위해서는 치밀한 계획이 필요하다는 것을 주지시킨다.
  – 되는 대로 살아가는 사람은 보람있는 일을 하기 어렵다는 것을 이해시킨다.
· 장래 계획을 세울 때의 유의점을 질문한다.
  – 장래 계획을 세울 때는 자기의 소질 · 능력 · 가정형편 등을 충분히 고려해야 한다.
· 장래의 희망 · 포부를 달성하기 위해 해야 할 일을 구상하고 희망과 포부를 발표하게 한다.
· 각자의 포부를 달성하기 위해서는 어떻게 해야하는가를 발표하도록 한다.
  – 쉬지 않는 노력이 뒤따라야 한다(노력)
  – 온갖 어려움을 참고 이겨내야 한다(극기심)
  – 성실한 마음으로 계획한 일에 몰두해야 한다(성실)

－여러사람의 도움도 필요하다(협동심)
－창조적인 활동으로 남과 다른 영역에서 개척하는 정신을 키워야 한다(창의성)

② 나의 소질

진로교육은 적재적소에 알맞은 직업을 갖고 주어진 여건속에서 만족하고 행복한 삶을 추구하는데 있다고 한다. 그렇게 하려면 무엇보다도 자신의 능력이나 소질을 계발하여 소질에 맞는 직업을 선택하여 준비하도록 하는데 있다.

학생들에게 각자 자기의 재주 소질을 발표하도록 한다.
－예능면 … 피아노치기, 노래부르기, 그림그리기, 글씨쓰기, 물건 만들기, 무용하기
－체능면 … 달리기, 축구, 야구, 유도, 태권도, 배구, 볼링, 수영
－교과면 … 글짓기를 잘한다. 셈하기를 잘한다. 발표를 잘한다.

· 사람들이 각자 재주가 서로 다르게 나타나는 이유를 토의하게 한다.
－누구나 개인차가 있으므로 타고난 소질도 각기 다르다는 것
－환경(여건, 조건)이 서로 다르다.
－하고 싶은 일, 포부가 서로 다르다.
－부모나 형제들로부터 영향을 다르게 받고 있기 때문이다.
－사람들이 재주를 타고 나기도 하지만 노력여하에 따라 크게 달라질 수도 있다는 것

· 소질을 잘 개발하여 성공한 사례들을 구체적으로 들려준다.
－홍난파, 안익태, 김시습, 링컨, 에디슨, 헬렌켈러, 베토오벤, 국가대표선수들과 같이 역경을 딛고 일어서는 지혜를 가지고 자신들의 소질을 계발하여 훌륭한 인물이 된 사례를 조사하고 발표시킨다.

· 위와 같은 세계적인 인물이 된 것은 소질이 있기 때문이라고만 볼 수 있는지 토의하게 한다.
－소질에 있어도 일찍 발견하지 못했다면 어떻게 되었을까?

–소질을 발견해도 꾸준한 노력이 없었다면 어떻게 되었을까?
–소질을 키워가는 동안 온갖 어려움을 이겨내지 못했다면 어떻게 되었을까를 생각하고 발표시킨다.

· 소질과 직업은 어떠한 관계가 있는가를 토의한다.
–소질을 발전시키는데 성공한 사람들을 찾아본다.
–나는 어떤 소질이 있다고 생각하는가 나의 소질에 적합하게 장래 희망을 가지도록 토의하고 종합한다. 그리고 소질을 적어보자.
–각자 자기의 흥미나 하고싶은 일을 적어보고 가능성 여부를 진단해 보자.

③ 진로교육내용체계 이해하기

· 초등학교에서는 진로인식단계로 구분하고 학생들로 하여금 다음과 같은 내용을 인식하도록 한다.
–자아발–자신의 소질, 흥미발견
기능한 여러가지 직업의 종류를 이해시킨다.
–잠정적 진로에서 직업과 관련하여 자아인식을 개발시킨다.
–일과 사회에 대한 태도를 함양시키기 위한 기반을 형성시킨다.
–모든 분야에 있어서 직업인에 대한 존경과 인정의 태도를 기르며 일의 소중함과 보람을 느끼도록 한다.
–학교 수업을 통하여 직업군을 이해하고 잠정적으로 선택할 수 있는 기회를 갖도록 도와준다.
–일의 세계를 이해한다.
–직업의 종류나 내용 소개하기
–일과 직업 수행을 위한 지식·기술 습득의 필요성을 제시한다.
–장래 진로계획으로서 희망과 포부 설정, 장래 희망을 성취하기 위한 방법구상.

중학교에서는 진로탐색 단계로 구분하고 학생들로 하여금 다음과 같은 내용을 탐색하도록 한다.
–주요 직업분야를 탐색하여 자신의 흥미와 능력을 발휘하도록 한다.
–직업의 분류 및 직업군에 익숙하도록 지도한다.

- 자기의 의사결정에 관련된 요소를 인식하도록 한다.
- 의미있는 의사결정과 그 기회를 갖도록 토의하고 종합한다.
- 잠정적으로 직업계획을 발전시키고 선택할 수 있는 경험을 제공해 준다.
- 자신의 능력·적성에 대한 이해하기
- 직업생활을 위한 준비로서의 교육
- 진학 및 직업준비 계획을 한다.
- 바람직한 직업선정의 조건을 제시한다.

고등학교에서는 진로준비단계로 구분하고 학생들로 하여금 다음과 같은 내용을 준비하도록 한다.

- 직업기술의 습득수준과 고용수준에 도달할 수 있는 지식과 기술을 습득케한다.
- 직업의 훈련 계획을 세우게 한다.
- 직업에 대한 긍정적 태도를 갖게 한다.
- 협동적인 일을 경험 시키고 직업 집단의 일원으로서 일할 수 있는 기회를 갖도록 한다.
- 직업별, 직무분석 및 전망에 대해서 이해하도록 한다.
- 진학 및 직업준비계획
- 건전한 직업관 형성을 위한 지도
- 직업 및 직장윤리를 이해한다.

4) 평가 방법 및 문제

① 평가의 주안점

진로교육은 넓은 의미의 직업교육이며 장래 직업선택을 올바로 하기 위한 준비교육이다. 저마다 타고난 잠재가능성을 토대로 학생들의 잠재력을 계발시켜 적재적소에 알맞도록 진학 및 취업을 선택하도록 하며 주어진 여건에 만족하고 자기실현을 할 수 있도록 계획적이고 조직적인 교육활동을 전개하여 행복한 삶을 누리면서 참된 삶을 보장하는 전인교육의 과정이다. 그러므로 학생들의 타고난 소질과 흥미, 적성과 성격을 객관적으로 조사 평가한 후 거기에 알맞도록 성장·발달단계에 따라 직업의 선택에 필요한 제요소와 기능을 습득할 수 있도록 도와주어야 한다. 따라서 이 단원을 통해서 얻을 수 있는 것은 자아인식, 일의 세계 이해, 일에 대한 태도, 의사결정 능력, 인간관계 기술, 일과 직업의 경제적 측면 이해, 교육과 일의 세계와의 관계를 인식할 수 있도록 학생들의 객관적인 인적 사항의 파악, 진로 상담을 통하여 진로교육의 중요성, 나의 소질 발견, 발달단계 별 진로교육의 내용을 이해하는데 주안점을 둔다.

② 평가 방법 및 문제

㉠ 앞날에 대한 자신의 포부를 적어보자

㉡ 자신의 포부를 이룩하기 위하여 노력해야 할 일을 적어보자

㉢ 장래 계획에서 유의할 점은 무엇인가 알아보자

㉣ 장래의 포부를 달성하기 위하여 해야 할 일은 무엇인가

㉤ 진로의 방향에 대해서 택하고 싶은 직업 또는 직업분야를 제시한다. 그 직업을 택한 이유?

㉥ 나는 어떠한 가치관을 가지고 있는가를 토의한다.

㉦ 중학교 졸업 후의 진로를 설계해 본다.

㉧ 고등학교 졸업 후의 진로를 설계해 본다.

㉨ 나의 소질은 무엇인가를 이야기해 본다.

㉩ 내가 가지고 있는 약점은 무엇인가 파악하고 그 보완책은 어떻게 할 것인가?

참고문헌

강무섭, 학생의 진로결정과정분석, 서울: 한국교육개발원, 1984
권종홍, 김한희, 문균철, 직업훈련을 위한 직무분석지침, 서울: 한국직업훈련관리공단 직업훈련연구소, 1982
길형석역, 진로개발교육, 서울: 교육출판사, 1981
金蘭洙 "平生教育 必要性과 特徵" 金蘭洙外四人, 平生教育論: 哲學, 心理, 社會的 基礎, 서 울: 文音社, 1982
서울特別市 教育委員會, 平生教育, 서울特別市 教育委員會, 1981
유네스코 韓國委員會, 平生教育 發展 세미나 報告書, 1973
김수곤, 박한구, 하태연, 복지사회의 인력정책과 직업안정, 서울: 한국개발연구원, 1981
金昇漢, 平生教育入門, 서울: 正民社, 1981
金昇漢, 韓國의 平生教育論, 서울: 正音社, 1981

김시종, 직업훈련, 서울: 삼영사, 1975
金永燦 "韓國人의 職業觀" 새교육 5월호, 서울: 대한교육 연합회, 1976
金水日 "우리나라 成人教育 機會에 관한 硏究" 韓國教育學會 社會教育研究會編, 平生教育과 社會教育, 서울: 培英社, 1982
金宗西, 李榮德, 鄭元植, 教育學概論, 서울: 教育科學社, 1984
김종철, 技能의 教育, 서울: 培英社, 1969
김충기, 중등학교에 있어서 진로교육 프로그램 개발에 관한 연구, 논문집 9집, 건국대학교 교육연구소, 1985
김충기, 진로교육의 실제, 새교육 4월호, 서울: 대한교육연합회, 1986
김충기, 평생교육으로서의 진로지도, 새교육 11월호, 서울: 대한직업연합회, 1981

김충기, “平生敎育의 課題와 展望” 生涯敎育의 基礎, 서울: 敎育硏究社, 1984
김충기, “진로정보자료와 운영에 관한 소고” 한국카운슬러 협회보, 통권 38호, 서울: 한국카운슬러협회, 1985. 12
김충기, 진로교육의 본질, 서울: 평민사, 1984
김충기, 生活指導敎育, 서울: 學文社, 1983
노동부, 노동 6월호, 노동부, 1981
노동부, 노동통계연감, 노동부, 1984
노동부국립중앙직업안정소, 직업의 세계－기계, 건설, 생산직, 서울: 노동부국립 중앙직업 안정소, 1983
노동부국립중앙직업안정소, 직업의 세계－사무직, 판매직, 서비스직 분야, 서울: 노동부 국립 중앙 직업안정소, 1984
대구대학교 특수교육총합연구소, 농학교 교육활동 교사용지도서, 1985
박봉식외, 실업과 교육, 서울: 능력개발, 1975
박성수, 이재창, 김충기, 한국카운슬링의 발전계획, 서울: 한국카운슬러협회, 1985
박영균역, 현대사회와 직업, 서울: 교학 연구사, 1983
서울대학교 사범대학 교육연구소편, 교육학용어사전, 서울: 배영사, 1981
서울특별시 교육연구원, 직업의 세계－직업정보자료－, 서울: 서울특별시 교육연구원, 1977
서울특별시 교육연구원, 직업지도, 서울: 서울특별시교육연구원, 1979
서울특별시 교육연구원, 직업지도의 실제, 서울: 서울특별시교육연구원, 1978
아산사회복지사업재단, 현대사회와 직업윤리, 서울: 아산사회복지사업재단, 1982
안병집, 강위영, 우제현, 장애자의 직업재활, 서울: 형설출판사, 1984
윤정휘 편역, 새로운 직업, 새로운 인생, 서울: 행림출판, 1983
李奎浩, “職業敎育과 人間敎育” 새교육 5월호, 서울: 대한교육연합회,

1976
李茂根, 實業一技術敎育論, 서울: 培英社, 1978
이무근역, 직업교육의 전개 서울: 배영사, 1979
이성진, 김계현, 임용우, 김원중, 한국 중고등학생의 진로의식 발달에 관한 연구 서울: 한국 교육개발원, 1984
李龍雨, "現代社會와 職業論理", 敎育論叢 창간호, 서울: 成均館大學校 敎育大學院, 1985
이정근, 진로지도와 진로상담, 서울: 중앙적성연구소, 1978
이철주역, 직업 및 기술직업, 서울: 문교부, 1975
장석민, 기술교육의 교육과정 모형연구 서울: 한국교육개발원, 1985
장석민 · 송일민, 최유현, 기술교육과정개발 및 운영지침서, 서울: 한국교육개발원, 1985
장석민, 임재석, 김애송, 첨단과학기술 사회에서의 일과 직업세계, 서울: 한국교육개발원, 1985
장석민, 홍영란, 임재석, 서혜경, 학부모들 위한 진로교육지침서, 서울: 한국교육개발원, 1985
張眞鎬, 社會敎育의 方向, 서울: 正首社, 1979
張眞鎬, 平生敎育과 大學, 서울: 境밀설, 1983
張眞鎬, 平生敎育과 社會 敎育, 서울: 大恩出版社, 1985
韓國敎育學會, 社會敎育 硏究會編, 平生敎育과 社會敎育, 서울: 培英社, 1982
韓國敎育出版, 敎育管理技術, 1981年 10月號, 通卷 131號
韓國社會敎育協會, 生涯의 段階別 敎育政策樹立을 위한 基礎研究: 平生敎育理論을 中心으로, 文敎部 政策課題, 1978
전국 경제인 연합회 · 경제기술조사센터, 산업사회 교육 연구총서1, 서울 전국 경제인 연합회, 1977
鄭宇鉉 "職業敎育의 課題" 새교육 5월호, 서울: 대한교육 연합회, 1976
정우현, 박인병, 김대연, 실업기술 교육의 제문제, 서울: 능력개발 1974

鄭義允, 人間과 職業倫理, 서울: 創學社, 1986
조성수, 장상실, 최회군 편 직업관 확립을 위한 훈화집, 서울: 한국직업훈련관리공단 직업훈련연구소, 1984
진인권, 직업교육, 서울: 한광교육출판사, 1977
진장춘, 진로선택백과, 서울: 하나출판사, 1983
차경수, 박용옥, 전통적 직업의식의 분석연구, 서울: 한국교육개발원, 1984
최현섭, 직업영역에서 요구하는 직업수행 능력과 태도의 분석, 서울: 한국교육개발원, 1984
코리아 리쿠르트편, 리쿠르트북, 85채용연감, 서울: 코리아리쿠르트사, 1985
한국교육개발원, 진로교육에 관한 문헌분석연구, 서울: 한국교육개발원, 1985
한국교육개발원, 진로교육자료, 서울: 한국교육개발원, 1982
한국교육개발원, 학습과 일의 세계, 서울: 한국교육개발원, 1983
한국카운슬러협회, 일반계 고등학생의 진로지도 진로지도 개선을 위한 웍샵 보고서, 서울: 한국카운슬러협회, 유네스코 한국위원회, 1984
현대사회연구소, 2000년대를 향한 한국인상, 서울: 현대사회연구소, 1982
홍기형, 박효정, 김홍주, 초・중학생의 직업 성숙도 발달특성 조사연구, 서울: 한국교육 개발원, 1983
홍기형 이승우, 진로지도, 서울: 교육출판사, 1976
黃宗建, "平生教育의 原理", 平生教育의 基礎와 體制, 서울: 유네스코 韓國委員會 韓國平生教育機構 共編, 1983
황응연, 윤희준, 현대생활지도론, 서울: 교육출판사, 1984
황응연, 이정근, 중등학교 진로지도 프로그램의 개발에 관한 연구, 서울: 이화여자대학교, 1981
Calfrey C Calhoun and Alton V. Finch, *Vocational Education: Concepts and Operations*, Belmont, Calif: Wadworth

Publishmg Co, 1982

Cropley, A. J and R. H Dave, *Life long Education and the Traing of Teachers*, Hamburg: Unesco Institute for Education, 1978

Cropley, A. J and R. H Dave, *Life long Education and the Train Life-long education: A Stocktaking, Hamburg*: Unesco Institute for Education, 1979

Dave, R. H *Life-long Education and school Curriculum, Hamburg*: Unesco Institute for Education, 1973

Foundations of Lifelong Education, N. Y: Pergamon Press, 1976

E. L Herr and S. H. Crammer, *Career Guidance and Counseling Through the Life-Span Approaches*, Boston: Little, Brown and Co, 1984

E. L. Tolbert *Counseling for Career Development*, Boston: Houghton Mifflin Co, 1980

Faure, Edgar and Othess, *Learning To Be-The World of Education Today and Tomarrow*, Paris: Unesco, 1972

Harry F. Silberman, *Education and work*, chicago: The University of chicago press, 1982

John F Thompson *Foundations of Vocational Education*, Englewood Cliffs, N, J: Prentice-Hall Inci, 1973

John Meerbach, *The Career Resource Center*, New York Human Science Press, 1978

Keith Goldhammer, Robert E. Taylor, *Career Education: Perspective and Promise*, Columbus, Ohio: Charles E. Merrill Publishing Company, 1972

Kenneth B. Hoyt, Rupert Evans, Garth Mangum, Ella Bowen, and Donald Gale, *Career Education in the High School*, Salt Lake City Lake city, utah: Olympus Publishing Co, 1974

Kenneth B, Hoyt, Rupert N. Evans, Edward F. Mackin, and Gar- th

L. Mangum, *Career Education: What It Is and How To Do It*, Salt

Lake City, Utab: Olympus Publishing Compang, 1974

Larry. J. Bailey and Ronald Stadt, *Career Educat: New Approaches to Human Development*, Bloomington, Ill: McNight Pauflishing Co, 1973

Lee, Jeong-Keun, *Readings in Career Guidance*, Seoul: Sungwon Book Publishing Co, 1985

Lee, Jeong-Keun, *Readings in Vocational Education*, Seoul: Sungwon Book Publishing Co, 1985

Lengrand, Paul, "*Perspectives in Lifelong Education*", UNESCO Cronicle (Vol, 15, No, 7～8) 1969

Lengrand, *An Introduction to Lifelong Education, London*: The Unesco Press, 1975

Lengrand, "*Propects of Life long Education*", Hamburg: Unesco Institute for Education, 1979

Lynch J. *Lifelong Education and the Preparation of Educational Personnel*, Hamburg: Unesco Institute for Education, 1977

Parkyn, George W. *Towards a Conceptual Model of Life long Education*, Paris: Unesc, 1973

David Malikin and Herbert Rusalem, *Vocational Rehabilitation of the Disabled: An overview*, New York: New York University Press, 1969

R, C, Bradley, *The Education of Exceptional Children*, Wolfe city, Texas: The University Press, 1970

Reimer E, *School is Dead*, Garden City, New York: Anchor Book 1970

Robert Hoppock, *Occupational Information*, New York: McGraw-Hil-l Book Company, 1976

Roy W. Roberts, *Vocational and Practical Arts Education*, New

York: Harper and Row, Publishers, 1965

Rupert Evans, Kenneth Hoyt, and Garth Mangum, *Career Educ- ation in the Middle Junior High School*, Salt Lake City, Utah: Olym- pus Pulishing Co, 1973

Silberman, Charles E. *Crisis in the Classroom*, New York: Random House 1970

Skager R. and R. H. Dave, *Curriculum Evaluation for Life long Education*, Oxford: Pergamon Press, 1978

U. S. Dept of Labor Bureau of Labor Statistics, *Occupational Qut-look Handbook* 1982~83 Edition, Washingtion D. C: U. S. Govern- ment Printing Office, 1982

U S. Dept of Labor Employment and Training Administrations, *Dictionary of Occupational Titles* Washington,

D C: U S. Government Printing Office, 1977,

Willa Norris, Raymond N, Hatch, James R. Engelkes, and Bob. B Winborn, *The Career Information Service*, Chicago: Ravd McNally College Publishing Co, 1979

저자

- 김충기(金忠起)

저자약력

서울대학교 교육대학원 교육학 석사학위
미국 Central Arkansas대학교 대학원 카운슬링 석사학위
미국 Arkansas주립대학원 교육전문가 학위
미국 Arkansas주립대학원 교육학 박사(생활지도 및 직업교육)
미국 Oklahoma주 Tulsa대학원 교육행정연구
수도여자 사범대학 교육학 전임강사, 성균관대, 이화여대 대학원,
중앙대 사대 대학원, 고려대 대학원 교육 대학원 강사 역임
건국대학교 사범대학 교수, 교육대학원 원장,
학생생활연구소 소장, 현재, 건국대학교 사범대학 학장

저서

생애교육과 생활지도, 청년발달심리학, 생애교육의 과제와 전망
진로교육의 본질, 생애교육의 기초, 교육의 실상과 허상
상담과 심리치료, 직업교육과 진로지도, 직업교육과 진로교육

직업교육과 진로교육

• 초판 인쇄	2004년 06월 25일
• 초판 발행	2004년 06월 30일
• 지 은 이	김충기
• 펴 낸 이	채종준
• 펴 낸 곳	한국학술정보㈜ 경기도 파주시 교하읍 문발리 538-2 파주출판문화정보산업단지 전화 031) 908-3181(대표) · 팩스 031) 908-3189 홈페이지 http://www.kstudy.com e-mail(e-Book사업부) ebook@kstudy.com
• 등 록	제일산-115호(2000.6.19)
• 가 격	23,000원

ISBN 89-534-1893-3 93370 (paper book)
89-534-1894-1 98370 (e-book)